UMA VIDA NO AIKIDO

UMA VIDA NO AIKIDO

Biografia do Fundador Morihei Ueshiba

Kisshomaru Ueshiba

PREFÁCIO DE Moriteru Ueshiba

TRADUÇÃO:
LUIZ CARLOS CINTRA
(FAIXA PRETA DE AIKIDO)

SUPERVISÃO DA TRADUÇÃO:
SHIHAN WAGNER BULL
(6º DAN AIKIKAI)

Título do original: *A Life in Aikido – The Biography of Founder Morihei Ueshiba.*

Originalmente publicado em japonês pela Kodansha, Tóquio, com o título de *Aikido Kaiso Ueshiba Morihei Den*, em 1978. A edição revisada foi publicada pela Shuppan Geijutsusha, Tóquio, em 1999.

Coordenação editorial: Denise de C. Rocha Delela e Roseli de S. Ferraz

Preparação de originais: Melania Scoss

Os nomes próprios no japonês moderno e contemporâneo aparecem na ordem ocidental, enquanto os de datas anteriores a 1868 estão escritos na ordem tradicional, com o sobrenome precedendo o nome.

Como referência, a tabela a seguir contém os períodos da história japonesa mais relevantes para a narrativa.

Nome das Eras	Datas aproximadas (d.C.)	Nome das Eras	Datas aproximadas (d.C.)
Nara	710 – 784	Azuchi-Momoyama	1573 – 1600
Heian	794 – 1192	Edo	1600 – 1868
Kamakura	1192 – 1333	Meiji	1868 – 1912
Muromachi	1336 – 1573	Taisho	1912 – 1926
Nanbokucho	1336 – 1392	Showa	1926 – 1989
Sengoku	1467 – 1568	Heisei	1989 –

(Os historiadores não concordam quanto aos anos exatos em que começaram e terminaram as Eras, desse modo as datas listadas são aproximadas. Muitas vezes, os escritos japoneses se referem também a *nengo*, períodos mais curtos, nomeados em referência a cada imperador governante. Alguns deles serão introduzidos quando forem relevantes.)

Informações para contato com a Aikikai Foundation:

Aikido World Headquarters – Aikikai Foundation
17-18 Wakamatsu-cho, Shinjuku-ku, Tokyo 162-0056 Japan
Tel: 81-(0)3-3203-9236 Fax: 81-(0)3-3204-8145
Website: www.aikikai.or.jp E-mail: aikido@aikikai.or.jp

Informações sobre o aikido no Brasil:

Confederação Brasileira de Aikido - Brazil Aikikai
Website: www.aikikai.com.br
E-mail: secretaria.brazil@aikikai.com.br
Rua Mauro, 339 – Mirandópolis – São Paulo – SP
Tel: (11) 2577–5069

Dados Internacionais de Catalogação na Publicação (CIP)
(Câmara Brasileira do Livro, SP, Brasil)

Kisshomaru, Ueshiba
Uma vida no Aikido : biografia do fundador Morihei Ueshiba / Kisshomaru Ueshiba ; prefácio de Moriteru Ueshiba ; tradução Luiz Carlos Cintra ; supervisão da tradução Shihan Wagner Bul. – São Paulo: Pensamento, 2011.

Título original: A life in aikido.
ISBN 978-85-315-1718-1

1. Aikido 2. Ueshiba, Morihei, 1883-1969 3. Lutadores marciais – Japão – Biografia I. Ueshiba, Moriteru. II. Título.

11-01134 CDD-796.8092

Índices para catálogo sistemático:

1. Japão : Lutadores marciais : Biografia 796.8092

O primeiro número à esquerda indica a edição, ou reedição, desta obra.
A primeira dezena à direita indica o ano em que esta edição, ou reedição, foi publicada.

Edição 1-2-3-4-5-6-7-8-9-10-11 Ano 11-12-13-14-15-16-17-18

Direitos de tradução para a língua portuguesa
adquiridos com exclusividade pela
EDITORA PENSAMENTO-CULTRIX LTDA.
Rua Dr. Mário Vicente, 368 — 04270-000 — São Paulo, SP
Fone: 2066-9000 — Fax: 2066-9008
E-mail: pensamento@cultrix.com.br
http://www.pensamento-cultrix.com.br
que se reserva a propriedade literária desta tradução.
Foi feito o depósito legal.

SUMÁRIO

PREFÁCIO À EDIÇÃO BRASILEIRA 13

PREFÁCIO À EDIÇÃO ORIGINAL, DE MORITERU UESHIBA 17

Capítulo **Um:** **Obtendo habilidades divinas**

Kami-waza: A habilidade divina de um homem iluminado 23

Treinamento ascético contínuo 30

A não fixação em coisas materiais 37

Dotofuhen: o caminho é uno e imutável 42

Capítulo **Dois:** **Treinamento duro e solitário: a juventude de O Sensei**

Sobre o sul de Kishu e a cidade de Tanabe 53

Da fraqueza à força 58

Almejando a independência 63

A estrela do Exército 69

Abertura de um dojo 75

Capítulo **Três:** **Novas fronteiras no Norte**

Criando algo do nada 85

Rei de Shirataki 91

O encontro com o mestre Sokaku Takeda 97

O grande incêndio e a perda do pai 104

Capítulo **Quatro: Iluminação**

"Não há por que se preocupar com o seu pai" 115
Mudança para Ayabe 120
Mestre Onisaburo Deguchi 123
O estabelecimento da "Ueshiba-Juku" 132
De *Kotodama* a Takemusu Aiki 140
A Primeira Proibição da Omoto 152
A perigosa jornada para a Grande Mongólia 160
Alcançando a iluminação em face da morte 166
Transformação divina 176

Capítulo **Cinco: O Caminho do *Bu*, o Caminho dos seres humanos**

Banyu Aigo e *Ki-no-Myoyo* 185
O começo na Capital do Leste 193
Dias em Sarumachi e Tsunamachi 199
O sensei Jigoro Kano 205
Kobukan: a era do Dojo do Inferno 215
O Budo Senyo-kai e o dojo Takeda 224
Generosidade inesquecível 233

Capítulo **Seis: Determinação para seguir o caminho**

O nascimento da Fundação Kobu-kai 243
Aprofundamento da guerra 249
Manchúria e Tenryu, o mestre lutador de sumô 257
Cultivando a terra e prosseguindo no caminho, em Iwama 265

Capítulo **Sete: Harmonia entre o Céu, a Terra e os Seres Humanos**

A origem da Fundação Aikikai 279
Para este velho homem, o treinamento continua para sempre... 289
A verdade sobre *Yamato Dai-ai* 295
Nyushin — a Translação do Espírito 304

PREFÁCIO À EDIÇÃO BRASILEIRA

No Japão, durante a Era Heian (século X), surgiu a classe samurai para defender o seu território. Os samurais aperfeiçoaram a arte *bujutsu* do manejo de cavalos, espadas e arco e flecha. No início se dedicaram a aprimorar o manejo de cavalos e do arco e flecha, pois seu uso era mais frequente nos combates. Mais tarde, quando a luta passou a ser corporal, aumentou a importância do *taijutsu*.

Os samurais escolhiam o *bujutsu* de acordo com as circunstâncias dos combates, portanto deviam conhecer todas as modalidades de arte marcial; começaram então a surgir mestres especializados em cada modalidade de *bujutsu* como arma.

No início do século XVII, Ieyasu Tokugawa conseguiu dominar o Japão. Assim começaram os 250 anos de paz da Era Edo. Antes disso, os samurais estavam preparados para eventuais emergências e se dedicavam à prática das artes marciais com regularidade. Mas a maior importância das armas de fogo na decisão das batalhas e o longo período de paz fizeram com que os samurais fossem a cada dia se afastando mais dos combates reais; começaram então a praticar a arte não mais para se aprimorar no combate, mas para o desenvolvimento e o controle do espírito. Foi em consequência disso que começaram os estilos de *budo*, o uso do *Bu* como o Caminho de Vida e o aperfeiçoamento individual. Durante a Era Edo nasceram 625 estilos de *kenjutsu* (esgrima), 167 estilos de *jujutsu* e 122 estilos de *sojutsu* (uso da lança).

Na rápida modernização do Japão, no século XIX, forçada pela presença das culturas ocidentais, com grande poder bélico, nasceu a Era Meiji, em 1868. Num curto período de tempo, o *bujutsu* foi posto de lado, mas logo começou a resgatar seus valores: em 1882, Teshu Yamaoka fundou a Shumpukan e iniciou os ensinamentos do *kenjutsu*; Jigoro Kano fundou o judô Kodokan, mas cuidou do desenvolvimento de várias outras artes, como o *kendo*, o sumô e o karatê, além da divulgação e desenvolvimento do esporte e da educação física no Japão. A partir do final da Era Taisho e começo da Era Showa, pela influência dos esportes provenientes do exterior, o "*budo* foi se transformando num instrumento de jogo e esporte, que visava apenas aos resultados".

Nesse momento, em que as artes marciais se deturpavam em esportes, surgiu Morihei Ueshiba, o Fundador (*Kaiso*) do aikido, uma arte que era marcial (*Aikido Budo de Aru*, como ele disse), com raízes no *bujutsu*, mas praticada com o intuito de ser um caminho de iluminação espiritual.

No Instituto Takemussu, em São Paulo, e depois na Confederação Brasileira de Aikido, houve o empenho de se trazer o ensino original do *Kaiso* para o Brasil, de modo a dar uma referência segura aos interessados neste Caminho marcial. Escrevi muitos livros e traduzi muitos outros dos grandes mestres, inclusive do próprio Morihei Ueshiba, de seu filho Kisshomaru e de seu neto, o *Doshu*, que é hoje o líder mundial do aikido e dirige a Aikikai Foundation.

Mas faltava uma obra histórica como esta, que agora está sendo publicada pela Editora Pensamento; obra que tive a honra de indicar ao editor Ricardo Riedel, e supervisionar e coordenar sua tradução, para que chegasse ao leitor brasileiro a história do homem Ueshiba, em uma biografia autêntica e com a grande autoridade do autor, seu filho Kisshomaru, que foi a pessoa que mais conviveu com ele e efetivamente teve acesso à verdade.

Eu não tenho dúvidas de que o praticante de aikido encontrará nestas páginas os motivos que levaram esse espírito inquieto, em busca da Verdade, a legar ao mundo uma ferramenta tão importante para o autoconhecimento e a paz dos seres humanos, o que venho de fato constatando nesses meus

41 anos de prática e ensino desta arte. O aikido realmente muda as pessoas, tornando-as mais autoconscientes, flexíveis, iluminadas, produtivas e saudáveis, além de ficarem mais em harmonia com o Cosmos e, consequentemente, mais felizes. Eu mudei muito em todos os aspectos de forma positiva e aqui dou meu testemunho pessoal.

Todos podem aprender a prática do aikido e se aperfeiçoar por meio dela. Uma prova disto é que eu, um descendente de alemães e italianos, educado no Brasil, consegui receber o título de mestre máximo (Shihan). Embora eu tenha sido a primeira pessoa não japonesa a ser reconhecida na América Latina, por certo muitos outros virão nos próximos anos, há muita gente boa ensinando e se desenvolvendo entre nós. Não há competição durante o treino em um bom *dojo* (local de treinamento). Não há aluno melhor ou pior; idosos, jovens e adultos, independentemente de raça, credo, sexo e ideologia, reúnem-se durante a prática, trabalhando juntos, como em uma família. Também não há gurus, que se imponham como se soubessem de tudo. Ao contrário, no aikido há um termo, *shiteidoko,* que significa que o mestre não ensina unilateralmente os alunos, mas ambos perseguem a mesma perfeição e se influenciam mutuamente. Por essa razão, mesmo um grande mestre quando encontra um principiante e decide treiná-lo, ambos fazem uma reverência, acompanhada das palavras *Onegai shimasu* ("peço o favor de treinar comigo"). Ao término do treinamento, ambos agradecem, dizendo: *Doomo Arigato Gozaimashita* ("muito obrigado").

Esta obra foi traduzida por meu aluno Luiz Carlos Cintra, faixa preta no Caminho, que atendeu prontamente ao meu pedido e a quem nós, aikidoístas e interessados no aikido, devemos gratidão por sua dedicação e esforço em fazer um trabalho de tão boa qualidade, permitindo assim ao leitor de língua portuguesa ter acesso a uma nova visão sobre esse japonês ilustre: a visão do homem — embora, por certo, um homem não comum —, diversa daquela imagem quase mística, através da qual Morihei Ueshiba é normalmente visto pelos aikidoístas, que o chamam de O Sensei ("honorável grande mestre") e o reverenciam em todos os dojos de aikido do mundo.

As descobertas, métodos e ensinamentos de O Sensei vêm fazendo com que milhões de pessoas em todo o mundo vivam melhor e mais conscientes, o que dá uma maior esperança à possibilidade da existência de paz entre os seres humanos.

São Paulo, 15 de novembro de 2010

Shihan Wagner Bull
Fundador do Instituto Takemussu/Brazil Aikikai
www.aikikai.org.br
inst.takemussu@aikikai.org.br
Fone (11) 5581-6241

PREFÁCIO À EDIÇÃO ORIGINAL

Estou realmente muito contente pelo fato de a biografia de Morihei Ueshiba, Fundador do aikido, escrita pelo segundo Doshu, Kisshomaru Ueshiba, tenha sido traduzida para o inglês.

Atualmente, o aikido está difundido por 90 países do mundo todo. É amplamente aceito e praticado no Japão e no exterior, por jovens e idosos, homens e mulheres; portanto, dada sua grande disseminação, é extremamente importante que seja compreendido corretamente por seus praticantes. Em particular, torna-se essencial traçar os passos do Fundador, Morihei Ueshiba. Nesse sentido, a publicação deste livro e sua tradução para o inglês são muito significativas.

Quando ainda estava vivo, o Fundador disse diversas vezes ao Doshu Kisshomaru que "para transmitirmos corretamente o caminho do *aiki*, a história de minha vida precisa tornar-se conhecida do público. E a única pessoa que pode fazer isso é você". Depois da Segunda Guerra Mundial, o aikido começou a se espalhar pelo mundo, para longe de seu local de origem. Como filho e discípulo de O Sensei, o Doshu Kisshomaru convenceu-se de que era crucial publicar a biografia do Fundador, baseada em sólidas e detalhadas evidências históricas. Ele sentiu que essa biografia podia fornecer uma boa orientação para a prática do aikido e ser muito significativa para seu futuro crescimento.

O aikido é um *budo* que foi estabelecido em apenas uma geração. Por essa razão, tinha algumas imperfeições que geraram no público em geral, e mesmo naqueles que se dedicaram ao seu estudo, problemas para entender sua natureza ou suas técnicas. Surgiram dificuldades porque o Fundador estava continuamente buscando refinar – tanto espiritual quanto tecnicamente – o aikido que havia criado; ao explicar sua arte, ele usava as crenças e o vocabulário do xintoísmo ou a forma dos poemas *doka*. O que ele procurava transmitir a seus alunos tomava a cada vez uma forma diferente, parecendo ir em múltiplas direções. Inevitavelmente, dada a profundidade, seus ensinamentos não eram fáceis nem simples de ser compreendidos.

O Doshu Kisshomaru comprometeu-se a explicar ao maior número possível de pessoas os fundamentos do aikido, tais como o método singular de prática, sem competição, que defendia o desenvolvimento do caráter por intermédio de um *budo* em que não houvesse conflito. O melhor meio de obter esse objetivo era descrevendo, tão acuradamente quanto possível, a vida do Fundador em sua inteireza. Meu pai devotou toda sua energia para escrever esta biografia a fim de que o verdadeiro caminho do aikido pudesse ser transmitido para as futuras gerações depois de ele mesmo já ter partido.

O Fundador disse: "O objetivo do aikido é polir a mente e o corpo e produzir um indivíduo de alta integridade". É meu desejo que os praticantes de aikido leiam este livro, retornem aos fundamentos desta arte marcial e apliquem em sua prática diária o espírito de *wago* (harmonia), que o Fundador defendeu tão intensamente. Desejo que, com esta publicação, muito mais pessoas possam entender corretamente a verdadeira essência do aikido.

Moriteru Ueshiba
Doshu do Aikido

Capítulo Um

Obtendo habilidades divinas

Kami-waza: A habilidade divina de um homem iluminado

O aikido não é como as ilhas Niijima e Shinzan, vulcões que entraram em erupção no fundo do oceano da noite para o dia. Ao contrário, é como uma montanha, que vai sendo construída por meio da perseverança, do autossacrifício e da austeridade de uma geração. Durante seus 86 anos de vida, Morihei Ueshiba tentou construir uma montanha cada vez mais alta. Aquilo que não permanecia firme e verdadeiro, ele substituía por algo mais elevado e mais forte.

Nessa imagem da montanha, as pedras e os penhascos são, na verdade, o coração e a alma do Fundador. Ele almejava dominar as antigas tradições das artes marciais, mas o que realmente buscava era uma nova arte, construída sobre verdades mais profundas. Nessa procura, testou a si mesmo, de corpo e alma, noite e dia; terminou por incorporar esse objetivo à sua vida.

Talvez por essa razão, os princípios do aikido sejam tão poderosos: movimentos físicos desenvolvidos e testados durante uma longa experiência; princípios espirituais profundamente sentidos, que tocam o coração. O aikido incorpora uma busca da verdade que vai além do referencial humano, alcançando a percepção de uma presença onipotente e a união com essa presença.

O Fundador exercia um efeito poderoso não só sobre seus alunos diretos, aqueles que instruía todos os dias, mas também sobre as pessoas que apenas observavam suas demonstrações ou suas aulas no dojo: dizem que seu olhar brilhava com um poder de penetração que podia perfurar o metal. Quem o via ficava impressionado com a harmonia imperturbável entre sua mente, seu corpo e seu *ki*, o que lhe dava uma força absoluta. Sua arte só pode ser descrita como *kami-waza* – uma habilidade que parece mais divina do que meramente humana.

Um antigo aluno de aikido, que praticou com o Fundador por mais de uma década, disse certa vez: "Eu gostaria de ter tocado O Sensei pelo menos uma vez. Mas sempre que eu estava a ponto de tocá-lo, meu corpo acabava sendo projetado no ar. Nunca soube como isso acontecia. Só conseguia pensar que era porque se tratava de *kami-waza*". Outro aluno, em uma fase posterior da vida do Fundador, disse: "No momento em que nos olhávamos, eu sentia como se me houvesse transformado em pequenas partículas que eram inaladas para dentro do seu corpo quando ele respirava [...]. Para mim, O Sensei era divino".

Certa vez, um artista que assistiu a uma demonstração de aikido feita pelo Fundador disse, com profundo sentimento: "Eu fiquei fascinado por ver com meus próprios olhos que seu poder absoluto não era agressivo nem rude e que podia ser expresso dessa maneira tão agradável e bela. Ao observá-lo, eu experimentei o tipo de felicidade imensa que se tem ao orar diante das imagens xintoístas ou das divindades budistas". Esses comentários e impressões refletem como o Fundador manifestava o *kami-waza* — as habilidades divinas. Seu comportamento na vida diária era humano e normal, mas, quando estava no dojo de aikido, até mesmo eu concordo — suas habilidades transcendiam realmente a capacidade humana.

Especialmente depois de chegar aos 60 anos, a aparência feroz do Fundador quando jovem foi substituída por uma aura de cordialidade e

O Fundador Morihei Ueshiba, que devotou sua vida inteira ao *budo*.

harmonia. Era imperceptível a princípio, mas, quando você chegava perto dele, havia uma atração gravitacional — imagino algo como o chamado "buraco negro", aquele misterioso espaço vazio de alta densidade e gravidade zero. Você sentia sempre um tipo de poder místico que estava além da lógica comum.

Não há outro modo de dizer isso — ele atingiu o *kami-waza*, um nível de técnica que era aparentemente sobre-humano. Esse talento não estava presente desde o início, quando o Fundador começou seu longo estudo do caminho marcial. Como eu disse, foi o fruto de um extenso e árduo treinamento; o resultado de uma vida devotada a superar a si mesmo. Em outras palavras, acredito que não foi uma criação consciente do Fundador, mas um presente dos céus em reconhecimento aos seus esforços.

O mérito do Fundador, como ser humano, provém da dedicação de uma vida inteira ao *budo* (as artes marciais). O que merece veneração nessa vida é o treinamento que lhe permitiu obter esse *kami-waza* e desafiar os limites mais remotos do destino humano. Seria um grande erro reverenciar o Fundador de um modo impensado, sem considerar o intenso esforço que gerou essa conquista. Ele não nasceu simplesmente no estado que acabou por atingir.

O mestre Genyu Sogabe era um monge do famoso templo Kozanji, de Kishu Tanabe (na sulina província de Wakayama) — o templo da família Ueshiba onde estão localizados a sepultura e o monumento ao Fundador. Ele estudou diretamente com o Fundador e declarou o seguinte:

> Às vezes, as técnicas (do Fundador) me arremessavam sem haver qualquer contato — elas estavam realmente muito além das técnicas de judô que ele havia dominado quando jovem.

Ele prossegue com esta história:

> Logo após a guerra, eu costumava levar O Sensei na garupa da minha bicicleta, na ida para o dojo e na volta. Ele era pequeno, com cerca de 1,5 metro de altura, mas, para minha surpresa, era tão pesado que eu

tinha a impressão de que a roda da frente levantava do chão. De vez em quando, eu o acompanhava ao banho e esfregava suas costas. O Sensei tinha quase 70 anos e seu peito pendia como os seios de uma mulher idosa. Eu costumava pensar que, quando ele era jovem, toda aquela pele solta estava recheada de músculos — ele deve ter tido um corpo muito forte e bem formado.

Certo dia, O Sensei apoiou seu dedo indicador na beirada de um *tansu* (baú) e pediu a Shozaburo Narita e a mim que nos sentássemos sobre seu braço. Nós obedecemos e, para nossa surpresa, ele suportou nosso peso por certo tempo, sem aparentar qualquer esforço. Sua força física era incomparável. Apesar disso, quando estava sobre as esteiras, no dojo, jamais permitia que os outros sentissem aquele poder físico bruto — suas técnicas eram muito fluidas. Ele aplicava seu poder tão delicadamente que as pessoas pensavam que os movimentos eram encenados.

O Sensei focava seus ensinamentos nos fundamentos. O que ele demonstrava para os alunos era sempre claro e simples. Quando eu tinha alguma dúvida sobre como as mãos ou os pés deviam se mover durante uma técnica particular, ele simplesmente me arremessava e então dizia, com um largo sorriso: "É assim que se faz, entendeu?" Acredito que ele sentia que a técnica não podia ser ensinada com palavras. Ele queria que as pessoas aprendessem ao ser arremessadas diversas vezes. Cada vez que é usada, uma técnica se torna diferente, dependendo do ângulo, do momento ou da força aplicada pelo parceiro — essas variações cruciais podem ser bem sutis. Creio que O Sensei via pouco valor nas palavras, pois elas fixam as formas de uma técnica, sem capturar sua fluidez na prática real.

O Sensei disse certa vez: "Se você sente confiança na técnica, será capaz de mover muito naturalmente seu oponente por meio dela". Lembro-me de ter pensado, na ocasião, que não havia motivo para tentar fixar a forma das técnicas do aikido em minha mente.

Durante esse último período da vida de O Sensei, um aluno de Asahikawa, que havia estudado com ele na década de 1920, veio visitar o Fundador e foi instruído por ele pela primeira vez após esse longo intervalo de tempo. Comentou então que "no passado, as técnicas de O Sensei eram tão poderosas que temíamos quebrar os braços e as pernas. Agora, suas técnicas são tão fluidas que, em vez de inspirar medo, parecem fracas". Sua face demonstrou interrogação. Nesse instante entendi algo — que o aikido havia chegado a um nível mais elevado, em que o exercício visível do poder havia sido substituído por uma energia fluida e ininterrupta.

Houve provavelmente uma quantidade incrível de tentativas e erros no processo de alcançar esse nível. Como O Sensei era duas vezes mais forte que as pessoas comuns, abandonar essa força e substituí-la por um poder fluido, baseado no *ki*, deve ter exigido grande disciplina e sacrifício.

Tive então, pela primeira vez, um vislumbre da misteriosa "habilidade divina" de O Sensei. Ele percebia a brecha criada pelo meu ego — a exposição de minha própria força mais crua me iludia e, sem entender como, eu arremessava a mim mesmo. Nesse momento, senti que havia adquirido alguma compreensão intuitiva do que era realmente o aikido.

Acredito que a história que o Sr. Sogabe contou nos faz sentir como era estar ao lado do Fundador à medida que suas forças humanas evoluíam para uma "habilidade divina" ou *kami-waza*. De modo mais amplo, essa transformação e essa substituição da força bruta pelo fluxo do *ki* marcam o aparecimento, a partir de uma técnica marcial — um *aiki bujutsu* —, da arte única e elevada a que chamamos "aikido".

Ao ir além do que é conhecido, nas artes marciais, como a "dinâmica confrontadora de uma situação de combate" e vivenciar até o ponto de saturação o aspecto combativo das artes marciais, o Fundador estava finalmente apto a ultrapassar até mesmo o estágio em que o "eu" e o outro se opõem. Ele chegou a um estágio de iluminação espiritual absoluta, na qual vivia e respirava o *ki*, a energia vital purificada. Como ele havia superado o ego individual e se tornado livre de ideias limitantes, podia mover-se de modo natural em qualquer circunstância, em harmonia com a natureza e com o *ki* do universo.

Quando você enfrentava o Fundador na esteira, na verdade não o estava confrontando, mas a si mesmo, tal como um praticante de sumô em luta com sua própria mente, corpo e ego. Nesse sentido, o ser sem ego faz o ser egotista dançar sozinho. Esse era o seu *kami-waza*, por meio do qual você era projetado no ar sem ter sido sequer tocado.

Os anos mais expressivos do Fundador no mundo das artes marciais talvez tenham sido aqueles em que ele estava em pleno vigor físico, entre 1927 e 1941 (vamos olhar mais de perto esses anos no Capítulo 2). Issamu Takeshita, então almirante da Marinha Imperial japonesa, recomendou ao Fundador que mudasse de Ayabe (cidade na província de Kyoto, que era a sede da religião Omoto) para Tóquio. Uma vez lá, ele fez fama como "o

A habilidade divina do Fundador.

Ueshiba do mundo das artes marciais", o mais forte artista marcial daquele tempo. Seu dojo Kobukan, aberto em 1932, era conhecido como o "Dojo do Inferno" e atraiu, como alunos, os homens fortes do mundo do judô, do Exército e da Marinha. Parecia um lugar dos tempos antigos, quando os heróis se juntavam e produziam feitos lendários ao exibir sua força, exatamente como em *Tales of the Water Ridge*, de Liang Shan-po. Os alunos de Asahikawa, que temiam ter seus braços e pernas quebrados, provavelmente praticaram durante esse período. Passar por esse estágio de prática física árdua capacitou finalmente o Fundador a alcançar um nível mais elevado de entendimento, um nível em que ele podia dizer: "Eu sou o universo", no sentido de "Estou integrado ao universo". Ou, "O *ki* é o próprio aikido". Ele transformou, refinou e, finalmente, transcendeu o combate físico. Esse foi o processo que elevou seu aikido ao nível de *kami-waza*.

A arte criada pelo O Sensei incorporou técnicas marciais poderosas, mas enfim determinou-se pelo *ki* — o *ki* que é a energia que anima toda a vida. Ele gostava de se referir ao *ki* como *takemusu aiki*, a energia harmoniosa que nasce ou brota da prática marcial. Esse *takemusu aiki* não surgiu da noite para o dia.

Treinamento ascético contínuo

O Fundador passava seus dias em treinamento árduo. Levantava em torno das cinco horas da manhã e ia dormir por volta das nove da noite. Durante esse período, passava a maior parte do tempo no dojo, tanto fisicamente como em seu coração. No dojo, observava o treinamento dos alunos ou falava do caminho do *aiki*, ou, às vezes, simplesmente ensinava aos principiantes. Gastava boa parte dos seus dias recebendo convidados, desde o início da manhã. O Sensei tinha seguidores em todo o Japão e uma vasta rede de conhecidos de todas as camadas sociais. Também era convidado a falar ou ensinar em diversos lugares. Mesmo quando estava longe do dojo, seu coração ali permanecia, procurando novas formas de treinamento. Tinha-se a impressão de que ele estabelecia altos padrões de exigência para si mesmo, acreditando intensamente que saltar um dia de prática era voltar um passo atrás no caminho escolhido. A rigorosa disciplina ao abordar o treinamento esteve sempre presente, desde que me lembro. A única exceção foi quando ele precisou de repouso durante sua luta contra o câncer.

Penso ser verdade que, mesmo nos últimos anos de vida, O Sensei estava com sua mente quase sempre no dojo ou na ideia de *aiki* — como será ilustrado por uma história do Sr. Hideo Takahashi. O Sr. Takahashi era um antigo seguidor do mestre Masahisa Goi, dirigente do Byakko Shinko-kai. Durante os últimos dez anos da vida, o Fundador manteve uma relação de grande confiança com o Sr. Goi, e eles desfrutaram de uma amizade bastante próxima.

Mesmo em seus últimos dias, o Fundador sustentava que "o treino de aikido é a atividade mais agradável e prazerosa para mim".

Em suas memórias, o Sr. Takahashi descreve a seguinte cena. Em novembro de 1967, ele visitou o Fundador para lhe entregar um poema manuscrito e emoldurado, "A corporificação da divindade", escrito em honra a O Sensei pelo Sr. Goi, em comemoração à abertura do novo dojo Hombu. O Fundador levantou-se de seu leito de enfermo e aceitou o presente respeitosamente:

> Ele se desculpou e deixou o quarto para ir até o banheiro, ao lado do dojo. Demorou um longo tempo — então ouvi sua voz, vinda do dojo. Olhei pela janela e vi O Sensei ensinando *suwari-waza* (técnicas em posição ajoelhada) para seus jovens aprendizes, com demonstrações entusiasmadas. Foi realmente uma cena muito diferente daquela que vi quando cheguei e o encontrei deitado e sofrendo.
>
> Ele me disse: "Takahashi-san, por favor, volte outra vez. Deixe que eu lhe conte novas histórias. Você pode editá-las e publicá-las em sua revista [*Byakko*]". Respondi: "Muito obrigado. Voltarei a visitá-lo em breve. Sensei Ueshiba, o senhor está sempre perto do meu coração". O Sensei sorria, enquanto ouvia. "Continuo treinando até agora", disse-me. Pensei que ele queria dizer que todas as coisas exigem uma vida inteira de treinamento, mas ele me surpreendeu ao explicar: "Quero dizer o treino de aikido. Treinar é a atividade mais agradável e prazerosa. É mais difícil quando me mandam comer. Agora mesmo, não tenho o mínimo apetite".
>
> Suas palavras tocaram realmente o meu coração e fui incapaz de lhe responder. Eu estava comovido a ponto de chorar.
>
> De *Ueshiba Sensei no Omoide*
> ("Reminiscências do Sensei Ueshiba")

O treino do Fundador nunca acabava quando ele simplesmente deixava o dojo; continuava durante todo o tempo. O treinamento mais importante acontecia antes de ele entrar no dojo e depois que saía, quando praticava o *misogi*, um exercício para purificar a mente e o corpo. Isto era o que ele fazia: antes da prática, recompunha-se diante do *kamiza*, ou santuário, no dojo ou numa sala privada, para se aquietar e coletar seu *ki* e preparar-se para a emissão do fluxo de energia. Depois da prática, sentava-se novamente diante do *kamiza* para recolher e renovar sua energia. Para manter um fluxo ininterrupto de *ki*, ele entrava num estado de meditação. Esse treino interior e espiritual tornava manifestas as verdadeiras características da devoção e autodisciplina do Fundador.

Ele usava um método de meditação sentada, ensinado por Onisaburo Deguchi, o Sagrado Mestre da religião Omoto, por quem havia sido profundamente inspirado — esse método é conhecido como *chinkon kishin*, "acalmar o espírito e retornar aos deuses". Também incorporou práticas mais dinâmicas, derivadas do Shingon Mikkyo (budismo tântrico da seita Shingon), que havia estudado quando jovem — exercícios como o *furutama*, "chacoalhar a bola", que fazem parte do treinamento atual do aikido, mas que eram originalmente praticados pelos estudantes de Shingon Mikkyo para ativar seu *ki*, enquanto permaneciam sob quedas de água gelada. Contudo, o *misogi* que o Fundador praticava e ensinava a seus alunos foi algo que se tornou uma característica sua, independentemente da origem. Anos de treinamento de artes marciais deram-lhe essa convicção em sua prática. Como resultado, quando praticava o *misogi*, o Fundador não se parecia com um homem religioso, mas claramente com um artista marcial. Você sentia que ele era uma pessoa sem a menor abertura desguardada, com uma força de vontade cheia de sólida energia.

O *shihan* Morihiro Saito descreveu sua aparência assim: "Ele parecia uma árvore enorme, profundamente enraizada. Uma poderosa energia espiritual o cercava. Mesmo quando eu estava bem próximo a ele, no serviço do dia a dia, durante aquela meia hora do seu ritual *chinkon* matinal e noturno, ele emanava uma energia tão forte e severa que eu não me atrevia a chegar perto dele".

Assim que ele terminava, podíamos ver que estava diferente — amável, sorridente e discutindo amigavelmente com seus *deshi*. Se estivesse com vontade, podia realizar uma elegante dança xintoísta. Ou gritar: "Saito, é hora de plantar!", e saía para trabalhar nos campos barrentos. Ou anunciar que era hora de voltar ao dojo para treinar arduamente. Enquanto O Sensei meditava, tudo permanecia quieto — no restante do tempo, era impossível saber o que ele ia fazer em seguida.

O mestre Genyu Sogabe recorda:

> Quando treinávamos no templo Kozanji, cantávamos o mantra diante do Buda, antes da prática. O Sensei e os outros se sentavam atrás de mim. Quando O Sensei estava lá, mesmo que sua voz não fosse mais

Praticando com o *shihan* Morihiro Saito, em Iwama, por volta de 1955.

alta que as demais, eu sentia uma energia estranha vinda de sua direção, que me fazia sentar mais ereto.

A maneira como O Sensei falava também era algo extraordinário. Às vezes começava por tentar explicar a estrutura do universo, usando os conceitos xintoístas de *Ichirei* (Espírito Uno), *Shikon* (Quatro Almas), *Sangen* (Três Origens) e *Hachiriki* (Oito Forças) — então, de repente, mudava o tema para seus esforços em Hokkaido, onde desbravava novas terras para o cultivo.[1] A partir daí, podia enfatizar a forte relação entre o aikido e o *Kotodama*, e começar a explicar a relação entre os sons "su" e "u" do *Kotodama* e o poder de *kokyu* do aikido — para então voltar a contar histórias dos feitos que realizara quando estava em pleno vigor físico.[2]

O Sensei usava casualmente termos teológicos sutis e complexos, sem parar para explicá-los. Mesmo quando estava apenas falando de sua vida na juventude, usava os termos "corpo", "mente" e *ki* de um modo que tornava difícil para a audiência entender o que ele queria dizer. Você percebia as pessoas se esforçando para descobrir o que ele dizia. Não é surpresa que ficassem perdidas, pois estavam ouvindo alguém que havia passado por um processo de purificação física e mental que estava muito além daquele que a maioria delas experimentara. A perspectiva de O Sensei era a de alguém

---

1 O xintoísmo ensina que o espírito é feito de quatro almas: Aratama (o elemento de bravura e iniciativa, com um potencial negativo para a agressividade e a brutalidade), Nigitama (o elemento de bondade e harmonia, com um potencial negativo para a maldade), Kushitama (o elemento de sabedoria, habilidade e sensibilidade, com um potencial negativo para a trapaça) e Sakitama (o elemento de amor, com um potencial negativo para a obsessão e a ilusão).

Os três elementos originais podem ser caracterizados como Ko (Duro), Ju (Macio) e Ryu (Fluxo); ou, de outro modo, sólido, líquido e gasoso. Visualmente, eles correspondem respectivamente ao triângulo, círculo e quadrado. Essas três origens, por sua vez, podem gerar oito forças simétricas; isto é, quatro pares de forças simétricas: movimento e calma, solidificação e liberação, retração e extensão, unificação e divisão.

2 *Kotodama* significa literalmente o "espírito das palavras". Desde os tempos antigos, os japoneses acreditam no poder espiritual das palavras. A vocalização de certas palavras ou sons tornou-se parte da manifestação dos poderes espirituais.

que tinha ido o mais longe possível, que tinha entendido intuitivamente e num instante algo que mudava tudo. Qualquer principiante que dissesse "entendi!" exibia nada mais que seu próprio ego e equívoco.

Era assim que funcionavam as falas de O Sensei. Vários dias depois, de repente você atinava com o que ele realmente dissera. Algumas vezes, você precisava de mais experiência e conhecimento até mesmo para começar a captar suas palavras.

O Fundador praticando o *kagura-mai* (dança sagrada), com o *jo* (bastão) na mão.

A seguir, um comentário de Hiroharu Tomosue, que foi governador da província de Ibaraki (1947-59): "Diferentemente das aulas acadêmicas, que são logicamente organizadas, os discursos de O Sensei pareciam mais dispersos e, para muitas pessoas, eram mais difíceis de acompanhar. Seu conhecimento extraordinário não era um simples 'senso comum' e, por essa razão, não era facilmente comunicado. Por estranho que pareça, contudo, se você o ouvisse repetidamente e com a mente aberta para significados que talvez não fossem imediatamente aparentes, o que antes parecia ideias desconectadas agora se encaixava em seu lugar".

A não fixação em coisas materiais

Até agora descrevi um pouco como era O Sensei dentro e fora do dojo. Mas ele não era só devoção. De certo modo, sua vida diária era exatamente o oposto. Falando francamente, às vezes ele era bastante infantil. Uma maneira mais benévola de dizer seria que ele tinha um coração generoso e complacente.

Da própria infância, Naohi Deguchi[3] recorda-se de O Sensei como alguém que brincava com ela, tratava-a carinhosamente e lhe ensinava esgrima japonesa. Ela o descreve como uma pessoa doce, ingênua e honesta num grau muito raro em um homem adulto.

É verdade que O Sensei nasceu com essas qualidades de bondade, pureza e honestidade; e o intenso programa de treinamento a que se submeteu como artista marcial ilustra seu férreo autocontrole. Tenho mais a dizer sobre isso, mas, neste momento, gostaria de lembrar um lado muito humano de O Sensei, aquele que era conhecido por sua família, seus amigos próximos e seus alunos avançados.

O Sensei permitia a si mesmo comportar-se como bem quisesse. Tinha simpatias e antipatias infantis e extremas em relação a pessoas e coisas. Sua

---

[3] Nascida em 1902, Naohi Deguchi era a filha mais velha do cofundador da Omoto, Onisaburo Deguchi, com a Segunda Líder Espiritual Sumiko Deguchi. Naohi tornou-se a Terceira Líder Espiritual da religião Omoto.

absoluta falta de interesse pelas coisas materiais significava que não dava a mínima importância para o dinheiro, e isso causou uma privação real em nossa família, especialmente para minha mãe Hatsu, sua esposa. De certo modo, essa era uma forma de egoísmo.

Gozo Shioda, que fundou o aikido Yoshinkan em 1955 e tinha inúmeros alunos policiais, foi durante muito tempo aluno de O Sensei e costumava viajar com ele na época do dojo Kobukan. Ele lembra que certa vez, quando estavam num trem, notou um homem perto de O Sensei que demonstrava uma rigidez pouco natural:

> O Sensei estava todo sorridente, então pensei que devia ser alguém que ele conhecia. Quando chegamos à estação seguinte, contudo, O Sensei lhe disse: "Você pode ir", e o homem saltou do trem apressadamente e desapareceu. Perguntei-lhe quem era e ele respondeu: "Um batedor de carteiras". Quando o homem enfiara a mão no bolso de O Sensei, este agarrou-lhe o pulso firmemente, de tal modo que todo o corpo do batedor tornou-se rígido. Que idiota, tentar roubar um mestre das artes marciais! Fiquei muito comovido com a compaixão que O Sensei demonstrou ao deixá-lo ir. Por outro lado, como O Sensei nunca carregava dinheiro, talvez não tenha se sentido uma vítima.

Realmente, O Sensei nunca ligou para o dinheiro, quer o tivesse ou não. Mesmo se carregasse dez ienes (cerca de 350 dólares de hoje), podia facilmente ir aonde quisesse sem os gastar. Quando estava viajando para algum lugar a convite de alguém, O Sensei deixava que eu ou os alunos carregássemos não só sua bagagem como seu dinheiro. Ele passava direto pelo portão de embarque, sem mostrar a passagem, apenas mantendo uma postura altiva. Ninguém jamais o parou por passar sem mostrar o bilhete. Talvez o pessoal da estação ficasse um pouco intimidado!

Quando viajava, O Sensei sempre insistia em chegar à estação uma hora antes. "É o modo marcial", ele dizia. "Seria feio chegar no último minuto e pular para o trem. Seria vergonhoso chegar atrasado por causa de algum imprevisto." Obviamente, essa era uma abordagem sábia. Mas, às vezes,

Com Naohi Deguchi, a líder espiritual da religião Omoto, por volta de 1966.

alguns instantes depois de ter entrado no trem, ele dizia: "Não estou com vontade de viajar". Então, simplesmente, descia do trem. Vários de seus alunos diretos me contaram essa mesma história. Enquanto eles arrumavam a cama no trem, O Sensei ia embora de repente. Outras vezes, o trem partia antes de eles se darem conta de que o mestre havia descido. Precisavam saltar na próxima estação e voltar; aí eram recebidos aos gritos pelo O Sensei porque foram idiotas e partiram sem seu professor.

Nunca soubemos por que ele mudava de humor tão repentinamente quando tinha de ir a algum lugar. Devia ser algum tipo de intuição. Talvez soubesse algo a respeito de sua própria saúde ou previsse que algo desagradável podia acontecer no local para onde se dirigia. Às vezes, alguém que estava sentado próximo não lhe agradava e ele, de repente, decidia (e dizia) que não tolerava aquela situação.

Houve ocasiões em que vi O Sensei conversando alegremente até que alguma coisa desagradável era dita. Então ele reagia de imediato, dizendo-me: "Você fica no meu lugar, não quero continuar", e simplesmente ia embora. Nunca entendi como ele decidia se gostava ou não de uma pessoa;

ele dizia que podia ver de imediato o interior das pessoas, se eram boas ou más, corretas ou incorretas, respeitosas ou desrespeitosas, nobres ou vulgares.

As simpatias ou antipatias de O Sensei nada tinham a ver com a condição social das pessoas. Mesmo que fosse convidado a ir a algum lugar por magnatas dos negócios ou por governantes famosos, se ele sentisse que lhes faltava sinceridade, simplesmente dizia "eles são desrespeitosos", e ia embora. Quando as pessoas se envolviam com o aikido, eram todas iguais perante seus olhos, independentemente da posição no mundo externo. Ele não tolerava nem a mais leve indicação de uma atitude imprópria. Não importava quem fosse a pessoa — se persistia em agir de modo incorreto, ele não mais se interessava por ela.

Muitas figuras importantes do mundo da política, dos negócios e do serviço público, assim como oficiais de alta patente do Exército e da Marinha, tornaram-se alunos de O Sensei —, mas ele os aceitava por sua conduta correta, não por causa de sua posição. Um praticante de judô muito conhecido foi recusado quando quis se unir ao grupo e o mesmo aconteceu com alguns altos oficiais.

O Fundador, com sua devotada esposa Hatsu, celebrando seu aniversário no dojo de Tóquio, em 1963.

A despreocupação de O Sensei com o dinheiro e as coisas materiais ia além da nobreza moral — às vezes, poderíamos até classificá-la como excessiva ou aberrante. O Sensei era meu pai de sangue e, além disso, meu professor e o fundador do aikido. Eu o respeitava profundamente. Mas, quando eu era jovem, muitas vezes ficava bravo com ele por ver minha mãe precisando batalhar tanto para garantir nosso sustento. Eu dizia a mim mesmo: "Não há nada de errado em viver modestamente, mas por que ele ignora as necessidades básicas da nossa família? Por que ele nos faz sofrer?"

Nos velhos tempos, ele não gostava de aceitar nem os *sokushu*, os presentes tradicionais oferecidos ao professor quando seus alunos começam a treinar. Quando as pessoas perguntavam sobre a taxa de matrícula ou de instrução, ele gritava: "Seu tolo! Você pensa que eu quero dinheiro para ensinar?!" E quando elas queriam dar-lhe o *sokushu*, ele dizia: "Se você achar que deve, faça apenas uma oferenda no altar do dojo para expressar sua gratidão". Assim, se os alunos tinham dinheiro, deixavam alguma quantia no altar; mas mesmo quem não deixava vinha praticar.

Muitas vezes minha mãe tinha de usar essas oferendas para as despesas básicas da casa, de modo que dá para imaginar como as coisas sempre foram árduas para nós. Mas às vezes, felizmente, pessoas de posses percebiam as dificuldades financeiras que nossa família enfrentava e ajudavam de alguma maneira. Basicamente, apesar da grande fama do meu pai como artista marcial, nós vivíamos com muito pouco dinheiro. O Sensei também era muito generoso com os grupos religiosos e as obras de caridade, o que tornava ainda mais difícil para minha mãe fazer com que o dinheiro desse para nossas despesas. As pessoas que não sabiam de nossa verdadeira situação devem ter pensado que minha mãe era muito mesquinha. Mesmo hoje, fico pasmo com sua paciência sem limites ao equilibrar as necessidades diárias do dojo e de nossa casa.

O Sensei não hesitou em gastar a fortuna relativamente grande de seu pai Yoroku a fim de perseguir seus sonhos. Quando abriu um negócio atacadista de papelaria, o Ueshiba Shokai, em Tóquio, aos 17 ou 18 anos de idade, ou quando foi desbravar as florestas na vila de Shirataki, em Hokkaido; quando prosseguiu com seu treinamento em artes marciais ou tornou-se voluntário na religião Omoto — sempre a maior parte do dinheiro para esses empreendimentos veio da fortuna de Yoroku, seu pai.

Embora não se importasse em ganhar dinheiro, O Sensei tinha um talento natural para isso, apesar de tudo. O Ueshiba Shokai, a vila de Shirataki e mesmo o aikido nos últimos anos começaram finalmente a gerar dinheiro; todos os seus projetos tornaram-se bem-sucedidos. Se O Sensei tivesse se preocupado em voltar sua atenção para os negócios, certamente teria acumulado uma grande fortuna durante sua vida. Mas cedeu seus direitos na papelaria para os empregados e doou sua propriedade na vila de Shirataki para o *shihan* Sokaku Takeda, do Daito-Ryu, com quem estudou por vários anos. O Sensei devotava todo seu esforço aos seus projetos, mas, quando amadureciam, ele não se interessava pelos lucros resultantes do sucesso. Muito pelo contrário — sua tendência era passá-los adiante e então começar alguma outra coisa do zero.

Dotofuhen: o caminho é uno e imutável

Pode-se dizer que o auge da reputação de O Sensei como artista marcial foi entre 1927 e 1941. Depois disso, deixou o crescimento do aikido nas mãos da geração mais nova, da qual faço parte, e retirou-se para o campo, em Iwama, a fim de continuar sua busca no aikido num ritmo mais relaxado e apoiar carinhosamente os esforços da geração posterior. Esse período de 1927 a 1941 coincide com certos acontecimentos políticos e militares: no nível doméstico, houve o plano japonês de expansão na China, sob os auspícios da Grande Esfera de Coprosperidade Asiática; a ocupação forçada do território pelo Exército e pela Marinha; e a tentativa de criar o "reino pacífico" de Manchukuo, no nordeste da China. Acontecimentos mais distantes que estavam se desenrolando incluíam a retirada japonesa da Liga das Nações, juntamente com a formação do Eixo, com a Alemanha e a Itália; e, finalmente, a Guerra do Pacífico, contra os Estados Unidos e a Grã-Bretanha.

Pode-se observar que o período em que O Sensei ganhou fama como artista marcial coincidiu com a emergência de uma agressiva política militar em nível nacional; e é natural imaginar que esses dois desenvolvimentos estivessem relacionados.

O Sensei tinha boas relações com os líderes políticos e industriais, assim como com os generais do Exército e da Marinha japoneses. Na verdade, ele foi instrutor na Academia Naval e também na Academia Militar Toyama, na Nakano Gakko (a escola de treinamento do Serviço Secreto) e na Universidade de Manchukuo. Também é verdade que O Sensei estava determinado a cooperar o máximo possível com seu país e sacrificar-se pela causa maior do patriotismo e pelo bem do povo japonês. Essa disposição para o sacrifício individual em favor do bem comum faz parte das mais antigas tradições das artes marciais e era parte integrante da identidade de O Sensei como artista marcial.

Contudo, apesar dessa disposição de apoiar seu país, havia áreas em que O Sensei tinha reservas ou mesmo fazia oposição ao que encarava como atos e políticas equivocados. Quando foi rejeitada uma resolução pacífica para o problema com a China, ele começou a temer que a agressão dos militares japoneses tivesse consequências catastróficas. Quando a guerra no Pacífico começou a parecer iminente, O Sensei suspirava às vezes, mostrando grande desgosto, e me dizia coisas tais como:

> Sempre há mais pessoas aventureiras e arrogantes entre os militares. Elas perderam de vista seu dever para com a nação; querem apenas exibir sua estúpida agressão e sede de sangue, independentemente do que venha a custar para seu país. São tolos que vão contra a natureza e a vontade de Deus. O verdadeiro *budo* retira seu poder vital do universo, tendo em vista os mais altos propósitos. Para seguir um verdadeiro caminho marcial, devemos combinar harmonia, disciplina e amor não egoísta. Esses criminosos brincam com as armas e usam o nome do *budo* como disfarce para a destruição, a violência e a avidez de poder. Há muitos tolos que me usariam se pudessem. Eu nunca daria minha aprovação a esse tipo de conduta. Talvez meu único caminho seja me retirar do mundo.

Depois que começou a guerra, O Sensei parou de usar para a sua arte os termos comuns *aiki bujutsu* (técnicas marciais de *aiki*) ou *aiki budo* (caminho marcial de *aiki*). Clara e definitivamente, nomeou-a "aikido".

O Sensei acreditava que as artes marciais, o cultivo da terra e o *ki* estavam profundamente ligados. Assim, após dois anos de preparação, deixou Tóquio a fim de formar uma propriedade rural e um dojo para a prática ao ar livre, na vila de Iwama, na província de Ibaraki. Depois de 1942, O Sensei deixou para mim, seu filho, a administração do dojo Hombu no dia a dia. Eu ainda estava na faculdade. Nesse período, ele se retirou para Iwama com sua esposa Hatsu, minha mãe. Lá construiu o santuário Aiki (Aiki Jinja) e dedicou-se a preces sinceras por seu país, que enfrentava uma grande crise. Também começou a focar sua energia no treinamento, de modo a finalizar a criação da arte que ele chamou de aikido.

Seu verdadeiro estado de espírito nessa época está refletido num livro escrito posteriormente pelo Sr. Hideo Takahashi e baseado na transcrição das próprias palavras de O Sensei. Eu gostaria de citá-lo mais extensamente, pois oferece uma visão única da origem dos ensinamentos nesse período inicial:

> O universo e o indivíduo são a mesma coisa. Você não consegue entender o *aiki* se não souber isso, pois todos os movimentos do *aiki* se originam no universo. Deixem-me contar a vocês sobre meu treinamento de aikido.
>
> O início foi em 14 de dezembro de 1940. Pelo calendário tradicional seria 11 de novembro, estranhamente meu aniversário. Foi um período em que meu corpo estava cheio de energia e totalmente flexível. Novas técnicas pareciam vir a mim aos milhares e muito naturalmente. Se eu pegasse uma espada, de repente já podia ensinar a pessoas que eram mestres em esgrima. Eu não entendia de onde vinham esse poder e essa energia criativa, mas sabia que não devia simplesmente ignorá-los.

O Fundador instruindo-me nos movimentos do *jo*, no dojo Kobukan, por volta de 1937.

Naquele dia, por volta das duas horas da manhã comecei a praticar uma hora de *suigyo*.[4] Pela primeira vez senti que meus espíritos e deuses benfeitores estavam verdadeiramente presentes. O deus que veio a mim foi Ameno-murakumo-kuki-samuhara-ryuo-no-omikami (também conhecido como Haya Takemusu Okami). Ele me disse: "Vou penetrar em suas veias" (em outras palavras, tomar posse de minha alma), e me contou que era o guardião do aikido. No princípio havia uma única fonte de criação, um único Deus de cujos esforços surgiram os deuses duais Yin e Yang, que fundaram o céu e a nação, respectivamente, e que, por sua vez, criaram toda a Terra e o universo. Ele me disse:

[4] *Suigyo* é um ritual de purificação que usa a água. Um termo relacionado é *misogi*, outra prática de limpeza e purificação do corpo e da mente.

"Agora é a sua vez de incorporar Izunome, o espírito da purificação, e praticar o *misogi* para limpar a maldade, o egoísmo e os desejos deste mundo". Esse *kami* manifesta a origem de Takemusu. Em outras palavras, Haya Takemusu Okami é quem dissolve o mal e a má fé. Esse era o deus, para minha surpresa, que disse que ia expandir-se em minha alma, como o sangue através de minhas veias. Como podia acontecer tal coisa comigo? Eu não conseguia acreditar. Por recusar a crer, fiquei muito doente, tão doente que quase morri. Durante essa doença, atingi o estado de *satori* (iluminação).

Mesmo doente, eu não conseguia ficar simplesmente parado. Ainda tinha o compromisso de contribuir no treinamento do Exército e da Marinha. A Agência do Serviço Militar pediu-me que servisse ao Ministério do Exército nessa habilidade e, além disso, servi a vários nobres e também fui conselheiro de diversas universidades. Fui indicado como juiz de *budo* pelo Gabinete Konoe. E essas coisas eram apenas parte do serviço que me era solicitado naquela época.

Contudo, o treinamento fornecido pelo Exército e pela Marinha focava principalmente a alma corpórea, ou *haku*. Em outras palavras, estava orientado para a parte física e seu objetivo era a preparação para o combate. A meta era adquirir a honra específica de matar o oponente com um único golpe de espada. Esse treinamento carecia do sentido de um verdadeiro serviço e devoção; e muitos membros do Exército, e da Marinha também, não tinham a compreensão correta do que significava servir ao seu país por meio do *budo*. Obviamente, também havia pessoas boas e louváveis entre os militares. Aqueles que tinham uma compreensão mais profunda fizeram grandes esforços a meu favor.

O objetivo do aikido não é matar e também não é lutar e disputar. Ele não foca a parte da alma associada ao corpo (*haku*), mas sim aquela alma ou espírito que está associado à consciência (*kon*). Ele honra as qualidades do criador e torna manifestas as origens do universo. O aikido segue um caminho mais elevado. Procura enaltecer e proteger todas as coisas feitas pela fonte da criação.

> Em resumo, fazer aikido é seguir o dever conferido a nós pelo céu. Se o seu dever também beneficia seu país, ótimo — nesse caso, certamente você deve seguir adiante. Mas as preces que são feitas em favor de nosso país ou sociedade trazem em si certa impureza. O que importa é completar o trabalho que está diante de você. Se o trabalho está a serviço do céu, é abençoado.
>
> É tolice invadir o país dos outros, matando pessoas e tendo a ilusão de vitória. Na edificação do universo, o objetivo do aikido espelha o do espírito: que todos tenham um lugar para chamar de lar, que sejam parte de uma mesma família e que trabalhem como criaturas de uma mesma fonte criativa. Ainda hoje acredito realmente que era isso que o imperador Meiji tinha em mente. É por este motivo que sempre suplicamos: evitar o conflito a qualquer custo. Por essa razão, eu proíbo competições no aikido. Porém, o amor que faz parte do aikido procura *ativamente* a concórdia e a paz. Desse modo, devemos envolver o oponente com a energia do amor. Assim, você pode purificá-lo.

Talvez seja difícil acompanhar essa citação fora do contexto, mas pelo menos ela nos dá uma noção do que se passava na mente de O Sensei quando ele conduziu o aikido para o caminho da autorreflexão. O Sensei rejeitava qualquer separação superficial entre as partes física e espiritual do ser, *haku* e *kon*. Procurava contrapor-se à natureza isolada, estéril e imoral de uma agressão carente de amor e harmonia. O Sensei queria que todos que treinassem aikido pudessem, eles mesmos, extrair o *ki* da fonte do universo por intermédio do treinamento árduo do corpo, do coração e do espírito. Desse modo, alcançariam seu verdadeiro potencial — totalmente despertos, com os olhos abertos para a vocação divina que compartilham. Os ensinamentos do aikido originaram-se desse aprofundamento e dessa transformação da compreensão de O Sensei. Para ele, a mais alta maestria seria a integração de cada ser individual com o universo.

Nessa citação, O Sensei explica por que o aikido exclui a competição. Ele sentiu que a competição desviaria a atenção das pessoas desses ensina-

mentos, pois elas ficariam presas à ideia de ganhar ou perder. Esses ensinamentos de O Sensei, o caminho do aikido que ele nos ofereceu, permanecem firmes e imutáveis.

Não é necessário dizer que o aikido foi criado pelos esforços de O Sensei, um indivíduo, em uma geração. Mas ele não poderia se tornar O Sensei em apenas uma geração. Seria justo dizer que não teria alcançado o que alcançou sem o apoio de seu pai, Yoroku, e da fiel companheira Hatsu, sua esposa. Nem podemos deixar de lado o papel de professores, amigos e discípulos nessa conquista. Assim, também é verdade que os ensinamentos do aikido foram obtidos por meio dos esforços combinados de muitos milhares de pessoas. Agora que me tornei Doshu, minha visão como sucessor é proteger continuamente a integridade dos ensinamentos e divulgá-los ainda mais. Sinto intensamente que era isso que O Sensei queria.

Logo depois do final da guerra, com o apoio de muitas pessoas, comecei a criar uma estrutura organizacional que desse apoio à divulgação dos ensinamentos do aikido. O Sensei apoiou-me em silêncio, sem levantar qualquer questão ou dúvida. Eu sabia que ele estava ciente de tudo o que eu fazia. Devotei-me completamente a realizar todas as coisas que pareciam necessárias para a expansão desses ensinamentos. Em 1960, O Sensei recebeu a medalha Shiju Hoshu, em reconhecimento à sua longa carreira e às suas muitas realizações. Em 1968, com a ajuda de diversas pessoas, o dojo Hombu, em Tóquio, foi terminado (o edifício tinha originalmente três pisos; mais dois foram acrescentados em 1973). O Sensei admirou demoradamente o novo prédio do dojo e ficou profundamente emocionado. Nossos olhares se encontraram e ele disse simplesmente: “Muito bem”. Essa foi a única vez na vida que meu pai elogiou o que eu fiz. Parei silenciosamente diante de O Sensei e, no fundo de meu coração, fiz um voto: “O caminho é uno e imutável”.

Diante da entrada do dojo Hombu, em Tóquio, construído em 1968.

Capítulo Dois

Treinamento duro e solitário: a juventude de O Sensei

Sobre o sul de Kishu e a cidade de Tanabe

O grande erudito e mundialmente famoso especialista em fungos Kumagusu Minakata[1] (1867-1941) descreveu a cidade de Tanabe como um lugar atraente, modesto e calmo, e de clima temperado e belos arredores. Esse foi o lugar em que O Sensei nasceu.

O Sensei nasceu em 14 de dezembro de 1883 (16 de novembro pelo antigo calendário).[2] O registro oficial de sua família era o 441 da vila de Nishinotani, condado de Nishi Muro, província de Wakayama. A vila de Nishinotani foi incorporada à cidade de Tanabe em 1924 e, em 1942, tornou-se parte da cidade de Motomachi Tanabe.

Não restou parte alguma da casa em que O Sensei nasceu. Uma casa construída no local, em 1910, ainda existe e é possível ver-se também uma fonte e um santuário a Kumano Gongen atrás da casa, remanescentes dos primeiros tempos. Como foram abertas cada vez mais ruas na área, as construções invadiram a propriedade original e a tornaram praticamente irreco-

---

[1] Depois de completar o serviço militar, O Sensei demonstrou seu respeito por Kumagusu Minakata ao se unir à resistência dele contra a política governamental de consolidação dos santuários xintoístas, o que será discutido mais adiante.

[2] O Japão mudou do *kyureki*, o antigo calendário lunar-solar, para o calendário gregoriano em 1874.

nhecível. Em um aterro entre a casa e a orla marítima foi criada uma grande área residencial. Mas quando O Sensei era jovem, demorava poucos minutos para ir de sua casa até o mar, no porto de Tanabe. Os antigos moradores dizem que O Sensei foi treinado por um especialista em pesca com arpão, Shingo Suzuki. Ele gostava de mergulhar e fazer caça submarina. Às vezes imagino que sua simpatia por lanças pode ter se originado nessa agilidade exigida pela pesca com arpão.[3]

Os antigos moradores também contam que, com 20 e poucos anos, O Sensei gostava de se banhar nas águas do mar, uma prática muito parecida com o ritual *misogi*. De acordo com um senhor idoso que o conheceu, ele não deixava de praticar esse ritual, mesmo em pleno inverno. Numa etapa posterior de sua vida, O Sensei gostava de praticar *misogigyo* ou *suigyo* (limpeza com água), que se tornou parte integrante de seu treinamento. Talvez, na juventude, ele tenha sido apenas naturalmente meticuloso com sua higiene pessoal.

Tanabe, na região oeste de Nanki, no sul de Kishu, é uma das cidades mais importantes da área, juntamente com Shingu, no oeste. Nanki é uma região próspera, ligada à rede rodoviária principal de Kishu e, desse modo, importante para o comércio regional. Em 1971 houve, em Tanabe, o Festival Nacional de Esportes (ou Kokutai). A cidade sempre dependeu do mar para a sua sobrevivência; o atual porto de Tanabe é um centro da indústria marítima e, mesmo nos velhos tempos, a pesca e a navegação eram importantes. No interior, a província de Wakayama ostenta a floresta de Ki no Kuni, com manejo florestal, exploração de madeira e cultivo de tangerinas e ameixas. ["Ki", nesse caso, vem do nome da região, Kishu, e é representado por um ideograma que significa "árvore", num jogo de palavras que indica a abundância da floresta.] Os turistas visitam as fontes termais de Shirahama e a região serve de porta de entrada para o que é conhecido como As Três Montanhas de Kumano (os santuários de Kumano Nimasu, Kumano

---

[3] Depois do *taijutsu* (técnicas que usam o corpo), o que O Sensei mais gostava era o *sojutsu*, que usa a lança (*yari*). Diz-se que ele estudou a técnica de lança ao estilo Hozoh, mas, segundo minha observação, ele não seguia as formas de um estilo em particular. Os *te-sabaki* e *tai-sabaki* eram certamente só seus.

Hayatama e Kumano Nachi). Muitos devotos do mestre budista Kobo Daishi também visitam a região.

Obviamente, Tanabe era um lugar muito diferente quando O Sensei nasceu, no final da década de 1870. Naquele tempo, era a sede do clã Ando, vassalos da família Tokugawa, de Kishu, que recebia um estipêndio anual de 38 mil *koku* de arroz. Perto de seu castelo ficava uma pequena e espartana área de residências de samurais, que dava acesso às habitações dos camponeses e pescadores.

Os Ueshiba eram camponeses e também tinham alguns direitos de pesca. O pai de O Sensei (nascido em 16 de novembro de 1843) chamava-se Yoroku, e o nome de sua mãe era Yuki. Ouvi dizer que a família de meu pai tinha raízes em Misu, uma vila hoje absorvida por Tanabe. Há mais Ueshibas em Misu do que em Tanabe, de modo que isso talvez seja verdadeiro. Também foi sugerido que o bisavô de O Sensei, Kichiemon, foi o primeiro Ueshiba a vir para Tanabe. Mas o que primeiramente se ouve sobre os Ueshibas de Tanabe é que Kichiemon foi um homem lendariamente forte. Alguns dizem que ele competia nos jogos promovidos pelo chefe do clã local.

No presente há outra linhagem de Ueshibas em Tanabe, não relacionada diretamente com a minha família; e também ouvi algo sobre uma antiga família Ueshiba de Akitsu. Antes da época do bisavô de O Sensei talvez houvesse alguma relação com os outros Ueshibas de Tanabe, mas os detalhes não estão claros. Mesmo quando levamos em conta as diferentes maneiras de escrever o sobrenome Ueshiba, podemos dizer que ele é bastante raro.[4]

Talvez uma das razões seja que, pelo lado de meu pai, a família tendia a produzir apenas mulheres. Tanto o bisavô quanto o avô de O Sensei foram adotados e assumiram o sobrenome de suas esposas. Seu pai Yoroku era filho único e o próprio Sensei foi o único menino entre cinco filhos — três meninas mais velhas que ele (Tame, Hisano e Chiyo) e uma mais nova (Kiku). Portanto, quando O Sensei nasceu, seu pai ficou muito feliz. Há um festival no santuário de Kumano em que a *miko* (sacerdotisa) pega os panos

[4] O nome *Ueshiba* combina dois caracteres, um com o significado de "plantar" e o outro, de "gramado ou grama".

vermelhos e brancos, ou as flores de papel usadas para decorar os santuários portáteis, e os atira para os devotos do santuário. Quando a mãe de O Sensei estava grávida, foi dada a ela uma flor branca: um bom presságio para o nascimento de um saudável filho homem. Por isso, depois do nascimento de O Sensei, segundo ouvi dizer, seu pai disse orgulhosamente que ele era "uma criança enviada pelo deus do santuário de Kumano".

Yoroku era um homem vigoroso e robusto — pesava cerca de 75 quilos —, muito conhecido por sua força extraordinária. Conta-se que, usando apenas os dedos mindinhos, conseguia levantar uma barra com um saco de arroz de 60 quilos pendurado em cada extremidade. Aparentemente, também tinha um temperamento orgulhoso e explosivo, mas nunca levantou a voz com O Sensei e sempre o tratou com grande carinho. Minha tia Kiku, irmã mais nova de O Sensei, contou-me que seu pai ficava triste por ter somente filhas; assim, quando teve um filho homem aos 40 anos de idade, mimava-o de tal maneira que as irmãs ficavam com ciúme! Como mencionei anteriormente, O Sensei esbanjou os recursos da família para realizar seus sonhos. Yoroku ficava feliz em ajudá-lo e parece que mostrava um grande desejo de que seu único filho homem usasse seu dinheiro.

Na época em que O Sensei nasceu, sua família era composta por camponeses medianos, que possuíam cerca de cinco acres de terra. Seu pai era um trabalhador dedicado e frugal, sem uma educação formal, mas bastante versado em política e economia. O jornal local, *Wakayamaken Tanabechoshi* (Jornal da Província de Wakayama/Cidade de Tanabe), registra que ele foi seguidamente reeleito como representante no Conselho da vila de Nishinotani, de maio do ano 25 da Era Meiji a abril do ano 43. De acordo com o jornal, somente outro membro do Conselho teve mandato mais longo que o seu — isso demonstra que Yoroku era realmente popular em sua comunidade.

A mãe de O Sensei, Yuki, pertencia à família Itokawa, importante na região. Ela era a segunda filha de Rokuhei Itokawa. Essa família descendia originalmente do clã Takeda, da região Kai (atualmente província de Yamanashi), que, por sua vez, pertencia aos Seiwa Genji, descendentes do imperador Seiwa (850-881 d.C.). A linhagem Itokawa podia ser rastreada por mais de dez gerações. Muitas pessoas importantes da região provinham desse clã — Kuzo, por exemplo, que reconstruiu o templo em Kozanji. Minha mãe, Hatsu, esposa de O Sensei, também vinha do clã Itokawa — eles eram parentes por parte da mãe de O Sensei.

Yuki era bem diferente de seu marido — elegante, meiga e gentil. Ela dedicou-se às letras e era versada em escrever poesia. Formou-se assim uma combinação interessante: uma mulher tão gentil e letrada casada com um homem rude e marcial, como Yoroku parece ter sido. Ela certamente transmitiu seu talento para O Sensei, como fica evidente nos muitos *doka* que ele escreveu. Eis três exemplos que talvez sejam familiares a você:

Ao me ver diante de si,
O inimigo ataca com a espada
Mas nesse momento
Já estou em pé
A salvo atrás dele.

Manifeste o *yang*
em sua mão direita,
equilibre-o com
o *yin* de sua mão esquerda,
e guie seu parceiro.

Na escuridão da noite
Não reconhecemos quem é aquela pessoa
A lua aparece e se põe
sem ser reconhecida.

A irmã mais nova de O Sensei, Kiku, formou-se e trabalhou como professora universitária; os conhecedores de *haiku* a tinham em alto conceito nesse campo. Será que a forte tradição literária da família Itokawa desempenhou algum papel na formação do aikido? Provavelmente, sim — as pessoas descreviam como "poéticas" a percepção e a inspiração de O Sensei. Ele certamente herdou tanto o talento marcial como o literário de sua família.

Na família Ueshiba, O Sensei era tratado como um tesouro. Apenas para mencionar um detalhe, sua mãe o alimentava desde pequeno com *mochi* (bolo macio de arroz), ao qual chamava de "*mochi* poderoso". O gosto que, mais tarde, O Sensei demonstrava por *mochi* veio possivelmente das lembranças de sua protetora mãe. De fato, ele era abençoado no ambiente em que cresceu.

Da fraqueza à força

Os pais de O Sensei criaram-no com grande afeto e esperanças. Naquela época, as coisas eram diferentes, mas podemos também dizer que, até certo ponto, ele foi superprotegido — quando criança, era delicado e hipersensível, tanto mental como fisicamente. Nas palavras de sua irmã mais jovem, Kiku: "[Ele] não era muito forte quando criança. Mas tinha uma grande capacidade de lembrar e reter tudo o que ouvia. Gostava de ficar em seu quarto e ler a pilha de livros que lá havia. Debruçava-se sobre os *Shisho Gokyo* (esses clássicos chineses — os 'Quatro Livros' e os 'Cinco Cânones' — eram uma parte tradicional do currículo educacional japonês) e os contos sobre os heróis lendários da história japonesa, mas a física e a matemática o atraíam ainda mais fortemente. Ele estava sempre lendo, pensando, tendo novas ideias e experimentando coisas. Perto de onde morávamos havia um templo onde era praticado o *goma*.[5] O Sensei ia à escola do templo para estudar os clássicos chineses com o sacerdote. Ele devia ter somente 7 ou 8 anos, mas ao contrário das outras crianças da vizinhança, meu irmão mais velho realmente gostava de ler".

Isso pode parecer estranho para aqueles que conheceram O Sensei somente mais tarde, quando ele tinha um físico imensamente forte. Mas, como ele mesmo me contou, foi uma criança muito frágil e mesmo de uma hipersensibilidade patológica. Mais tarde, às vezes ainda acontecia de ele

---

[5] *Goma* é um ritual de fogo, praticado no budismo esotérico. Seja usando o fogo real ou, mais simbolicamente, o "fogo da sabedoria", o objetivo do ritual é eliminar os obstáculos e as impurezas.

perder a cor de repente e anunciar que estava doente e precisava deitar-se. De vez em quando, tornava-se terrivelmente distraído e dizia: "Não consigo me concentrar, meu *ki* está instável". Mas se estivesse praticando no dojo ou fazendo alguma demonstração para as pessoas, ele recobrava sua energia ao se concentrar nos sons "su" e "uh".[6] Diante dos nossos olhos, ele recuperava sua admirável força. Acho que essa fragilidade inicial nunca desapareceu totalmente, mas ele a superou por meio de uma concentração resoluta de seu *ki* e de um árduo treinamento físico. Mesmo depois de um diagnóstico de câncer e do início dos sintomas da doença, ele continuou a treinar muito forte durante outra década. Fico maravilhado com a maneira como ele conseguiu lidar tão habilmente com sua energia, tanto física quanto mental.

O local mencionado por minha tia, onde O Sensei recebia lições sobre os *Shisho Gokyo*, deve ser o templo Jizo, localizado naquela que era então a cidade de Motomachi, em Aiza-Saigo. O Sensei costumava dizer: "Estudei com Mitsunori-san, no templo Jizo". Esse templo era uma filial do templo Ninnaji cuja seita é a Kogi Shingon.

Em seu interior, a região de Tanabe é cercada pelas montanhas Kumano Sanzan; nesses limites, a seita Shingon Mikkyo logo se espalhou, portanto a maioria de seus templos são Shingon.[7] Destaca-se entre eles o templo Kozanji, do mestre Genyu Sogabe, que faz parte da subseita Kogi Shingon Onshitsu. Toda a região está cheia de templos: Sankoji (da subseita Mimuro), Nomanji (subordinado ao templo Ninnaji), Komyoji e Kannonji (subordinados ao templo Kozangi), assim como Sankei-in, Daifujuin e Hojoin (da subseita Daigo).

Diz-se que esses templos da seita Shingon estiveram originalmente associados ao príncipe Shotoku Taishi (573-621 d.C.). A começar por Kozanji, que dizem ter sido visitado por Kobo Daishi, muitos templos podem ter suas origens traçadas até antes da Era Nanbokucho (1333-92). Contudo, muitas

---

6 O Sensei usava as técnicas de respiração *kotodama*, que utilizam os sons para invocar os espíritos.

7 Diz-se que Kobo Saishi, o fundador do budismo Shingon Mikkyo, atingiu o *samadhi* no monte Koya, que fica na parte nordeste da província de Wakayama.

edificações foram destruídas durante os ataques de Hideyoshi Toyotomi, em 1585; ele incendiou as casas das famílias locais dominantes, bem como muitos templos. Os que existem hoje foram reconstruídos durante a Era Tokugawa. Mas a área de Kumano ainda está repleta de templos que mantêm o treinamento tradicional do budismo Shingon Mikkyo; e nas montanhas também podem ser encontrados praticantes do estilo *shugendo* de treinamento, iniciado por En-no-Ozunu ("En, o ascético").

Os templos Jizo têm uma origem um pouco diferente. Baseiam-se no ramo Ryobu do xintoísmo, que incorpora alguns dos ensinamentos mais importantes do budismo Shingon Mikkyo (as escrituras Kongo e Taizo), juntamente com algumas antigas crenças xintoístas. Antes da Restauração Meiji, o templo Jizo, de Shounin, costumava estar associado ao Toriai Gongen (atualmente santuário Toriai), mas, depois da proibição da Era Meiji de mesclar xintoísmo e budismo, essa associação mudou. Talvez por essa razão, o templo Jizo treinava alunos em *goma* e também em *Shisho Gokyo*.

Yamaji Kishi, que foi membro do Conselho da Aikikai durante a época de O Sensei, tomou nota de algumas histórias que depois ele contava durante suas conversas. De acordo com essas notas, O Sensei disse: "Estudei o *Shisho Gokyo* com o mestre Mitsunori Fujimoto (morto em 1947), como sacerdote assistente. A dificuldade de entender era tão grande que muitas vezes eu dormia. Eu gostava mais de *chinkon* e *kaji kito*; eu me divertia imitando os sacerdotes e aprendi quase todos os *shuhos*".[8]

Há uma história, atribuída a O Sensei, que diz que atrás da casa dos Ueshiba, na montanha Tenshin-zan, havia três *bosatsus* (budas) que sempre vinham proteger os habitantes em épocas de perigo se eles rezassem com fé. Talvez ele tenha criado essa história no período de aprendizagem nos templos Jizo, e assim ela se tornou um conto espiritual e místico.

De acordo com minha tia Kiku, O Sensei era tão atraído pelas histórias milagrosas de Kobo Daishi, que sua mãe pensou seriamente em colocá-lo num mosteiro para que se tornasse sacerdote. Contudo, Yoroku, seu pai,

---

[8] *Chinkon* são técnicas para lidar com os espíritos e para curar doenças; *kaji kito* é um ritual de invocação de *kamis* e budas, para buscar sua proteção; *shuho* são rituais em geral.

tinha opinião diferente. Não queria que o herdeiro da família Ueshiba entrasse para o sacerdócio; foi por causa de sua oposição que O Sensei não entrou para a vida religiosa.

No entanto, parece bastante natural que aquilo que ele aprendeu no templo Jizo quando criança o tenha afetado pelo resto da vida, especialmente devido ao seu interesse pelo assunto. Lembre-se de seu encontro, mais tarde, com Onisaburo Deguchi, da religião Omoto. A maneira como O Sensei imediatamente reagiu a esse encontro e decidiu seguir as crenças Omoto sugere que seus estudos no templo, quando criança, tiveram efeitos duradouros. Faço essa associação porque acredito que a prática de Onisaburo Deguchi, e talvez mesmo a base de suas ideias espirituais, tinha alguns elementos do xintoísmo Ryobu — embora eu possa estar enganado, pois não estou completamente familiarizado com essas doutrinas. O famoso conceito de *Miroku Gesho*, do mestre Deguchi, ou a encarnação de Miroku (Buda) — a profecia apocalíptica de que Mirokubosatsu, descendo de Tosotsuten, virá à Terra para nos salvar do sofrimento de muitos milhões de anos depois da morte de Buda —, ecoa um ensinamento muito difundido na Shingon Mikkyo, que está associado com a profecia de que o grande professor Kobo Daishi retornaria à Terra após sua morte. Há algumas diferenças, mas o princípio básico é semelhante, por isso não é surpreendente que O Sensei tenha se convertido a essa religião. Talvez sua proximidade com o mestre Deguchi tenha refletido a importância dessas memórias e influências da infância.

O pai de O Sensei, Yoroku, transformou esse menino frágil e sonhador num jovem com mente e corpo fortes ao encorajá-lo a testar sua força contra os outros e a competir com eles. (Ele incentivou-o novamente depois que O Sensei contraiu beribéri, quando vivia em Tóquio, e retornou à casa paterna para se recuperar.) Yoroku também encorajou o filho a treinar artes marciais depois que foi desmobilizado do Exército, mas o alicerce havia sido construído quando ele era bem jovem. Já mencionei a força quase hercúlea de Yoroku. Ele costumava demonstrar a O Sensei como era forte fisicamente. Fazia longas caminhadas bem cedo, visitando os vários templos e santuários da região — Tenjin-san, Nittenshi, Koshin, Konpira, Higashi Hachioji, Nishi Hachioji. À noite, levava o filho até a praia para praticar sumô com os

filhos dos pescadores. Yoroku conseguiu despertar um espírito competitivo em O Sensei e, por meio disso, construir sua força física de um modo natural.

Há outra influência que devo mencionar. O Sensei tinha lembranças afetivas de um professor da escola elementar de Tanabe, que exerceu um forte impacto sobre ele: Tasaburo Nasu. Esse professor, Sr. Nasu, prestou serviço mais tarde como sacerdote xintoísta no santuário Tokei (1925-1940). Na época em que era professor primário, estava com 20 e poucos anos. Ele contava para O Sensei histórias sobre o famoso lutador de sumô do período Edo, Yoshizo Sendagawa, que era de Tanabe. Disse a O Sensei que um dia o Japão iria competir com países mais fortes, como os Estados Unidos e a Rússia, e que ele devia tornar-se tão forte quanto um tufão, de modo a poder derrotá-los.

O gosto de O Sensei pela leitura estava mais forte do que nunca, mas, graças à influência de seu pai e de seu professor, começou a buscar uma maneira de "se tornar mais forte" e treinar ativamente o corpo e a mente. Certa noite, depois de alguns problemas na vila, um grupo de desordeiros apareceu na casa dos Ueshiba, enquanto a família dormia. Depois de alguns gritos de parte a parte, Yoroku precisou lutar sozinho contra eles. Esse acontecimento exerceu uma profunda influência sobre O Sensei; ele nunca mais foi o mesmo depois dessa ocasião. Começou a se dar conta de que era necessário ter poder para se defender da violência sem lei. Mais tarde, ele me contou como tinha desejado poder ajudar seu pai naquela noite.

Almejando a independência

O Sensei transformou-se gradualmente de um garoto frágil em um homem forte, de corpo e mente. Mas não está muito claro quando exatamente ele

Na queda de água espiritual de Nachi no taki, por volta de 1925.
O Fundador fez uma peregrinação ao estilo
sacerdotal, em busca da verdade e da iluminação.

determinou o rumo que sua vida ia tomar. Seu pai não permitiria que ele se tornasse sacerdote, como sua mãe gostaria, e ele não tinha aptidões para ser pescador ou camponês; nessa altura, as artes marciais não eram nem mesmo uma possibilidade distante. Já citei as observações de sua irmã Kiku sobre seu entusiástico interesse pelas histórias de heróis lendários, assim como pela física e pela matemática. Há algumas indicações de que ele talvez tenha pensado em ser professor. Mas é evidente que lutava para encontrar seu rumo na vida.

O Sensei parecia sentir instintivamente que não estava destinado a uma vida que tomasse caminhos esperados. Ele precisava experimentar as coisas por si mesmo para encontrar livremente seu próprio curso. Como exemplo do que quero dizer, depois de terminar a escola primária ele ingressou na Nova Escola Secundária de Tanabe, em 1896, mas depois de um ano largou-a e começou a estudar no Instituto de Ábaco Yoshida. Um de seus colegas na escola secundária, Yasutaro Satake (que mais tarde tornou-se reitor da Universidade Tohoku), costumava ir visitar O Sensei no dojo para conversar sobre os velhos tempos. Parece que O Sensei sentia essa mesma ansiedade em relação à escola que vemos no Japão moderno. Minha tia diz que ele achava as aulas sufocantes — elas realmente davam em seus nervos e ele ficou muito contente ao abandoná-las.

A escola de ábaco em que se matriculou era uma das mais importantes de Tanabe, que também era um centro de estudo de ábaco — esse fato resultou de uma diretriz do Sr. Ando, cuja família havia sido de senhores da região. As aplicações originalmente visadas eram de inspeção costeira e de construção de castelos, usando o *sankakujutsu* ou o *hassenhyo unyo*, dois métodos matemáticos daquela época. O corpo docente do Instituto de Ábaco Yoshida incluía Chohei Yukawa (pai de Taiken Yukawa), Shusuke Takai e Eijiro Saito. Dentre as principais escolas de ábaco do período estavam Hoensha, Komori-juku, Doi-juku, Instituto de Ábaco Yoshida, Instituto de Ábaco Nishimura e Suzuki-juku.

O *Wakayama-ken Tanabecho-shi* descreve o Instituto de Ábaco Yoshida como tendo sido "estabelecido na cidade de Oaza Fukuji no oitavo ano da Era Meiji, por Mitsunari Yoshida, da vila de Tomita. Inicialmente, não tinha nome, e as pessoas o chamavam simplesmente de 'a casa Yakitsugiya de ábaco'. ['Yakitsugiya' era provavelmente o nome do prédio.] Logo depois, a escola mudou-se para Shimoyashiki e então, em 1905, para a Rua Gion, na seção Nakayashiki da cidade. A escola é administrada, há três gerações, pela família Yoshida: Mitsunari, seu filho Mitsutsugu e seu neto Mitsunari."

Dizem que os povos do norte e do sul de Kishu têm características muito diferentes. O povo do norte, perto de Osaka, é prático, bom nos negócios e sabe ganhar dinheiro; consequentemente, é rico. O do sul é formado por pensadores elevados e talvez um pouco perdulários; bocas grandes, com bolsos pequenos. As autoridades do sul achavam que não podiam competir com o norte e, assim, por meio da promoção do treinamento do ábaco, encorajavam sua população a desenvolver habilidades superiores no cálculo matemático.

De todo modo, depois de abandonar a escola secundária, O Sensei percebeu que tinha afinidade com a escola de ábaco e logo começou não só a se desenvolver como a se destacar. Para começar, ele se interessava por números, aprendia rápido e tinha grande habilidade manual. Também se absorvia completamente nas coisas pelas quais se apaixonava, portanto não é surpreendente que tenha se saído bem. Sua irmã recorda-se de que, nessa época em que não havia eletricidade, os dois ficavam acordados até tarde, à luz de lampiões, praticando seus cálculos. "Eu lia os números — meu irmão era muito rápido, mas também muito preciso."

Depois de aproximadamente um ano na escola, O Sensei já estava bom o suficiente para se tornar assistente de professor. Penso que seus talentos nessa área são interessantes, com relação ao posterior desenvolvimento do aikido. As técnicas de aikido requerem reações imediatas ao movimento do oponente, respondendo-se rapidamente com um contramovimento apropriado para se conquistar o melhor controle possível sobre o corpo do oponente — tal habilidade vem por meio de um árduo treinamento mental e físico, mas talvez também esteja relacionado ao talento de O Sensei para fazer cálculos mentais rápidos.

Logo depois de se formar com honra pelo Instituto de Ábaco Yoshida, O Sensei recebeu uma oferta de emprego na coletoria local de impostos. Sua função não era a de coletar impostos, mas a de avaliar as propriedades tributáveis e calcular seus valores de mercado. Assim, por exemplo, ele calculava o valor dos imóveis, as dimensões das propriedades e a tributação sobre a produção de álcool. Com sua eficiência, ele deixou impressionado um funcionário de Tóquio que viera de visita; esse homem, Sr. Akabane, disse-lhe: "Você tem um grande potencial — deveria ir para Tóquio". Dentro da burocracia fiscal, ser transferido para Tóquio era uma real ascensão e a maioria das pessoas teria pulado de alegria com essa oferta. O Sensei, contudo, agradeceu muito, mas declinou do convite. Sua irmã conta que ele explicou desta maneira: "Eu queria ir para Tóquio por meus próprios meios. Talvez seja arrogância, mas foi por isso que não aceitei a oferta dele. Ainda assim, suas palavras me deram um forte sentimento de que eu estava destinado a ir para Tóquio algum dia. Por essa razão me senti profundamente grato ao Sr. Akabane". Isso aconteceu quando O Sensei estava com 17 anos.

A direção que O Sensei tomaria na vida começou a se delinear na época do incidente de Iso, quando ele se envolveu numa disputa sobre os direitos de pesca. Todos os detalhes não estão claros, mas parece que a Lei dos Direitos de Pesca, de 1901, inspirou a resistência de alguns dos pescadores costeiros dos arredores de Tanabe, especialmente dos pequenos pescadores e dos de dedicação parcial. A lei restringiu severamente a pesca e a coleta de algas, além de tornar o processo de licenciamento muito mais complexo e aumentar a taxação. Os efeitos sobre as pessoas que pescavam no dia a dia e dependiam da pesca para sua subsistência foram devastadores. As penalidades por desrespeitar a lei eram muito severas e significavam o fim de um meio de subsistência para numerosos habitantes. Portanto, muitos desses pequenos pescadores ficaram descontentes e começaram a reclamar de várias maneiras.

O Sensei deixou seu emprego no escritório fiscal e tomou parte na resistência à lei da pesca. Havia dois aspectos em sua decisão. Ele possuía uma espécie de desejo cavalheiresco de ajudar os mais fracos e tentar melhorar sua situação. Mas também sentia uma raiva moral dos burocratas e dos grandes homens de negócio que tinham motivos velados para apoiar as regulações das quais provavelmente iam se beneficiar. Esses eram aspectos firmemente estabelecidos no caráter de O Sensei, que nada tinham a ver com a lógica. Mais tarde, situações parecidas aconteceram diversas vezes e ele entrava frequentemente em complicações por causa dessa sua tendência. Ele simplesmente não gostava de imposições pouco razoáveis e jamais ia contra aquilo em que acreditava, com a finalidade de obter sucesso.

Aparentemente, tornou-se líder da resistência e se envolveu de modo tão profundo que mal parava para dormir e comer. Chegou a negociar com o Conselho da vila, com o Conselho da cidade e mesmo com o governador da província. Certa vez, numa área pesqueira chamada Okinoshima, ele impediu a passagem dos funcionários públicos e fez com que eles recuassem, gritando: "Se vocês não aprovam nossa resistência, vou jogá-los no mar!" As pessoas idosas da região ainda contam as histórias de sua heroica resistência aos funcionários governamentais. Ele não era mais o menino frágil de outros tempos.

O Sensei aprendeu algumas lições dolorosas a partir dessa experiência. Uma delas foi a de como as massas são impotentes diante das autoridades públicas; outra foi a de como um indivíduo podia fazer tão pouco sem uma base de poder. Ele se deu conta de como estava limitado por causa de sua juventude, de sua pequena estatura e de sua falta de experiência. Quando as disputas se transformavam em insultos, o outro lado sempre dizia as mesmas coisas: "Você é apenas um garoto com a cara cheia de espinhas" e "Você é apenas um funcionário de baixo escalão do departamento fiscal"; ou riam dele por ter apenas 1,55 metro de altura. Foi nessa época que decidiu mudar-se para Tóquio. Sua frustrante e até mesmo humilhante experiência com os pescadores conduziram-no a uma nova resolução. Seu pai parece ter concordado totalmente. Deve ter sido complicado para ele, como membro do Conselho da vila, ver seu filho envolvido na resistência ao governo, mas nunca puniu O Sensei. Em vez disso, simplesmente lhe deu dinheiro e disse para usá-lo como quisesse.

Em 1901, quando estava com 18 anos, O Sensei partiu sozinho para Tóquio. Ouvi dizer que enfrentou bastante dificuldade no início. Parece que passou alguns meses trabalhando por casa e comida, vendendo mercadorias de porta em porta ou ajudando um fabricante de réguas, de quem alugava um quarto. Na verdade, ele tinha um parente em Tóquio, um homem chamado Koshiro Inoue, que era o irmão mais novo de seu cunhado. Inoue fez fortuna fabricando sabão e era atacadista de artigos de papelaria e de mercadorias em geral. Se O Sensei tivesse aproveitado esse contato, podia ter tido um começo mais fácil como comerciante. Mas ele era uma alma independente, portanto, quando foi cumprimentar esse parente, não lhe pediu ajuda. Acho que Inoue deve ter-lhe dito que, para ter sucesso nos negócios, ele devia começar como subalterno e batalhar por sua ascensão. Talvez O Sensei não tenha gostado disso. Em todo caso, depois dessa primeira visita, ele nunca mais voltou. Depois de cerca de seis meses, O Sensei conseguiu alugar uma casa. Começou a comprar artigos escolares e de papelaria no atacado e revendê-los de porta em porta. O Sr. Yamaji Kishi ouviu-o dizer: "Devotei-me muito a essa atividade, como se estivesse treinando artes marciais". Mas, provavelmente, ele já perdera o interesse pela carreira de negociante.

Quando seu negócio passou a crescer e ele conseguiu juntar um pouco de dinheiro, decidiu começar a estudar *jujutsu*. Trabalhava o dia todo e, à noite, ia a um dojo em Nanamagari (Asakusa), dirigido por um professor chamado Takisaburo Tobari, que ensinava o *jujutsu* do estilo Kito-ryu. (O Sensei costumava referir-se a esse professor pelo nome de Tokusaburo Tozawa, mas não fui capaz de encontrar qualquer *jujutsuka* com esse nome — penso que ele deve ter se confundido e se tratava do Sr. Tobari, cujo dojo em Asakusa era bastante conhecido. Talvez haja algo a ser esclarecido, mas assumi que ele se referia ao Sr. Tobari.)

Kito-ryu é um *kobudo yawara*, uma forma tradicional de judô desenvolvida por Masashige Terada durante o quarto xogunato Tokugawa. Parece que O Sensei tinha algumas dúvidas sobre essa arte. Apesar de achar que o estilo era bonito, perguntava-se se seria efetivo em situações reais e se seria útil para treinar a mente. Depois de aprender os fundamentos do Kito-ryu, O Sensei começou a frequentar um dojo de *kendo*, em Iidamachi, onde ensinavam Shinkage-ryu, tal como desenvolvido por Koizumi Isenokami. (Talvez tenha sido por pouco tempo; a memória de O Sensei estava falhando quando me contou isso e ele não estava muito certo sobre os nomes das pessoas com quem estudara nesses primeiros anos.) Ele começou a frequentar dojos apenas para gastar um pouco de energia. Essa atividade quase casual foi o começo de seu envolvimento de uma vida inteira com as artes marciais.

Nessa época, contudo, O Sensei teve um caso agudo de beribéri. Suas pernas incharam e sua energia esgotou-se completamente. Apesar de sempre ter sido bem nutrido em casa, ele não estava se alimentando adequadamente em Tóquio, talvez por causa do trabalho excessivo, e isso acabou afetando sua saúde. A data do seu exame de aptidão física para ingressar no serviço militar estava se aproximando, portanto ele resolveu retornar para casa a fim de se recuperar. Nesse período, O Sensei tinha um pequeno, mas crescente, negócio chamado Ueshiba Shokai, que empregava quatro ou cinco pessoas. Mas como ele não se preocupava muito com os lucros ou riquezas, quando decidiu retornar para casa, simplesmente doou o negócio para os empregados e pegou o trem. Reservou um lugar na segunda classe, equivalente à atual primeira classe, porque percebeu que não ia suportar a viagem na terceira classe.

Minha tia Kiku lembra que seu irmão mais velho voltou da cidade grande de mãos vazias. "Ele disse ao pai: 'Fui para Tóquio com uma mala de roupas e é assim que volto!' Então fez uma reverência ao pai e eles riram juntos." O beribéri curou-se depois de um mês que O Sensei passou em casa, andando descalço pelas redondezas e comendo as refeições preparadas por sua mãe.

A estrela do Exército

O Sensei media apenas 1,55 metro de altura, mas sempre pesou cerca de 75 quilos, desde os 20 e poucos anos até sua maturidade. Muitos de seus alunos o viam como uma presença física impressionante, mas talvez isso se devesse mais à energia que ele projetava do que ao seu tamanho real. O Sensei nunca gostou de ouvir as pessoas reclamando. No entanto, sobre si mesmo, tinha uma reclamação: sua altura. Ele ria ironicamente e dizia: "Seria bom se eu tivesse herdado os genes de Kichiemon" — seu avô tinha mais de 1,80 metro de altura.

Sua dificuldade de passar no exame físico para o serviço militar o levou a esse desapontamento. O Sensei foi rejeitado pelos militares porque não alcançava a altura mínima requerida, de 1,56 metro. De acordo com Kiku, ele ficou profundamente desgostoso porque a falta de apenas um centímetro em sua altura impediu-o de servir ao seu país. Como, em 1903, a guerra com a Rússia estava iminente, é compreensível que ele tenha ficado muito frustrado. O Sensei pressionou o quanto pôde e apelou diretamente ao recrutador para aceitá-lo, mas este lhe disse que só podia alistá-lo na área de apoio e logística, onde sua função principal seria transportar alimento, roupa e munição. O Sensei estava furioso com o fato de apenas esse trabalho estar acessível a ele. Sua ideia de serviço militar era estar na linha de frente, liderando o batalhão contra o inimigo.

Quando retornou para casa, O Sensei tentou desesperadamente ganhar o centímetro de altura que lhe faltava. Subia as montanhas e se pendurava no galho de uma árvore; e, para treinar o corpo, escalava trilhas íngremes e saltava ravinas. Todo esse treinamento nas montanhas, dia e noite, como se fosse um sacerdote praticando a austeridade, fez com que os habitantes da vila começassem a caçoar, dizendo que um *tengu*, um duende de nariz comprido, estava lá nas montanhas. Talvez como resultado de seus esforços, em dezembro de 1903, O Sensei estava apto a se submeter novamente ao exame físico militar; dessa vez foi aceito num batalhão da reserva. Essa unidade era o Trigésimo Sétimo Batalhão da Quarta Divisão de Osaka. Já que a maioria dos conscritos era da província de Wakayama, essa unidade era popularmente conhecida como o "batalhão de Kishu".

Quando O Sensei estava para ingressar no Exército, o mestre Mitsujo Fujimoto, do templo de Jizo (que havia ensinado o *Shisho Gokyo* na juventude de O Sensei) executou um ritual do fogo *goma* em sua intenção. Ele fez todas as cerimônias prescritas no Shingon Mikkyo e presenteou O Sensei com um *inkyo* (um certificado de iluminação). O mestre Fujimoto também instalou no *hara* (ou centro) de O Sensei o espírito de Daigensui Myo-o, como sua divindade protetora. Mais tarde, O Sensei falava disso com grande orgulho.

Ele sempre invocava as divindades com grande devoção quando realizava os rituais *chinkon* e *kishin* (para aquietar a alma e abrir um canal de comunicação com o divino) — parece que sua devoção estava enraizada nessa experiência. O espírito protetor no qual O Sensei mais teve fé durante toda sua vida foi Ameno-murakumo-kuki-samuhara-ryuo-no-omikami. Nem todo mundo acredita que um espírito possa habitar em nós, e eu mesmo não aceito completamente essa ideia, portanto seria fácil rir das convicções de O Sensei. Mas a existência humana, em sua natureza, tem elementos de fraqueza e de dor — e os crentes descobrem um remédio em tais coisas. Penso que quanto mais uma pessoa acredita em algo, mais verdade ela encontra nesse algo.

Depois de ter sido finalmente admitido no Exército, O Sensei passou quatro anos trabalhando duro como soldado. Deixou o Exército em 1906, com o posto de sargento. Aqueles que prestaram serviço militar sabem como é difícil subir do nível de soldado raso para o de oficial não comissionado. Esse feito é ainda mais impressionante porque O Sensei entrou no Exército como reservista e, na verdade, não chegou a servir quatro anos completos. Por isso, costumava dizer, orgulhosamente, que era a "estrela do Exército".

As anotações de Yamaji Kishi também contêm alguns detalhes sobre essa época. Eis as lembranças de O Sensei, que Kishi registrou:

> Eu vivia correndo o tempo todo. Levantava-me antes do toque da alvorada, limpava os fuzis e fazia a faxina geral. Era o primeiro a limpar os banheiros e engraxar as botas, trabalhos que ninguém queria fazer. Se um uniforme ou peça de vestuário estava rasgado, eu o remendava imediatamente. Eu fazia essas coisas porque era obcecado por limpeza, mas meus superiores e mesmo os soldados veteranos ficavam felizes, e assim nunca me causaram problemas.
>
> Quando estávamos em treinamento de exercícios ou de marchas e alguns soldados desistiam, eu pegava o equipamento de dois ou mesmo de três homens, e continuava marchando. Eu conseguia fazer isso porque havia treinado arduamente nas montanhas antes de entrar no Exército. Eu tinha boas pernas para correr rápido. Quando chegávamos no final, eu estava sempre na frente. Como os oficiais carregavam equipamentos mais leves, no final era uma competição entre mim e o

> comandante do pelotão. O comandante do meu pelotão era alguém de nome Murata, que mais tarde se tornou general de três estrelas e estava na ativa durante a campanha de Nomonhan. Ele realmente me tomou sob sua proteção. Eu ainda estava tentando aumentar minha altura, pendurando-me em uma barra de ferro sempre que tinha tempo, e ele me ajudava e me levantava para que eu pudesse agarrar a barra. Eu me pendurava nessa barra mesmo durante a noite. Normalmente, isso seria visto como violação das regras do Exército e eu podia ser mandado para a prisão — em vez disso, era sempre elogiado.

Sua atitude positiva e sua iniciativa tiveram participação nisso, mas a rápida promoção de O Sensei através dos vários níveis pode ter sido acelerada por sua generosidade — ele costumava repartir o dinheiro que recebia de seu pai para que todos pudessem "beber alguns goles". Quando sua esposa vinha visitar o acampamento e dizia o nome dele, os guardas dos portões sempre lhe batiam continência e permitiam que seu riquixá entrasse. O Sensei tinha orgulho dessas histórias e costumava dizer que ele era mais popular que os oficiais.

Ainda mais fundamental para sua promoção, contudo, foi sua habilidade excepcional com a baioneta. Mencionei que, quando estava em Tóquio, ele tivera aulas de *kendo* do estilo Shinkage-ryu, e também o treinamento de Kito-ryu deve ter ajudado em seus movimentos. O talento natural de O Sensei para as artes marciais tinha finalmente a chance de vir à tona. Parece que, em seus dias de folga, ele ia visitar o dojo de Yagyu-ryu, do Sr. Masakatsu Nakai. O regimento estava localizado na região então conhecida como Osaka Chindai e, depois que voltou da guerra, ficou estacionado temporariamente em Hamadera — portanto era fácil para O Sensei chegar a Sakai, onde ficava o dojo.

Parece que o Sr. Nakai era parente da família Yagyu e um mestre de *jujutsu* de grande renome. Ouvi dizer que Jigoro Kano, o fundador do judô Kodokan, e Chubei Yokohama, um mestre de *naginata*, costumavam ir estudar com o Sr. Nakai. O Sensei estudou diligentemente e obteve um *menkyo* (certificado de maestria) do Sr. Nakai. Embora ele tenha me contado isso

O Fundador foi cabo no Sexagésimo Primeiro Regimento de Wakayama (no centro, na última fila).

várias vezes, a época nunca ficou muito clara. Tenho de admitir que não consegui confirmar quando esse fato realmente aconteceu, por isso é o caso de examinarmos quais as hipóteses mais prováveis. Há três possibilidades sobre o momento em que ele recebeu o *menkyo*: antes de entrar para o Exército, durante o serviço militar ou depois de sua saída. A primeira é factível porque O Sensei esteve mesmo, por um curto período, em Osaka. A última também é viável porque, entre sua saída do Exército e sua mudança para a vila de Shirataki, em Hokkaido, ele visitava o dojo do Sr. Nakai e praticava com grande frequência. Pode-se supor que ele frequentou o dojo enquanto servia no regimento em Osaka e começou a praticar nessa época. Mas pode ter acontecido de ele ter ouvido falar do dojo quando visitava Osaka e então, depois que entrou para o serviço militar, passou a frequentá-lo e a praticar em seus dias de folga. Como quer que tenha acontecido, o forte embasamento de O Sensei em *jujutsu* e *kendo* deve ter contribuído para sua excelência com a baioneta.

Depois de ser promovido a soldado de primeira classe, O Sensei foi designado para treinar outros soldados. Demorou um longo tempo até receber ordens para ir para a linha de frente, e talvez isso tenha acontecido porque o mandachuva do seu regimento o queria como instrutor para os novos recrutas. Mas O Sensei não gostava de ficar para trás, enquanto todo mundo era mandado para a frente da batalha. (O *Wakayamaken Tanabecho-shi* registra que, durante a guerra russo-japonesa de 1904-05, 500 residentes de Tanabe foram para as linhas de frente e 38 morreram, em ação ou por doenças lá contraídas.)

O Sensei fez vários requerimentos formais para que fosse enviado para a ação. Só depois da quarta vez, em agosto de 1905, seu pedido foi finalmente aceito. O tenente Takewaza, que já o conhecia, designou-o para sua própria tropa. O Sensei era cabo do Sexagésimo Primeiro Regimento de Wakayama, Quarta Divisão (de Osaka) da Segunda Legião.

O regimento serviu em Tieling e Siping Fendian (na Manchúria) e em Delisi e Jiguanshan. Há muitas histórias desse período, que omitirei aqui, mas devo mencionar uma delas. O Sensei relembrava mais tarde que, quando experimentara a luta real, "comecei a ver as balas chegando. Eu podia vê-las vindo da esquerda e da direita, e assim conseguia facilmente sair do seu caminho". Talvez se tratasse de uma forte intuição e de reflexos rápidos, ou de uma habilidade instintiva para sentir o *ki* do momento, mas ele dizia que conseguia vê-las facilmente durante o seu trajeto.

Posteriormente, quando estava viajando para a Mongólia com o mestre Onisaburo Deguchi, da religião Omoto-kyo, eles foram atacados por bandidos montados a cavalo. Um dos bandidos apontou um fuzil Mauser para eles e, logo antes que puxasse o gatilho, O Sensei viu claramente um raio branco proveniente do cano da arma de fogo. Desse modo foi capaz de evitar a bala e pegar o bandido pela lateral e lançá-lo ao chão. O Sensei gostava de contar essas histórias e talvez esse tipo de "pré-visão" intuitiva do movimento do oponente tenha começado nas situações reais de batalha durante a guerra russo-japonesa. Em seu serviço militar, ele desenvolveu a habilidade de se manter calmo e focado mesmo em situações de vida ou morte, de controlar qualquer oponente ou situação e de capturar em sua mente os detalhes e energias de um momento particular. Certamente, seus quatro anos no Exército foram cruciais para definir sua mudança em direção às artes marciais.

Depois de sua promoção a sargento, tanto o comandante da companhia como o comandante do regimento incentivaram O Sensei a permanecer no Exército. Ele foi recomendado como candidato à admissão na Escola Toyama (essa era a academia para treinamento de oficiais de reserva do Exército, na qual O Sensei ensinou aikido mais tarde). Em outras palavras, foi oferecida a ele a oportunidade de uma carreira do alto nível como soldado profissional. Mas ele recusou e, em vez disso, optou por pedir sua baixa no Exército. Mais tarde, O Sensei disse que estava desapontado com a pouca disciplina dos oficiais que conhecera, por conseguinte não estava motivado a permanecer no Exército. Mas eu suspeito que a perspectiva de entrar na Escola Toyama o agradou, secretamente. Parece que sua baixa no Exército aconteceu, na verdade, porque seu pai solicitou-a ao comandante do regimento. Ele não queria uma profissão na qual seu filho único pudesse ser enviado de novo para arriscar a vida no campo de batalha.

Abertura de um dojo

Os cinco anos entre o desligamento de O Sensei do Exército, em 1906, e sua mudança para Hokkaido, em 1912, — quando estava com quase 30 anos — podem ter sido psicologicamente os mais difíceis de toda sua vida. Enquanto estava em Tóquio, ele descobrira que a carreira de negociante não lhe servia — e a carreira militar, com a qual se dava tão bem, havia sido encerrada por causa das objeções de seu pai. Não era mais um garoto frágil; havia se tornado um jovem robusto e saudável, mas ainda estava lutando para encontrar um rumo para a sua vida e um meio de canalizar sua energia transbordante. Ansiava por descobrir seu verdadeiro propósito.

O Sensei se casara com Hatsu logo depois de ingressar no Exército. Ela era dois anos mais velha que ele, tendo nascido em outubro de 1881 — eles eram parentes e haviam crescido juntos. Hatsu era uma grande mulher, delicada e extraordinariamente paciente. Já mencionei no capítulo anterior o grande apoio que ela dava ao marido. Digo isso não apenas como seu filho, mas objetivamente — ela merece um grande respeito por suas ações.

O Sensei era um homem teimoso, não sendo do tipo que demonstra sua afeição pela esposa na frente de pessoas estranhas ou mesmo da família. Mas estou convencido de que, em seu interior, ele abrigava uma profunda gratidão a ela. Ele nunca deu valor a comer em restaurantes, mesmo as maiores delícias preparadas pelos melhores cozinheiros — só gostava da comida caseira preparada por sua esposa. Obviamente, isso também deve ter sido difícil para minha mãe. Em especial quando ficou mais velho, O Sensei restringiu sua dieta cada vez mais, baseando-a principalmente em arroz, vegetais e peixe — deve ter sido difícil para ela cozinhar refeições apetitosas sem qualquer tipo de variedade.

O Sr. Zenzaburo Akazawa, um antigo aluno da época do dojo Kobukan que conheceu bem como eram as coisas em nossa família, disse em retrospecto que "o apoio dedicado da Sra. Ueshiba em casa deve ter possibilitado a O Sensei sentir-se seguro e apto a expressar livremente seu poder no mundo exterior". É assim também que vejo essa situação. Mas acho que a compreensão mútua só foi atingida depois que O Sensei se estabeleceu como artista marcial. Deve ter sido muito diferente naqueles primeiros tempos, quando ele ainda estava buscando, ansioso e colérico, e sua jovem esposa mal conseguia amenizar sua dor e ansiedade. Obviamente, estamos falando da Era Meiji, e O Sensei não era o único jovem teimoso e ambicioso no Japão daquele tempo. Aquele foi um momento em que as pessoas se viam envolvidas em questões de importância nacional, excitadas por ideias nobres, em vez de preocupadas com os confortos do lar.

No entanto, parece que O Sensei algumas vezes dava vazão à sua frustração. Acordava no meio da noite e ia até a fonte para despejar água fria sobre a cabeça, ou se fechava num quarto e passava o dia todo rezando. Às vezes explodia com Hatsu, e outras vezes se retirava para as montanhas e passava por períodos de jejum. Para as pessoas que não sabiam o que ele estava vivendo, esse tipo de comportamento estranho deve ter parecido insano. Mais tarde, quando O Sensei se juntou a Kumagusu Minakata no movimento de protesto contra a consolidação dos santuários, suas ações eram por vezes tão extremas que as pessoas de fora do movimento realmente pensavam que ele estava louco. Falarei disso mais adiante.

Para dar a seu filho uma válvula de escape para suas energias, Yoroku, o pai de O Sensei, decidiu transformar o celeiro em frente à sua casa em um dojo de judô. Quando um famoso judoca, chamado Kiyoichi Takagi, visitou Tanabe — mais tarde, ele recebeu o nono *dan* do Kodokan —, Yoroku implorou que ele ficasse e ensinasse judô aos jovens locais. Na verdade, é provável que tivesse em mente principalmente seu próprio filho, para que este treinasse o corpo e a mente e assentasse um pouco. Yoroku gastou o próprio dinheiro para contratar o Sr. Takagi: alugou-lhe uma casa, pagou seu salário e construiu o dojo.

Com sua esposa Hatsu, no terreno do Kasuga Jinja, em Nara, a antiga capital japonesa.

O Sr. Takagi era um homem de constituição sólida, com aparência digna e destemida. Era um bom cantor, no estilo *rokyoku*, e Kiku dizia que seu peito largo lhe dava uma voz bonita e grave. O plano de Yoroku, de abrir o dojo, funcionou muito bem. O Sensei praticava com o Sr. Takagi sempre que tinha tempo. Ele estudara o *jujutsu* do estilo Kito-ryu Kobudo, mas aquela era a primeira vez que estudava o judô moderno, do estilo Kodokan.

O dojo tornou-se imediatamente o lugar de encontro dos jovens mais entusiasmados e, por fim, transformou-se numa espécie de clube. Começou num canto do celeiro, que era um dojo só no nome, mas, aos poucos, o número de tatames se tornou cada vez maior, até se poder dizer que era de fato um dojo. Kiku se recorda de que esses jovens energéticos quebraram um grande número de painéis *shoji* e divisórias *fusuma*. Não contentes com o judô, eles também experimentavam o sumô e a luta greco-romana. Seu irmão mais velho era "como o rei do castelo, muito animado". Seu comportamento maluco e preocupante não estava mais em evidência. O Sensei já havia construído um corpo forte devido ao seu treinamento militar. Foi natural que, com a árdua prática diária no dojo, sua enorme força se tornasse ainda mais aparente.

Há muitas histórias sobre sua força e algumas são bem conhecidas — conto aqui apenas umas poucas histórias daquela época de sua vida. Na vila, os jovens costumavam competir entre si socando *mochi* [o *mochi* era feito socando-se o arroz cozido num pilão de madeira, com o uso de marretas]. O Sensei não só superava dez dos jovens mais fortes juntos, mas terminava quebrando as marretas. Ele também quebrou as marretas em algumas outras competições de socadura de *mochi*. Depois de um tempo, quando ele aparecia num desses eventos, os organizadores lhe ofereciam chá e bolo e pediam que ele, por favor, não participasse da competição.

Durante a época da colheita, quando os colhedores carregavam os feixes de arroz em varas, O Sensei costumava carregar feixes quatro ou cinco vezes maiores que o normal — as estradas da província eram estreitas naquele tempo e o fardo de arroz que ele carregava bloqueava toda a largura da estrada. Quando ele atravessava a passagem entre a casa dos Ueshiba e o celeiro, Kiku se lembra de que ela sempre sabia que era seu irmão porque o grande fardo de arroz ia batendo nas paredes e fazia bastante barulho.

Não há dúvida de que o interesse de O Sensei pelas artes marciais começou a decolar nessa época. Suas longas viagens para visitar o dojo do Sr. Nakai são um exemplo. Não é claro se ele já estava pensando em devotar sua vida às artes marciais, mas seus interesses deviam estar se movendo nessa direção. Como se conta, durante a época de Kichiemon — bisavô de O Sensei —, a família Ueshiba já praticava um estilo de *jujutsu* chamado Ai-oi. Como eu disse antes, seu bisavô era uma pessoa com uma força extraordinária, que fez um tipo de demonstração perante o senhor local. Talvez essa força fosse, na verdade, a maestria no *jujutsu* Ai-oi.

A família da mãe de O Sensei, os Itokawa, também tinha uma forte tradição de artes marciais. Em algum momento do meio do período Meiji, Gundaiyu Itokawa estabeleceu o dojo Gekken para promover o *kendo*. A própria região de Tanabe estava ligada historicamente à família Kumano Betto, que era de lutadores renomados; então se pode dizer que havia um espírito e uma tradição duradouros de artes marciais nessa região. Algumas pessoas acham que o lendário monge guerreiro Benkei veio dessa família e que, na verdade, nascera em Tanabe. O famoso mestre arqueiro Daihachiro Wasa, que demonstrou sua habilidade nas competições no templo de Sanju Sangendo, também era da província de Kishu.

Quando ainda havia o domínio feudal do clã Ando (em outras palavras, antes da Restauração Meiji), a classe dos samurais era naturalmente encorajada a treinar as habilidades marciais. O *kendo* Shinkage-ryu, o *jujutsu* Sekiguchi-ryu e, mais tarde, o Yoshin-ryu eram populares. Mas, em comparação com outros lugares, a balança pendia um pouco mais para o lado da promoção da cultura (educação, religião e artes). Muitas pessoas talentosas vieram dessa região: Hiraku Toriyama e Kiyomasa Mori, e depois Tetsu Katayama, Yoshitaro Wakimura, Kenichi Okuno, Takeo Iwahashi e Kaku Takagawa. Assim, pode-se ver que a família Ando não encorajava apenas o esforço concentrado nas habilidades marciais. Provavelmente, a época mais importante para as artes marciais no domínio dos Ando tenha sido do final do Período Edo até o começo do Período Meiji [a Restauração Meiji foi em

1868]. Gunbei Iba, um famoso mestre de *kendo* do Período Edo, teve dois alunos extraordinários, Yoshinori Kashiwagi e seu filho Tansui, que tornaram Tanabe um conhecido centro de prática de *kendo* nessa época.

No começo, O Sensei praticou principalmente *jujutsu* e judô, mas com o tempo seu interesse mudou para as lanças e o *kendo*. Muitas pessoas veem uma semelhança entre o aikido e o judô, mas, na verdade, são fundamentalmente diferentes — a relação com o *kendo* é talvez muito mais próxima. Como Tanabe era um centro bastante importante de *kendo*, talvez isso tenha desempenhado um papel no desenvolvimento do aikido.

É possível que eu tenha divagado um pouco. Em todo caso, quando O Sensei começou a praticar artes marciais mais seriamente, a tensão que havia sido tão preocupante para seu pai começou a ficar sob controle e a desaparecer gradualmente. Logo O Sensei usaria sua energia para liderar um grupo de pioneiros que emigraria para a região selvagem de Shirataki, em Hokkaido — falarei disso no próximo capítulo. Antes de continuar, deixe-me dizer algo sobre o movimento de resistência que tomou posse das paixões de O Sensei tão completamente nessa época.

A diretriz de integração dos santuários foi uma tentativa de consolidar vários santuários que existiam em áreas específicas; essa diretriz tinha uma natureza nitidamente política. Suas raízes retrocedem até a proibição de mesclar os cultos xintoísta e budista, que o Conselho de Estado decretou no início do Período Meiji. O plano era não só reduzir o número de santuários, mas também dedicar à agricultura as terras ligadas a eles. Essa política afetou os interesses de muita gente.

A ideia originou-se no Gabinete Saionji, quando Kei Hara era Ministro do Interior, e foi mais tarde defendida por seu sucessor, Tosuke Hirata, que fez parte do Gabinete Katsura. Na província de Wakayama, os governadores Takeo Izawa e Chikaharu Kawagami implantaram vigorosamente a política de consolidação e, em apenas alguns anos, reduziram o número de santuários a apenas um quinto dos que antes existiam. Havia muitos santuários em Kishu e os habitantes dos arredores de Tanabe eram muito devotados a eles; assim a política de integração dos santuários encontrou grande resistência nessa região. O líder da resistência foi Kumagusu Minakata e seu "oficial executivo" era O Sensei.

Kumagusu Minakata tinha boas razões para se opor ao fechamento dos santuários. Além de seu sogro ser o sacerdote do santuário Tokei, ele, como botânico, estava preocupado com os efeitos dessa política na paisagem. Katsumi Masuda fala dessas circunstâncias em seu livro *No no Iken* (*The Wise Man in the Field*):

> Como Minakata passava muito tempo nas montanhas de Kumano e tinha começado a amá-las, criou-se uma situação complicada. O governo introduziu a política de consolidação dos santuários em todo o Japão [...] Em Wakayama, o governo provincial implantou a política vigorosamente. As pessoas começaram a criar projetos para cortar as árvores das terras dos santuários e vendê-las; e também projetavam demolir os santuários, que tinham uma longa história. Os *habitats* de muitas espécies de plantas estavam sendo destruídos e somente os maus elementos se beneficiavam disso. Minakata tomou posição contra o que estava acontecendo e seu movimento foi ativo por uns bons cinco ou seis anos. Em agosto de 1910, os ativistas tentaram marcar um encontro com os funcionários públicos da província, mas foram acusados de conduta desordeira (provavelmente uma visão tendenciosa do que aconteceu), o que envolvia chamar a polícia. Como resultado, Minakata ficou preso durante dezoito dias por invasão de propriedade. Sua correspondência com o famoso Kunio Yanagida começou em 1911, quando Minakata estava se opondo solitariamente às autoridades.

O Sensei tomou parte na resistência à consolidação dos santuários, como havia feito no incidente anterior de Iso — parece que Kumagusu Minakata estivera envolvido naquele incidente, ocasião em que provavelmente eles se conheceram. Em parte, O Sensei simplesmente se opôs à consolidação dos santuários, mas o pensamento de que algumas pessoas estavam tentando explorar a situação em benefício próprio deixou-o enraivecido. Diz-se que os habitantes do sul de Kishu têm um caráter contraditório, enquanto os do norte são mais conhecidos por sua docilidade. Talvez O Sensei também estivesse exibindo sua parcela dessas características regionais.

O Sensei teve um papel de liderança no movimento de resistência. Encontrou-se com o governador, fez petições ao Parlamento e também enviou cartas a correspondentes estrangeiros. Talvez Kumagusu Minakata tenha sido o responsável, mas O Sensei foi quem colocou as diretivas em prática. Graças ao trabalho árduo desses dois homens, o movimento teve bastante sucesso. Como mencionei, a província de Wakayama perdeu quatro de cada cinco santuários, mas Tanabe perdeu somente seis santuários com a consolidação, um fato que é orgulhosamente registrado na *Wakayamaken Tanabecho-shi* (História da cidade de Tanabe, na província de Wakayama). Mais tarde, O Sensei se recordaria: "Essa foi a primeira vez em que senti a alegria de interferir em coisas no nível político nacional. O Sr. Kumagusu Minakata era um grande homem".

Capítulo Três

Novas fronteiras no Norte

Criando algo do nada

Em 1º de agosto de 1962, a vila de Shirataki, no município de Monbetsu, em Hokkaido, celebrou o cinquentenário de sua fundação. De acordo com a *História da Vila de Shirataki*, a vila considera que foi fundada no momento em que O Sensei e os voluntários vieram de Tanabe para ali se estabelecer:

> Em 1912, como parte da recuperação e rezoneamento da região selvagem de Shirataki, a área de Honmura foi aberta ao povoamento, acompanhada da abertura da Antiga Shirataki e da Shimo Shirataki. Seguiram-se povoamentos pioneiros, levados a efeito por indivíduos, bem como a imigração de um grupo da província de Wakayama (com seu representante e líder Morihei Ueshiba), o qual contava com 54 famílias, que se estabeleceram na área de Honmura. Seu assentamento estendia-se do córrego Shirataki Horoka até a área de Kami Shirataki, ao longo da estrada central. Mais tarde, decidiu-se considerar a chegada desse grupo de Wakayama como o ponto inicial da história dessa seção de Honmura.

A celebração de aniversário de 50 anos deu destaque a um painel de discussão com os antigos povoadores. Um dos poucos remanescentes dos povoadores originais, Yoshimatsu Takeda, chegou com o grupo de Kishu quando estava com 20 anos (ele faleceu em 1976). Assim ele descreveu as extremas dificuldades daqueles primeiros tempos:

> A maioria de nós provinha de famílias de pescadores e agricultores. Eu mesmo era pescador de atum, estabelecido em Shirahama. O Sr. Ueshiba propôs o projeto de povoamento de Hokkaido e deixamos Wakayama no dia 29 de março de 1912. Tomamos o trem em Pippu, via Asahikawa, e fomos recebidos pelo proprietário da fazenda de Iwai, em Aibetsu, que também era originário de Wakayama. Pernoitamos no *ekitei*, em Aibetsu. [*Ekitei* eram estabelecimentos no campo que forneciam refeições e acomodações para os viajantes, assim como meios de comunicação.]
>
> Quando chegamos perto do desfiladeiro de Kitami, somente os fios dos postes apareciam sobre a neve — no começo, pensamos que os postes é que eram muito baixos. Mas havia muita neve. Abríamos um caminho através dela, mas daí vinha uma grande tempestade que cobria a trilha que havíamos feito. Não dava nem para imaginar quando chegaríamos ao nosso destino final. Nosso carpinteiro construiu trenós para carregar nossos pertences e suprimentos, mas nas subidas tínhamos de carregá-los nas costas através da passagem. Quando chegávamos ao topo, deixávamos que tudo deslizasse sobre a neve, para o outro lado, e depois seguíamos cautelosamente, procurando um caminho com os bastões de caminhada. As mulheres carregavam os grandes recipientes com soja e missô pendurados em varas, com cada uma delas segurando numa extremidade — elas seguiam se esforçando e caindo na neve. Era como se estivéssemos lutando por nossas vidas! Chegamos por volta do dia 20 de maio, de modo que levou quase um mês apenas para cruzarmos o desfiladeiro. Naquele primeiro ano só conseguimos colher batatas.

O Sensei estava inquieto desde que havia deixado o Exército. Esse novo assentamento em Hokkaido, Shirataki, deu-lhe um renovado senso de propósito. Seu pai construíra o dojo para que ele pudesse extravasar sua energia contida e, assim, treinar seu corpo e sua mente. O Sensei também encontrara grande satisfação em se unir a Kumagusu Minakata para enfrentar uma questão política de significado nacional, o que havia alargado seus horizontes. Mas ainda estava em busca de algo a que pudesse dedicar toda sua vida, apostando seu futuro no sucesso da empreitada. Enfim, é por isso que ele foi para Hokkaido — estava em busca de um desafio, algo substancial e importante. Parece que, originalmente, tinha pensado em ir para a China ou mesmo para a Manchúria. Como servira no Exército lá, acalentava um sentimento pela região. Nessa época, ouvia-se muito falar de pessoas que rumavam para a China — idealistas, aventureiros, bandidos —, pois havia uma atração relacionada a esse tipo de vida errante. Não é difícil imaginar o apelo que esse tipo de coisa exercia sobre O Sensei. Seu interesse em ir para a China finalmente deu frutos: a expedição com o mestre Onisaburo Deguchi, que aconteceu mais de dez anos depois. Se ele tivesse tido algum contato na China de então, teria embarcado definitivamente para uma grande jornada.

Algo deve ter provocado uma mudança em suas intenções, voltando-as para a ilha de Hokkaido. Uma possível razão foi que Denzaburo Kurahashi, um habitante local que vivera num assentamento de veteranos em Hokkaido, retornou a Kishu e parece ter influenciado o pensamento de O Sensei. Muitos livros escolares japoneses descrevem o Tonden-hei Seido, um assentamento de antigos samurais. Em essência, esses assentamentos foram projetados pelo governo central como uma maneira de dar um lar para aqueles samurais que haviam ficado sem um meio de vida após a dissolução dos domínios feudais. Em tempos de necessidade, serviam como reserva militar, mas, durante os tempos de paz, seus colonos viviam da agricultura. Em outras palavras, eles corporificavam o conceito de *heino-ichinyo* (lutar e cultivar a terra estão unidos), a integração dos estilos de vida militar e agrícola. Mais tarde na vida, O Sensei adotaria um ideal similar, o *bu-no-ichinyo* — que é a integração dos estilos de vida marcial e agrícola —, em Iwama, na província de Ibaraki. A ideia nasceu desses assentamentos de veteranos aposentados.

Depois da batalha de Hakodate Goryokaku, quando o exército do xogunato, liderado por Takeaki Enomoto, rendeu-se ao novo governo Meiji, muitos desses assentamentos foram organizados para a antiga classe samurai e seus seguidores. Entre 1874 e 1899, 24 vilas militares, que incorporavam 7.337 famílias e um total de 39.911 pessoas, foram formadas segundo esse modelo. Os relatos de Denzaburo Kurahashi sobre o assentamento de Hokkaido, onde ele vivera, devem ter capturado a imaginação de O Sensei. Ele estava entusiasmado com esse "espírito de fronteira".

O governo provincial de Hokkaido também fez o que pôde para oferecer incentivos específicos para o tipo de grupo de emigração que O Sensei lideraria. Tais projetos não exigiam que os colonos cooperassem na defesa nacional, como faziam os veteranos. Os grupos eram geralmente formados por pessoas originárias de uma mesma região, e assim essa abordagem funcionava melhor que a imigração individual — as pessoas se sentiam confortáveis em se juntar àquelas que já eram suas vizinhas. O governo de Hokkaido promoveu essa ideia mais intensivamente a cada ano e concedeu incentivos ainda mais atrativos. O tamanho mínimo de um grupo de assentamento foi reduzido de trinta para dez famílias, justamente na época em que O Sensei ia com seu grupo. Cada família assentada também recebia uma garantia de posse de um terreno de dez *chobu* (cerca de 25 acres), juntamente com um empréstimo de longo prazo e a juros baixos. Também eram concedidas diversas garantias e subsídios. Para promover futuros assentamentos, o governo provincial também colocou dinheiro e recursos humanos na construção de uma *kokudo*, uma rodovia principal nacional — essa era a *chuo-doro* (estrada central) entre Asahikawa e Abashiri, também conhecida como "estrada colonial". [A mão de obra para esse projeto foi fornecida em grande medida por presos conscritos; o projeto da rodovia tornou-se notório pelas privações e crueldades.]

Tais incentivos atraíram muita gente, especialmente os jovens, filhos das famílias de pequenos camponeses e pescadores de outras províncias que não estavam bem informados sobre o clima severo e a terra pobre, ou sobre a falta de estradas e outros meios de transporte. Solicitações para assentamento vieram de todo o Japão. Em 1913 e 1914, depois que os pioneiros de Kishu fundaram a vila de Shirataki, grupos das províncias de Akita, Miyagi, Fukushima, Yamagata, Nagano e Nara também se juntaram ao movimento de assentamento.

Quando as notícias sobre todos esses incentivos ao assentamento de grupos em Hokkaido tornaram-se conhecidas em Tanabe, os jovens que se reuniam no dojo Ueshiba devem ter tido um mesmo pensamento. A terra para agricultura em Tanabe não era muito fértil e a pesca havia sido bastante afetada pelas novas regulamentações, que mencionei ao descrever o incidente de Iso. A maioria dos soldados que voltava da guerra russo-japonesa estava desempregada, por isso havia tanta gente começando a procurar um futuro fora de Wakayama.

O Sensei disse mais tarde: "Kumagusu Minakata predisse várias vezes que o Japão ia enfrentar uma grande escassez de alimentos e, depois da guerra, pude ver que muitas pessoas estavam realmente morrendo de fome. Isso me levou a procurar um meio de ajudá-las; eu estava determinado a fazer algo por elas". O caráter de O Sensei era cheio de paradoxos. Ele era distante e superior, mas também tinha o carisma para liderar as pessoas; era sempre o "rei do castelo", mas também tinha uma grande dose de empatia natural pelos outros. Os pensamentos que descrevo aqui eram típicos de suas motivações.

Na primavera de 1910, antes de começar a recrutar pessoas para seu projeto de um grupo de assentamento, ele foi a Hokkaido, junto com Denzaburo Kurahashi, para ver tudo com seus próprios olhos. Visitou as autoridades de Hokkaido para checar os planos de desenvolvimento, falou com o chefe do Departamento de Desenvolvimento sobre os detalhes dos planos e também foi visitar as áreas de Ishikari e Tokachi. Depois entrou um pouco mais na região de Kitami e até Shirataki, numa área conhecida como vila Yubetsu. Deve ter havido várias razões para ele escolher Shirataki como local de seu assentamento; eis algumas delas: tinha um bom acesso para a rodovia central; estava a menos de meio dia, viajando-se de carroça puxada a cavalo, do assentamento mais próximo, Engaru; estava localizada num agradável vale, banhado pelo rio Yubetsu e seus afluentes; e era cercada por florestas virgens, com diversas árvores adequadas à extração de madeira. Mais tarde, O Sensei também disse que em Shirataki, quando comparada a outros lugares que ele vira, "a grama crescia vigorosa e abundante. Se crescia tão bem ali, sem qualquer cultivo, senti que esse devia ser um bom lugar para cultivarmos tudo". Novamente, isso é típico da maneira como ele pensava.

Essa viagem ocorreu em março, durante a época de nevascas, e foi provavelmente ainda mais desafiadora que a viagem pioneira descrita por Yoshimatsu Takeda, quando foram realmente fundar o assentamento. Eles passaram por seguidas tempestades de neve e perderam-se diversas vezes. Num certo ponto, O Sensei chegou a cair num rio de águas geladas e pensou que tudo estava acabado. É extraordinário que ele tenha escolhido um lugar com invernos tão rigorosos e condições tão difíceis, especialmente quando lembramos que nasceu em Kishu, onde o clima é bastante ameno. Isso demonstra seu espírito determinado e pioneiro e sua vontade de enfrentar e sobrepujar as dificuldades. Ainda estou admirado por sua teimosa obstinação — sinto-me simplesmente espantado pelo que ele fez. Sempre me lembro de algo que ele costumava dizer: "Gosto de criar algo onde nada havia antes. Senão, não estou realmente interessado". Quanto mais penso nisso, mais vejo que essa ideia de criar algo do nada foi o que ele perseguiu durante sua vida inteira. A criação do aikido é um exemplo perfeito: ele o criou, praticou e aperfeiçoou. Isso é exatamente criar algo do nada.

Depois que retornou da expedição exploradora, O Sensei começou a organizar o grupo para assentamento em Hokkaido e assumiu uma imensa responsabilidade. Cinquenta e quatro chefes de família se inscreveram, num total de 80 pessoas. Contudo, com exceção de umas poucas famílias, a maioria desses candidatos não podia arcar com os custos da realocação. O Sensei pediu que seu pai contribuísse com 10 mil ienes, como apoio financeiro para essas famílias mais pobres; uma quantia equivalente a 200 ou 300 dólares, em valores atuais. Esse dinheiro cobriu os custos de transporte das pessoas e das mercadorias: arroz, missô e outros suprimentos alimentares, assim como roupas. Yoroku demonstrou sua típica generosidade. Não era apenas com O Sensei — mesmo que a família tivesse algum dinheiro, ainda me espanta que Yoroku tenha tido a coragem e o coração para dar a seu filho tanto dinheiro, como um simples e incondicional presente.

Rei de Shirataki

Em um mapa é possível vermos a localização de Shirataki, em Engaru-cho, no município de Monbetsu, em Hokkaido, ilha do norte do Japão. Naquela época, os nomes eram diferentes; era conhecida como vila Yubetsu, no município de Kitamikuni Monbetsu.

Atualmente, Shirataki é uma comunidade bem administrada, que prosperou graças às atividades rurais — agricultura e pecuária — e à indústria madeireira local. Porém, durante a expansão econômica do final dos anos 1960, Shirataki compartilhou o destino de outras áreas rurais e perdeu quase um quarto de sua população. Cerca de 1.200 pessoas, ou 180 famílias, partiram para cidades maiores em Hokkaido ou para áreas mais industrializadas em Honshu, a principal ilha do Japão. Houve um êxodo geral do campo. Quando visitei a cidade, no final de setembro de 1974, aqueles que haviam planejado partir já tinham ido, mas senti que o declínio da população era uma preocupação para o prefeito e para as pessoas mais velhas da cidade. Quando a economia se desacelerou de novo, não era incomum que os habitantes que tinham partido voltassem para Shirataki. Com a finalização do túnel Seikan, que liga Honshu a Hokkaido, por rodovia, bem como a linha de trem-bala para Tohoku e Hokkaido, o crescimento da população pôde ser novamente incentivado.

Mas voltemos 60 anos a fim de ver como eram as coisas quando o grupo de Kishu, liderado por O Sensei, fez seu assentamento no local. Eis algumas anotações de O Sensei que descrevem essa época:

> No primeiro ano (1912) passamos nosso tempo cortando árvores e limpando o terreno. Não sabíamos muito sobre o cultivo de batatas. Tentamos cultivar grãos, mas falhamos. Tentávamos ganhar dinheiro para comprar arroz e trigo com a venda de madeira. Caso contrário, colhíamos plantas selvagens para comer. Também pescamos peixes nos rios Yamabe e Iwana. No segundo ano (1913), tivemos uma colheita ruim — as coisas ficaram muito difíceis. No terceiro ano (1914), colheita ruim de novo.

Os colonos não esperavam uma boa colheita de imediato, mas ter colheitas ruins por três anos seguidos foi pior do que qualquer um podia esperar. O ano de 1913 foi especialmente difícil. De acordo como a *História da Vila de Shirataki*, toda Hokkaido experimentou temperaturas excepcionalmente baixas na primavera e no início do verão, com grandes tempestades durante o verão. Eles tiveram uma geada prematura em setembro, seguida de neves pesadas; como resultado, houve um recorde na perda de colheitas. As condições nos terrenos elevados eram especialmente ruins, com quase nenhuma colheita. Os novos colonos tinham somente cabanas para abrigá-los das chuvas. Não possuíam coisa alguma para trocar por comida, nem mesmo painço, roupas ou gado. Assim, passaram a vaguear pelas colinas em busca de plantas selvagens ou nozes para comer. Foi um grande desastre.

Diante de uma cabana de colono, na vila de Shirataki.

O Sensei tomou a iniciativa. Viajou por toda a região tentando obter do governo da província e da administração municipal de Monbetsu alguma assistência para os flagelados. Denzaburo Kurahashi ficou encarregado dos suprimentos alimentares e provou ser bastante capaz nessa tarefa. Quando não estava ocupado fazendo petições ao governo, O Sensei liderava o corte de madeira e a limpeza das terras. Nisso, demonstrou realmente sua força hercúlea, trabalhando muito mais arduamente que qualquer outro. Como eles estavam derrubando uma floresta virgem, havia uma grande quantidade de árvores altas, muitas com um metro de diâmetro. O Sensei usava um grande machado, que pesava quase quatro quilos — apelidado de *kintoki masakari* – e outro machado, fabricado na região de Tosa, de mais ou menos o mesmo peso. Espantosamente, ele cortou mais de 500 árvores em um ano. Mais tarde, quando seus alunos se admiravam com sua imensa força, ele dizia: "Meus braços foram treinados cortando árvores; é por isso que eles são mais fortes do que árvores". Ele conseguia segurar diversos homens grandes com apenas um braço. Deve ter desenvolvido esse "braço de ferro" cortando árvores em Shirataki. É importante reconhecermos que seu extraordinário poder só se tornou possível graças a esse árduo treinamento que fez durante a juventude.

Há muitos casos e histórias dessa época sobre sua força lendária. Certa vez, uma carroça tombou numa colina e O Sensei empurrou ambos, carroça e cavalo, até o topo. Outra vez, numa viagem de compras a Engaru, ele foi apanhado por uma nevasca e se refugiou numa cabana abandonada. Quando um urso faminto entrou na cabana, O Sensei calmamente lhe deu comida e fez amizade com ele. Quando encontrava bandidos, simplesmente atirava-os ao chão. Outros colonos de Shirataki confirmaram essas histórias, portanto não são simples lendas.

Kanemoto Sunadomari era seguidor de O Sensei na religião Omoto, em Kameoka, no início do Período Showa. Mais tarde, ele escreveu um livro, chamado *Aikido Kaiso Ueshiba Morihei*, que incluía esta passagem, que é baseada nas próprias recordações de O Sensei:

> Certo dia, Morihei Ueshiba saiu para comprar alimentos. No caminho de volta, enquanto carregava alguns fardos de arroz por um campo

nevado, foi parado por três *tobiccho* (um termo local de Hokkaido que significa "saltadores"), que haviam fugido de uma *kangokubeya*, um tipo de empresa que contratava trabalhadores para fazer trabalhos pesados, tais como construção de estradas, colocação de trilhos e escavação de túneis, por salários muito baixos e com longas jornadas em condições degradantes. Os *tobiccho* eram pessoas que romperam seus contratos e fugiram, ou que iam de uma *kangokubeya* a outra em busca de sustento, assaltando viajantes nos intervalos. Eram pequenos gângsteres, fazendo seu trabalho sujo para sobreviver.

Os três *tobiccho* exigiram que Morihei lhes entregasse os fardos de arroz que carregava ou que lhes desse algum dinheiro. Em suas intenções e propósitos, eram bandidos; e até matariam se fosse necessário. Morihei atirou os três na neve e seguiu seu caminho.

Em outra ocasião, perto de Asahikawa, havia um jovem que fora vendido como peão em troca de uma dívida. Ele conseguira escapar e pediu ajuda a O Sensei. Como Morihei era um homem que tomava partido dos mais fracos, ele falou com os administradores da *kangokubeya* e conseguiu libertar o jovem. Muitos incidentes parecidos aconteceram, portanto não demorou para que todo mundo nos arredores de Shirataki soubesse quem era Morihei Ueshiba. Quando seu nome, Ueshiba de Shirataki, tornou-se conhecido nas várias *kangokubeya*, numerosas pessoas que estavam presas nesses locais começaram a pedir sua ajuda. O Sensei cuidou de todas. Aqueles que pediram dinheiro para sair das dificuldades receberam, e aqueles que precisavam de alguém para falar com os encarregados das *kangokubeya* também receberam seu apoio. Um repórter de um jornal visitou a região e escreveu uma história sobre esses acontecimentos. Depois que o artigo saiu no jornal, as pessoas começaram a se referir a Ueshiba de Shirataki pelo respeitoso cognome de "rei de Shirataki".

Eu gostaria de ressaltar que O Sensei não conquistou sua reputação nos arredores de Shirataki somente pelos aspectos que mencionei — bravura, defesa dos mais fracos ou feitos heroicos em seu árduo trabalho. Ele é lembrado, na verdade, por descobrir e promover as atividades econômicas que finalmente permitiram à vila se desenvolver e crescer — em outras palavras, por seu talento como empresário e administrador. O Sensei não estava muito interessado em lucro pessoal, mas, quando se tratava da comunidade e do desenvolvimento regional, sua visão comercial era muito acurada. Ele não usava esse talento somente em seu próprio benefício.

O Sensei realizou tantas coisas que é impossível listar todas. Apenas algumas dessas realizações serão ressaltadas aqui. Ele encorajou os aldeões a plantar *hakka* (hortelã), como uma cultura comercial; atraiu a indústria madeireira e batalhou por seu desenvolvimento; comprou cavalos e abriu caminho para que os aldeões criassem cavalos e gado; construiu uma forte rede de distribuição de alimentos e gêneros de primeira necessidade, e ajudou a estabelecer uma vizinhança comercial em Futumata Shirataki; fundou uma escola primária; criou uma organização para cuidar da saúde e do saneamento; e expandiu o santuário Kami Shirataki. Ele também teve um papel central no planejamento do que finalmente se tornaria a linha férrea de Ishita-sen. Mais uma vez, isso tudo não são apenas opiniões minhas; há um ponto de vista objetivo a partir de matérias de conhecimento público, tal como a *História da Vila de Shirataki*. O espaço é limitado, portanto listarei apenas alguns trechos dessa fonte:

> Morihei Ueshiba, o líder do grupo de Kishu, disse que: "Muitos membros do nosso grupo vieram para Hokkaido para ganhar dinheiro plantando hortelã. Depois que nos estabelecemos em Shirataki, fomos visitar o Sr. Ishigami para aprender com ele como cultivar essa hortaliça. [Fujikura Ishigami havia começado a cultivar hortelã em 1903.] Ele nos forneceu algumas sementes e incentivamos os membros do grupo a plantá-las".
>
> Quando Denzaburo Kurahashi visitou Aibetsu a negócio, no verão de 1912, ele comprou dois cavalos *dosanko* para uso privado; Morihei Ueshiba havia encomendado um deles para si. [O texto prossegue, explicando que a criação de cavalos tornou-se muito popular, pois esses animais eram utilizados no transporte de produtos, particularmente

quando a indústria madeireira se tornou mais importante e os cavalos eram usados para puxar a madeira.]

Os habitantes de Kishu que se estabeleceram em Shirataki, em 1912, direcionaram muita energia para sua vila, mas também estavam preocupados com a educação de seus filhos. Morihei Ueshiba e Denzaburo Kurahashi começaram a pensar seriamente em criar escolas. Procuraram Jirokichi Yazaki para obter ajuda — ele era um intelectual interessado em educação e cedeu sua propriedade, em Bangaichi Futumata, para esse fim [o lugar era próximo ao que é hoje a residência de Fumiko Tanji, de Higashiku]. Com o trabalho voluntário dos pais dos futuros alunos, foi erguido um edifício temporário no qual funcionaria o Espaço Educacional Especial de Shirataki; finalmente, iniciaram-se as aulas, sob os auspícios da Escola Primária Engaru Jinjo, da vila de Kami Yubetsu. A inauguração foi no dia 19 de junho de 1913; assim teve início a Escola Primária de Shirataki.

Morihei Ueshiba relembra: "Muitos dos membros do nosso grupo, assim como outros colonos, tinham filhos. Não podíamos deixar nossas queridas crianças sem educação, portanto trabalhamos muito duro para tornar possível a criação de escolas. Naqueles dias, como a administração municipal estava localizada em Kami Yubetsu, fomos lá diversas vezes para solicitar o apoio do prefeito, Urajiro Kaneshige, para construir uma escola. Não havia trens nem carros, então tínhamos de ir a pé. Quando a escola foi aprovada, precisamos nos apressar para conseguir o terreno e construir o edifício, na verdade, uma cabana, onde as aulas fossem ministradas".

No outono de 1913 foi formada a Unidade de Saúde e Saneamento de Shirataki, filial da Unidade de Saúde e Saneamento de Kami Yubetsu. Morihei Ueshiba foi escolhido como o primeiro diretor.

O santuário de Kami Shirataki data de 1893, quando Takuji Nakazawa tornou-se o mestre local do Takinoue *ekitei*. Originalmente, o santuário era um lugar temporário de culto, erigido perto da ponte Takinoue, em homenagem a Amaterasu Omikami, o protetor dos visitantes e residentes da região.

> Quando o grupo de Kishu chegou, em 1912, seu líder, Morihei Ueshiba, trouxe com ele uma representação da divindade guardiã Takehayasu Susanoo no Mikoto, que também foi colocada no santuário. Em junho de 1915, Shoki Kawamura (que era o sacerdote na época) teve um sonho espiritual e, como resultado, construiu um lugar para orações nas montanhas próximas a Shirataki. No mesmo ano foi erigido um altar para comemorar a entronização do novo imperador e, por solicitação da comunidade, uma terceira divindade, Ukanomika Tamanomikoto, foi acrescentada àquelas homenageadas no santuário.

É evidente que O Sensei realizou um grande feito. Por meio do cultivo de hortelã e da exploração de recursos florestais, a vila foi capaz de se recuperar das más colheitas dos primeiros anos. Não há dúvida de que O Sensei tinha uma grande visão. Depois de 1913, as colheitas começaram a melhorar e o negócio madeireiro ganhou impulso. O diretor e os funcionários da seção de desenvolvimento da agência de Hokkaido ficaram impressionados com o crescimento econômico de Shirataki.

Em meio a tudo isso, o povo do lugar se recorda de O Sensei cavalgando calmamente em seu cavalo, de um lado para outro, e com um leque de ferro na mão esquerda. Esse leque, em particular, foi preservado para exposição no Museu Histórico da Vila de Shirataki.

Uma última história: certa vez, quando O Sensei viajou de Kishu a Aomori, sentiu-se tão doente que não conseguia levantar-se da cama. Parece que houve uma jovem que tomou conta dele e mais tarde seguiu-o até Shirataki. Quando sua esposa Hatsu chegou a Shirataki, essa situação um tanto romântica chegou ao fim. Acho graça ao pensar que, mesmo uma pessoa tão desajeitada com as mulheres como era O Sensei, teve momentos românticos em sua vida.

O encontro com o mestre Sokaku Takeda

Sokaku Takeda ficou famoso na história das artes marciais modernas por ter restaurado o *jujutsu* Daito-ryu. Ele era um mestre formidável em sua arte. Mesmo sendo uns cinco centímetros mais baixo que O Sensei, tinha uma aparência impressionante: ossos malares altos, olhos penetrantes, que brilhavam com uma misteriosa determinação, e uma boca com lábios apertados e ausência de alguns dentes. Tinha o costume de olhar em volta de modo insolente, com os cantos da boca virados para baixo.

Sokaku Takeda, o mestre de *jujutsu* Daito-ryu.

O mestre Onisaburo Deguchi era bom em avaliar o caráter das pessoas a partir de suas feições. Ele reconheceu que Sokaku Takeda havia realizado algo na vida, mas, como contou a O Sensei, sentiu que esse homem tinha um "destino estranho". Disse que sentia um cheiro de sangue ao redor de Takeda e que não conseguia gostar dele como pessoa. Não posso dizer se essa avaliação era ou não correta, mas a verdade é que durante a época do dojo Ushigome, quando eu era criança e o sensei Takeda ficava conosco, eu sempre sentia um pouco de medo na presença dele.

O mestre Deguchi parece ter ficado perplexo e, às vezes, irritado pela deferência de O Sensei em relação a Sokaku Takeda. Mas O Sensei jamais deixou de sentir uma imensa gratidão pela instrução que recebera de Sokaku Takeda em Hokkaido; por isso, sempre que possível, tentava fazer tudo o que ele pedia. Talvez eu deva relembrar o primeiro encontro deles, que pareceu estranho e mesmo predestinado, para nos ajudar a entender por que O Sensei nunca deixou de homenageá-lo como seu professor.

Anos mais tarde, ele contou esta história numa entrevista ao repórter de um jornal:

> Quando eu tinha cerca de 30 anos, mudei-me para Hokkaido. Eu estava hospedado em uma pousada chamada Hisata Ryokan, na cidade de Engaru, em Kitami-no-kuni. Foi lá que encontrei Sokaku Takeda, que era um sensei de Daito-ryu, de Aizu. Recebi sua instrução por cerca de trinta dias. Durante esse tempo, senti um lampejo de inspiração que não entendi completamente. Mais tarde, convidei o sensei Takeda para vir nos ensinar; foi quando cerca de quinze de nós tentamos aprender com ele a quintessência das artes marciais.

Quando o repórter perguntou se O Sensei havia descoberto o aikido enquanto recebia seu treino em Daito-ryu, ele balançou a cabeça e disse claramente: "Não". E continuou: "Talvez seja mais exato dizer que o sensei Takeda abriu nossos olhos para as artes marciais".

Como contou ao repórter, O Sensei encontrou Sokaku Takeda pela primeira vez no *ryokan* em Engaru, em fevereiro de 1915. Quando esses dois artistas marciais altamente treinados se cruzaram no corredor da pousada, a energia do *ki* de cada um deles deve ter sido sentida pelo outro. Pararam então para se apresentar e o outro homem disse: "Sou Sokaku Takeda". O Sensei lembrou-se imediatamente de algo que acontecera mais cedo naquele dia. Quando ele estava passando pelo desfiladeiro de Kitami, parou para uma curta luta com um *ozeki*, ou campeão, do grupo de sumô do santuário local. Quando O Sensei arremessou-o para fora do círculo, o campeão perguntou: "Você é o sensei Takeda, do Daito-ryu?"

Esse *ozeki* contou-lhe que um aluno do sensei Takeda, chamado Sanehide Zaibu, que era chefe de departamento da polícia de Hokkaido, tinha convidado seu professor para vir a Hokkaido a fim de instruir os policiais. Quando isso aconteceu, o responsável pelo *ekitei* Yubetsu, um homem chamado Yasumune Horikawa, tornou-se aluno do sensei Takeda durante sua visita à região. Ele convidou o sensei Takeda para ficar em Hokkaido e ensinar aos jovens. O *ozeki* contou a O Sensei que esse sensei Takeda era originário da classe samurai e também um artista marcial. O Sensei pensou: "Há especialistas como esse num lugar tão isolado como Hokkaido?" Quando se encontraram na pousada, ele se lembrou dessa conversa e lhe ocorreu que esta devia ser a mesma pessoa que o *ozeki* havia descrito. De repente, sentiu-se atraído por ele. Esse estranho encontro os uniria por um longo tempo.

Por ser o mais velho, Sokaku Takeda convidou O Sensei para ir ao seu quarto para conversarem. Falaram até o raiar do dia e, no decorrer da conversa, O Sensei percebeu o incrível conhecimento das artes marciais que aquele homem possuía. Perguntou a Takeda se ele podia ensinar-lhe esse *jujutsu* Daito-ryu, que lhe era completamente novo. Só de ver O Sensei se movendo, Sokaku Takeda já podia dizer que ele tivera algum treinamento profundo, portanto concordou imediatamente, dizendo: "Vou lhe ensinar — por que você não fica aqui por algum tempo?"

Como mencionei anteriormente, O Sensei estava, na verdade, no meio de uma importante missão, em nome da vila. Mas ele era tão apaixonado por artes marciais que aceitou imediatamente a proposta de Sokaku Takeda para ficar ali e aprender. Ao ser aceito como aluno por Sokaku Takeda, O Sensei esqueceu-se de sua missão e passou o mês seguinte na Hisata Ryokan recebendo instruções.

Esse jeito de se envolver em alguma atividade e se esquecer de tudo o mais era típico de alguém tão apaixonado e impulsivo como O Sensei. Mas os colonos que o esperavam em Shirataki ficaram imensamente preocupados ao ver que ele não retornava — pensando que se perdera numa nevasca, procuraram-no por todos os lugares. Vendo em retrospecto, dá até para acharmos graça.

O Sensei passou esse mês praticando de manhã à noite. Tomava contato pela primeira vez com as técnicas secretas do Daito-ryu, e parece que realmente causaram um grande impacto sobre ele. Mais tarde recebeu uma cópia do *Hiden Ogi* (manual de técnicas esotéricas) do Daito-ryu. O texto incluía uma lista de "118 técnicas (frente e atrás), 30 técnicas de *aiki*, 36 técnicas secretas de Daito-ryu". Deve ter ficado muito impressionado com a imensa variedade de técnicas, assim como com a flexibilidade com que podiam ser adaptadas. Diferentemente de outras artes marciais que estudara — Kito-ryu, Yagyu-ryu e judô do estilo Kodokan —, o Daito-ryu tinha mais aplicações práticas em lutas reais. Os usos de *atemi* e de técnicas de reversão de juntas eram ideias novas para ele. Mesmo sendo mais forte fisicamente, percebeu que a fluidez e a eficácia das técnicas do Daito-ryu eram avassaladoras. O Sensei ficou fascinado pelas técnicas secretas e sentiu que precisava se devotar a estudá-las.

Depois de um mês, decidiu que era hora de voltar para Shirataki. Muito mais tarde, recordou-se desse período: "Eu não sabia então, mas o sensei Takeda não introduziu novas técnicas depois do primeiro mês. Quando veio para Ayabe, ele dizia 'Não preciso mais ensiná-lo', e não estava interessado em continuar com o treino".

Há várias lendas sobre Sokaku Takeda, mas tenho de confessar que realmente não sei muitas coisas sobre ele. Mesmo que tenha sido professor de O Sensei, a atual arte do aikido é completamente diferente do Daito-ryu, ao consolidar os poderes do corpo, da mente e do *ki*; como são coisas diferentes, não gostaria de fazer comentários desnecessários sobre o mestre Takeda. Felizmente, seu filho Tokimune Takeda ainda está vivo, ensinando e promovendo a arte do Daito-ryu em Abashiri — de fato, somos velhos conhecidos —, portanto quem quiser conhecê-la melhor pode simplesmente procurá-lo lá. Aqui vou me restringir a um breve resumo de fatos bem conhecidos sobre o mestre Takeda e o Daito-ryu.

O *jujutsu* Daito-ryu é uma técnica marcial do clã Takeda, criada por Shinra Saburo Yoshimitsu Minamoto, que era parente do imperador Seiwa Minamoto. Há diferentes teorias a respeito do nome Daito-ryu, mas a mais aceita é que a arte tomou seu nome da mansão Daito, em Shiga. Ela passou de geração a geração dentro do clã Kai Takeda. Quando Shingen Takeda era líder do clã, seu parente Tosa Kunitsugu Takeda recebeu o posto de Jito Kashira no domínio de Aizu, que agora é a província de Fukushima, e trouxe essas artes marciais com ele para Aizu. Ali, elas eram designadas como *otome-waza*, segredos que não deviam sair do domínio; foram mantidas secretas até o final da Era Tokugawa. O pai do mestre Takeda era um samurai do domínio de Aizu e descendia de Tosa Kunitsugu Takeda.

O mestre Takeda era especialista em artes marciais, mas conta-se que era um gênio com a espada. Acredita-se que ele realmente matou alguns de seus primeiros oponentes e parece que contou algumas histórias sobre isso a

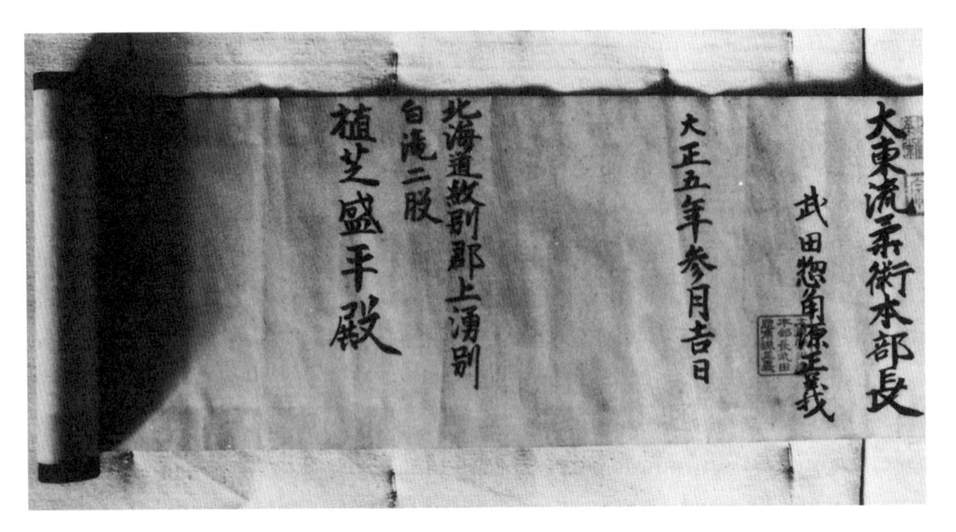
大東流柔術本部長
武田惣角源正義
大正五年参月吉日
北海道紋別郡上湧別
白滝二股
植芝盛平殿

Segmento final do manuscrito secreto dado ao Fundador pelo mestre Sokaku Takeda.

O Sensei. Contudo, num certo momento, mudou seu foco, abandonou a espada e dedicou-se ao *jujutsu* Daito-ryu. Em 1898, Chikanori Hoshina, o sacerdote do santuário Reizan, na província de Fukushima, concedeu ao mestre Takeda um certificado de maestria, ou *menkyo*, no que havia sido o *otome-waza* do domínio de Aizu; Chikanori Hoshina tinha sido o chefe do domínio de Aizu e era então conhecido como Tanomo Saigo. Assim, quando isso aconteceu, o mestre Takeda tornou-se, oficialmente e na prática, o verdadeiro restaurador do *jujutsu* Daito-ryu. Ele ensinou e difundiu sua arte em muitos lugares; nessa época, aconteceu de estar em Hokkaido.

Para O Sensei, o mestre Takeda foi o homem que abriu seus olhos para as artes marciais; por isso, ele lhe demonstrou deferência e respeito até a morte de Takeda, em 1943. Yoshimatsu Takeda descreveu como eram as coisas em Shirataki:

> O Sensei passou por alguns maus bocados com o mestre Takeda. Este queria O Sensei perto de si o tempo todo e exigia uma atenção constante, seja para lhe trazer comida, preparar seu banho ou juntar-se a ele

Segmento inicial do manuscrito secreto dado ao Fundador pelo mestre Sokaku Takeda.

para jogar *shogi* [xadrez japonês]. As técnicas marciais do mestre Takeda eram impressionantes, mas a devoção de O Sensei era ainda mais impressionante.

Ouvi dizer que depois desse mês na pousada Hisata, O Sensei convidou o mestre Takeda para ir a Shirataki e providenciou para que quinze pessoas tomassem instruções com ele. O Sensei assumiu a responsabilidade de atender a todas as necessidades do mestre Takeda enquanto ele estivesse em Shirataki. Mesmo sendo respeitado como o "rei de Shirataki", O Sensei sentiu que era apropriado servir ao seu professor, portanto tomou essa iniciativa.

Talvez os jovens modernos não tenham essa abordagem. Penso que, ocupados como estão com o trabalho e as tarefas diárias, os jovens de hoje dificilmente usariam seu tempo em esforços desse tipo. Mas, para O Sensei, era natural pagar por esse presente demonstrando seu respeito, pois havia se beneficiado dos ensinamentos do seu mestre. Nenhuma outra atitude faria sentido para ele. Nunca conheci alguém que fosse mais rigoroso que O Sensei em demonstrar deferência e respeito quando fossem adequados.

Paradoxalmente, essa qualidade era parte daquilo que o tornou tão grande, que até seu próprio professor chegava a temê-lo.

O grande incêndio e a perda do pai

Provavelmente, O Sensei e seu grupo de colonos de Kishu contavam com alguns anos de dificuldades. E, de fato, sofreram com os anos de colheitas ruins. No final de 1914, contudo, graças ao florescente negócio madeireiro, a sorte começou a sorrir para eles.

A Corporação Shimizu Shoten tinha uma importante operação madeireira em Setose e O Sensei havia incentivado ardorosamente sua expansão para Shirataki. Na época em que cessaram as operações, após o grande incêndio de 1917, já tinham sido produzidas mais de 300 mil *goku* de madeira. O *Jornal de Kitami* fez o seguinte comentário sobre a prosperidade resultante:

> A exploração de madeira só é menos importante que a agricultura. Os recursos são ilimitados e a produção anual de 100 mil *goku* [27.800 m^3] não só é possível, como subestima o potencial de exploração. Muitos agricultores trabalham somente nisso durante os meses de inverno.

Futumata Shirataki tornou-se o centro de desenvolvimento para a cidade, que se expandiu com a indústria madeireira. De acordo com a *História da Vila de Shirataki*, cerca de 500 a 600 pessoas eram empregadas pela indústria, o que trazia uma considerável prosperidade; como resultado, começaram a surgir lojas de varejo e restaurantes. A história da vila fornece estatísticas do período de 1912 a 1918 que mostram o crescimento geral de Shirataki de modo muito claro. Em 1912, não havia famílias; em 1913, havia 110 famílias; em 1914, 144; em 1915, 162; em 1916, 275; em 1917, 371; e, em 1918, 532. Começando do nada, em 1918 já haviam se estabelecido em Shirataki 532 famílias.

Obviamente, nem tudo em Shirataki era resultado dos esforços individuais de Morihei Ueshiba, mas claramente ele exerceu um papel fundamental.

A eleição de O Sensei como o primeiro membro de Shirataki a participar do Conselho da vila reforça essa opinião. Citando novamente a *História da Vila de Shirataki*:

> Na quinta eleição do Conselho da vila de Kami Yubetsu, em 2 de junho de 1918, Morihei Ueshiba (líder do grupo de Kishu) concorreu pela primeira vez como candidato. Com larga margem, foi eleito para o Conselho, como o primeiro representante da vila de Shirataki, e serviu até abril de 1919, quando houve um remanejamento de distritos e Shirataki passou a fazer parte de vila de Engaru.

O Sensei colocou em prática tudo o que aprendera com Kumagusu Minakata nessa sua resolução de entrar para a política e ter voz ativa na formulação de diretrizes que afetariam sua comunidade. Ele estava com 35 anos. Tanto oficialmente como na prática, O Sensei representava Shirataki; mas seu destino logo o levaria embora. Se ele tivesse ficado, bem poderia ter se tornado prefeito da vila ou mesmo representar toda Hokkaido no campo da política ou da indústria. Antes de falar das razões que o levaram a partir, deixe-me mencionar alguns acontecimentos importantes do período final de sua estada em Shirataki.

O primeiro foi o incêndio que começou no dia 23 de maio de 1916, por volta das nove horas da manhã. Maio é um mês importante para os camponeses do norte de Hokkaido — a primavera finalmente chega, com o derretimento da neve pesada e os campos sendo queimados para o preparo do plantio. Nesse dia de 1916, depois de um período de tempo bom, os moradores da vila estavam quase terminando de queimar os campos. Alguns já haviam começado a arar a terra. Por volta das oito horas da manhã, o céu começou a ficar nublado no leste e logo soprou um forte vento do nordeste, que chegou a quase 130 quilômetros por hora. Os colonos começaram imediatamente a apagar o fogo de seus campos, mas nem todos puderam ser extintos; conforme o vento aumentou, o fogo foi se espalhando. Quando as chamas atingiram as florestas em Kamishi Yubetsu e Oku Shirataki, o incêndio ganhou força e começou a se alastrar com um barulho ensurdecedor.

Quando atinge essa ferocidade, pouca coisa pode ser feita. O vento soprava o fogo na direção de Shiyubetsu e Kami Shirataki, e para as áreas residenciais da vila de Shirataki. Em pouco tempo, quase toda Shirataki estava engolida pelas chamas. Mais de 250 casas — 80% de todas as habitações da vila — foram totalmente queimadas; três pessoas morreram, 25 ficaram feridas e 850 acres de terras de cultivo foram danificados. Mais de 1.100 pessoas foram afetadas pelo incêndio. O assentamento que o grupo liderado por O Sensei havia criado do nada, por seu próprio trabalho árduo, estava reduzido a cinzas. O *Times*, de Hokkaido, reportou o acontecimento de modo bastante vívido:

> Não havia meio de controlar o fogo; deixadas por sua própria conta, as chamas atingiram o céu. As montanhas estavam cobertas com o que parecia ser um mar de chamas. Fagulhas voavam em todas as direções,

O Fundador foi eleito para o Conselho da vila de Shirataki em 1918 (primeiro à esquerda, sentado).

incendiando tudo o que tocavam; a fumaça negra tornava difícil enxergar e os aldeões desorientados não sabiam qual direção tomar para escapar. Uma família amarrou seus membros uns aos outros com uma corda, para não se perderem. Ao encontrar um brejo, cobriram-se com lama e água para evitar as chamas. Contudo, quando o fogo chegou mais perto, o calor secou suas roupas e as incendiou. As crianças gritavam de dor, mas seus pais também estavam engolidos pelas chamas e rolavam na lama num esforço desesperado para apagá-las. No momento em que o fogo passava sobre eles, a família inteira se estirou na lama, com o rosto para baixo; no entanto, os pais não conseguiram proteger seus filhos e todos sofreram graves queimaduras nas partes do corpo expostas ao fogo, que queimou inclusive seus cabelos. Essa experiência só pode ser descrita como uma agonia de proporções infernais.

O Sensei não estava em casa nesse dia. Visitava um dos escritórios municipais de Asahikawa para solicitar a construção de uma linha férrea local, a linha Sekihoku. Era uma jornada de cerca de 80 quilômetros a pé, mas, quando chegou à região de Ikutahara, viu que o céu sobre Shirataki estava vermelho por causa das chamas. Imediatamente, ele se deu conta do tipo de incêndio que devia ser e começou a correr. Como o fogo já havia atingido a vila de Maruseppu quando O Sensei lá chegou, ele não pôde ignorar a necessidade de ajuda; começou a retirar das casas as crianças, os idosos e os bens, levando-os para um lugar seguro.

Depois de prestar ajuda em Maruseppu, correu para Shirataki, mas, quando chegou, a vila — incluindo sua própria casa — já tinha virado cinzas. Os aldeões estavam paralisados de medo e completamente desorientados em relação ao que fazer; O Sensei os encorajou a começar imediatamente o trabalho de reconstrução. Por natureza, ele era decidido e otimista, portanto o fogo não arrefeceu seu ânimo. Impaciente como sempre, foi imediatamente até Engaru para obter suprimentos e começar a negociar uma ajuda efetiva junto à administração governamental.

O incêndio devastara a floresta, o que deve ter significado um golpe contundente na indústria madeireira. Mas a reconstrução de Shirataki foi bastante rápida. Ironicamente, talvez a perda da floresta tenha acelerado o desenvolvimento da cidade.

O Sensei tomou diversas iniciativas novas logo que a vila começou a se recuperar do incêndio. Dois projetos que se destacam foram a criação de suínos e a exploração dos recursos minerais. O Sensei comprou alguns porcos em Engaru e Kamikawa, e encorajou os camponeses a criá-los, como uma atividade complementar à agricultura. Ele também contatou a divisão de mineração da companhia Shimizu Shoten, envolvida com a extração madeireira, a fim de obter a realização de algumas sondagens para a exploração dos recursos minerais. Parece que ele percorreu a pé grandes distâncias, fazendo estudos preliminares para a construção da estrada de ferro, mas seu projeto não foi adiante depois que ele deixou Shirataki.

Não há dúvida de que a construção de uma linha férrea estava no topo da lista de prioridades de O Sensei, pois ele dedicou toda sua energia para vê-la concluída. Quando a estrada Chuo foi aberta, entre Asahikawa e Abashiri, tornou-se possível a ida e vinda de pessoas. Mas, como eram cerca de 40 quilômetros de Shirataki a Engaru, e 80 quilômetros até Asahikawa, a jornada a pé ou mesmo a cavalo significava um esforço bem grande. Do ponto de vista industrial, a falta de transporte eficiente era um gargalo para o crescimento econômico. As mercadorias básicas vendidas em Shirataki eram muito caras e, ao mesmo tempo, Shirataki estava em desvantagem na hora de vender suas mercadorias para o mundo exterior.

Tanto o departamento ferroviário do governo central como o de Hokkaido pensaram em construir uma ferrovia ao longo da estrada Chuo quando esta foi construída, mas, por várias razões, o plano foi adiado; em 1915, foram colocados trilhos entre Abashiri e Engaru, mas depois nada mais foi feito. Mesmo antes do grande incêndio, O Sensei havia formado uma aliança para promover a finalização dessa linha de Sekihoku e trabalhava para esse objetivo. Em colaboração com outro grupo, a Aliança para

O Fundador estudou o Daito-ryu, tornando-se mestre em 1918.

a Realização do Desenvolvimento de Asahikawa, e com membros do Parlamento da região, seu grupo procurou agressivamente influenciar o governo central, a Assembleia e os departamentos ferroviários central e de Hokkaido, entre outros. A experiência anterior de O Sensei, relacionada ao incidente de Iso e à campanha contra a consolidação dos santuários, deve ter-lhe sido útil nessa empreitada.

Logo antes do grande incêndio, foi finalmente obtida uma autorização para a construção. O Sensei persistiu com seus esforços para influenciar os órgãos do governo envolvidos; um levantamento foi realizado na primavera de 1919. (A operação efetiva da linha ainda demorou: o trecho entre Shirataki e Engaru começou a operar em 1929 e o trecho Shirataki-Asahikawa, somente em 1932.)

Em meio a todos esses acontecimentos, chegou um telegrama de Kishu, no final de 1919, com a notícia de que Yoroku, o pai de O Sensei, estava seriamente doente e não sobreviveria. A data precisa do telegrama é desconhecida; O Sensei retornou a Kyoto no final de dezembro, portanto, levando-se em conta os vários fatos, é de se supor que o telegrama chegara em meados de novembro. Nesse momento, O Sensei estava em Kushiro, visitando algumas fazendas de gado.

Suspeito que, quando retornou à vila depois de receber a notícia, O Sensei tomou a decisão de deixar Shirataki para sempre. A morte iminente de seu pai causou-lhe uma grande dor e talvez essa profunda experiência tenha reaberto a questão do que fazer em sua vida, algo que deixara de lado por certo tempo. Durante os oito anos em Shirataki, O Sensei havia alcançado seu objetivo de servir à sociedade, à nação e às pessoas. Mas, se essa vida lhe permitira ser verdadeiro em relação ao seu potencial e aos seus talentos, essa era outra questão. Se tivesse ficado em Shirataki, ele teria sido desleal aos seus próprios dons.

Não havia melhor época que essa para reavaliar sua vida. Talvez a morte do pai estivesse destinada a ser uma espécie de revelação; pessoalmente, acredito que foi por isso que O Sensei tomou a decisão de deixar Shirataki. Talvez tenha havido outras razões mais práticas, e minha suposição pareça um pouco nebulosa. Mas acredito que as considerações práticas foram a parte menos importante em sua decisão. Em todo caso, sinto que era seu destino deixar Shirataki e que o momento havia chegado.

Como já disse, O Sensei não tinha muito interesse em coisas materiais e também é verdade que ele não se apegava ao passado. Com a notícia da morte próxima de seu pai e com uma sensação de renascimento, ele partiu silenciosamente de Shirataki, deixando suas posses para trás.

Capítulo Quatro
Iluminação

"Não há por que se preocupar com o seu pai"

Não sei o que Yoroku sentia em seu coração com relação ao filho, assim como não sei o que O Sensei realmente sentia em relação a seu pai — posso apenas presumir que meu avô havia depositado suas esperanças no filho. Ele nunca falou disso abertamente, mas todas as indicações são de que Yoroku estava satisfeito com o modo de vida que O Sensei estava levando. Talvez tenha reconhecido no caráter íntegro de O Sensei algo de si mesmo quando jovem; ou pode ser que tenha visto em si um grande potencial e tentou apoiar o filho para que este alcançasse alguma coisa além do que ele mesmo conseguira. Qualquer que tenha sido a causa, a tolerância e generosidade de Yoroku em relação ao filho quase desafia o entendimento. Como eu disse anteriormente, O Sensei dilapidava a riqueza de sua família ao perseguir seus objetivos idealistas; e Yoroku, sem economizar, deixava à disposição dele tudo o que ganhara e poupara. Deve ter sentido uma grande afeição e confiança para agir desse modo.

Algumas pessoas acreditam que Yoroku até transferiu seu endereço permanente para Shirataki a fim de estar perto de seu filho. [Mesmo hoje, uma mudança no endereço permanente não seria fácil de fazer e indica uma intenção de cortar os laços com alguma parte do passado do indivíduo.] Não estou certo se essa transferência realmente ocorreu, mas certamente houve uma visita a Shirataki, o que sugere que Yoroku ao menos considerou estabelecer-se lá. De acordo com minha tia Kiku, ele retornou de Hokkaido dizendo que era muito frio para se viver lá, portanto ia transferir seu endereço permanente de volta para Kishu.

Retornando à narrativa, o devotado pai de O Sensei ficou seriamente doente. Ele estava com 76 anos e contraíra uma infecção devido a um corte na cabeça, provocado por uma lâmpada (naquela época, as lâmpadas tinham um formato pontudo). Ir de um lugar a outro no Japão ainda era lento e difícil, assim, para que O Sensei retornasse de Hokkaido para Kishu, seriam necessários pelo menos dez dias, pela maneira mais rápida. (Tanabe e Osaka ainda não estavam ligadas por trem; assim, o último trecho para Tanabe tinha de ser feito de barco.) Pode-se imaginar a ansiedade e inquietude de O Sensei em sua longa viagem e seu desejo desesperado de fazer qualquer coisa que pudesse ajudar o pai. No trem de volta para Kishu, ele ouviu um passageiro falando de "uma nova e incrível religião que havia em Ayabe, chamada Omoto-kyo, que podia fazer milagres". Dado seu estado de espírito, não surpreende que ele tenha tido subitamente a ideia de ir conhecê-la pessoalmente. Quando chegou a Kyoto, em vez de continuar sua viagem para Tanabe, transferiu-se para a linha San-in[1] e fez um desvio para Ayabe.

Talvez O Sensei tenha ouvido rumores sobre a Omoto-kyo antes mesmo de deixar Shirataki. Como ele contou para Kishi Yamaji: "Ouvi no Conselho da vila algo sobre essa senhora idosa, chamada Nao Deguchi, que estava tentando melhorar o mundo. Aquilo tocou algum sentimento em mim". Um de seus amigos de Shirataki, um homem chamado Kosuke Tomeoka, visitara oficialmente Ayabe em dezembro de 1917.[2] Não sei se eles conversaram sobre essa visita, mas O Sensei certamente ouviu algo sobre a religião antes dessa viagem de trem.

---

[1] Essa linha férrea, aberta em 1910, contribuiu grandemente para o crescimento da Omoto-kyo.

[2] O Sr. Tomeoka era um famoso educador que criou uma escola-reformatório, a Kattei Gakko, para jovens delinquentes. Sua visita foi registrada na *História dos Setenta Anos da Omoto*.

Quando ele chegou a Ayabe, em 27 ou 28 de dezembro de 1919, sentiu-se tocado pela vibrante energia da cidade ao caminhar da estação em direção à sede da Omoto-kyo. Jovens e velhos, homens e mulheres, usavam os cabelos longos e amarrados atrás com uma fita branca; vestiam casacos curtos ornamentados de *montsuki-haori*, com o emblema divino Toyo [dez estrelas] e o *hakama* Tatsutsuke. (Esse estilo de vestimenta foi inicialmente usado pelos convertedores, mas depois foi adotado como um tipo de uniforme pelos crentes.) A Omoto ainda estava nos primeiros estágios de desenvolvimento, portanto ele tinha previsto algo em pequena escala e talvez não radicalmente diferente de antigas seitas, tais como Kurozumi-kyo, Tenri-kyo ou Kongo-kyo. A realidade era totalmente inesperada.

O Sensei andava como se estivesse sendo conduzido; depois de dez minutos chegou a um jardim espaçoso que se estendia diante de um belo santuário Honguyama, o qual estava coberto por uma fina camada de neve. Nessa área havia muitos edifícios imponentes, dos quais o santuário era apenas o primeiro, dando um indescritível sentimento de pureza e sacralidade ao lugar. Nessa época, os crentes haviam terminado de celebrar o primeiro aniversário da morte de sua fundadora e a Omoto-kyo estava prestes a reiniciar suas atividades missionárias.

O Sensei solicitou, na sede da Omoto-kyo, que fossem feitas preces em benefício de seu pai doente. Foi conduzido ao edifício de preces Konryuden e lhe disseram para iniciar uma prece de réquiem. Ele se sentou corretamente e começou a fazer suas preces de acordo com os rituais do budismo tântrico, que havia aprendido. Nesse momento sentiu que alguém, com uma presença muito poderosa, entrava no edifício e vinha andando lentamente por trás dele. Essa pessoa não era outra senão o grande professor Onisaburo Deguchi, que transformaria a vida de O Sensei para sempre. O Sensei levantou a cabeça para olhá-lo e então o mestre Deguchi perguntou: "Você viu alguma coisa?" Quando O Sensei começou a responder, saiu-lhe da boca: "O que vi foi meu pai, mas, embora ele fosse uma pessoa de constituição muito sólida, estava tão magro que parecia transparente". Sem hesitação, o mestre disse: "Não há por que se preocupar com seu pai".

Levou alguns dias para O Sensei entender o que o mestre queria dizer com essas palavras: como a morte de seu pai vinha ao final do ciclo natural de vida, o melhor modo de comemorar essa vida era aceitar seu fim com completa serenidade. Como se houvesse recebido uma ordem divina, O Sensei permaneceu em Ayabe pelos três dias seguintes, estudando os ensinamentos da Omoto e praticando o ritual de *Chinkon Kishin* (que descreverei em detalhes mais tarde). Foi como se ele tivesse simplesmente esquecido de retornar para os pés do leito de morte de seu pai. O que o mestre Deguchi lhe disse nesse primeiro encontro — "Não há por que se preocupar com seu pai" — estava na raiz da atração imediata que O Sensei sentiu pelo mestre e de seu interesse pela Omoto-kyo. Se ele houvesse simplesmente oferecido a O Sensei uma prece típica, com algumas palavras de consolo e encorajamento, talvez os dois homens tivessem seguido caminhos diferentes.

As palavras do mestre Onisaburo vieram a partir de uma elaborada compreensão da morte natural no final de uma vida plena, como uma transição para o renascimento ou ressurreição no mundo espiritual. Em seu livro *Tama no Ishizue* (*The Foundation of the Spirit*), ele escreve:

> A criança que ainda não nasceu vive pacificamente dentro do corpo da mãe por dez meses, num escuro saco amniótico, e somente então surge para o mundo. O bebê não sabe que terá uma vida de satisfação, raiva, tristeza e prazer — contudo, quando chega a hora, ele vem ao mundo. Do mesmo modo, a hora da ressurreição chega para o ser humano e, de uma maneira ou outra, esse ser deve *passar pelo portal da morte para que o espírito viva de novo*. Assim como o bebê vem ao mundo deixando para trás a película morta do saco amniótico, também o ser humano deixa para trás a carcaça de seu corpo para que possa viver no mundo espiritual. Essa morte é um novo nascimento. Por essa razão, *da perspectiva do divino, o ser humano nunca deixa de viver*; na verdade, não existe essa coisa chamada "morte". Quando os restos físicos e o ego são deixados para trás, chamamos a isso de morte, mas esse fato deveria ser encarado como deixar a matriz do nascimento para trás a fim de se tornar um ser

espiritual. Do mesmo modo que a criança sofre quando nasce, assim também o ego experimenta uma grande dor ao deixar o corpo físico. Mas a transição é breve.

Esse texto consegue fornecer algumas indicações claras sobre a natureza da espiritualidade do mestre Onisaburo. Ele não era apenas um tipo de xamã, possuído por espíritos e vozes; embora tivesse fortes poderes espirituais, também era um teólogo e um filósofo, com uma profunda compreensão da natureza humana, e um artista de grande talento — intuitivo, sensível e expressivo. Sem fazer qualquer julgamento de valor, a espiritualidade da fundadora, Nao Deguchi, poderia ser caracterizada como de natureza mais xamanística, enquanto o mestre Onisaburo era mais humanístico, mais moderno, mais inovador e mais abrangente em suas simpatias e interesses.

Dizem que as pessoas só conseguem julgar o caráter dos outros de acordo com seu próprio caráter. Causa-me profunda impressão que o mestre Onisaburo tenha sido capaz de ver o coração de O Sensei com apenas um olhar e de convencê-lo com apenas poucas palavras. Obviamente, O Sensei reconheceu a estatura do mestre Onisaburo também de modo rápido. Penso que foi esse mútuo reconhecimento que trouxe e manteve esses dois homens juntos. Não seria exagerado dizer que a relação de O Sensei com a Omotokyo estava fundada num profundo respeito pelo caráter humano e pelo magnetismo do mestre Onisaburo.

Ao todo, O Sensei ficou três dias em Ayabe, tentando controlar seu corpo e sua mente; então retornou por mar a Tanabe, a partir de Osaka, no dia 4 de janeiro de 1920. Seu pai, Yoroku, havia falecido dois dias antes, em 2 de janeiro. O mestre Eimyo, sacerdote do templo Nomanji, estava ao lado de Yoroku e ouviu suas últimas palavras. Ele deixara instruções sobre os cuidados a serem tomados com cada membro da família, mas, para O Sensei, ele também ditara esta orientação: "Viva livremente, de acordo com sua própria vontade". Yoroku não tinha "mais nada a dizer" e, com essas palavras, faleceu. Quando O Sensei ouviu o que seu pai havia dito, pegou uma espada, subiu a montanha e começou a cortar o ar como um homem enlouquecido.

Mudança para Ayabe

Contaram-me que os parentes e vizinhos de O Sensei, assim como sua família próxima, criticaram-no por não ter chegado a tempo de ver o pai. Ele não contou a ninguém sobre sua visita a Ayabe nem sobre o encontro comovente que experimentara lá. Expressou seus sentimentos quando foi para a montanha com sua espada; mesmo sabendo que o pai vivera uma vida plena, esse era o único meio de curar a dor de sua perda.

Depois de alguns dias desse excêntrico luto, alguém chamou a polícia e um detetive foi enviado com três policiais para prender aquele louco armado com uma perigosa espada. Quando os viu, O Sensei tentou esconder o rosto e simplesmente fugir, mas, como não comia há vários dias, estava muito fraco para escapar. Quando o detetive reconheceu quem ele era, parou e saudou: "Sargento!" O detetive era um dos antigos subordinados de O Sensei, de seus dias no Exército. Ele contou aos policiais que o homem a quem foram prender era um soldado excepcional; e assim O Sensei foi solto.

Alguns dias mais tarde, quando o choque inicial começou a se dissolver, O Sensei decidiu mudar-se com a família para Ayabe. Algumas figuras proeminentes de Tanabe tentaram persuadi-lo a reconsiderar sua decisão, com o argumento de que um dia ele entraria para o Conselho da vila e contribuiria para a comunidade local. Mas essa era precisamente a vida que ele havia abandonado ao deixar Shirataki. Agora, queria preencher o vazio em seu coração com algo real — dentro de si mesmo; queria agora criar algo onde não havia nada.

Os parentes se opuseram a essa mudança — muito natural, pois era como se o herdeiro de Yoroku estivesse se recusando a assumir suas responsabilidades. A esposa de O Sensei, Hatsu, também não aceitou facilmente a mudança. Como ela disse ao marido: "Ainda temos mais de um *chobu* (cerca de dois acres e meio) de terra de plantio e talvez, se trabalharmos duro, possamos viver confortavelmente aqui. Se mudarmos para um lugar desconhecido, como Ayabe, e começarmos a servir aos deuses, como ganharemos a vida?" Ela estava pensando nos três filhos que já tinham: minha irmã mais velha, Matsuko (que vive em Irakomisaki, na província de Aichi); meu irmão mais velho, Takemori, nascido em Shirataki; e meu segundo irmão, Kuniharu. Eu ainda não tinha nascido.

O Sensei trouxe sua família de volta, de Hokkaido, apenas para anunciar que queria que mudassem de novo, e imediatamente, para um lugar que não conheciam e onde não havia perspectiva de ganhar seu sustento. Mesmo sua paciente esposa diria mais tarde, com um sorriso amargo: "Nunca fiquei tão aturdida em toda a minha vida como nessa época". Minha mãe, que nunca perdeu seu forte dialeto de Kishu, talvez sentisse um apego mais forte à sua cidade de Tanabe. Mas como ela sabia perfeitamente bem, O Sensei era um homem que nunca mudava de opinião depois de tomar uma decisão. Relutantemente, ela concordou e fez planos de levar junto para Ayabe sua sogra, Yuki, que estava com 69 anos naquela época. O dinheiro que precisavam para a mudança, cerca de dez mil ienes, foi conseguido por meio de um empréstimo, a ser pago depois de cinco anos e usando a herança de O Sensei como garantia. (O fato de não terem simplesmente vendido a terra sugere que ele ou Hatsu havia pensado em voltar para casa se as coisas em Ayabe não dessem certo. Mais tarde, o empréstimo foi quitado e a casa foi registrada no nome de minha mãe. Atualmente, está registrada em meu nome.) No final da primavera de 1920, O Sensei mudou-se para Ayabe. Ele estava então com 37 anos de idade.

No começo, parece que a família alugou um sobrado isolado, do lado de fora do portão oeste da Omoto. Em seguida, O Sensei comprou sessenta fardos de arroz, suficientes para alimentar a família de seis pessoas por vários anos. Uma vez que havia cuidado da subsistência da família, pôde raciocinar e se focar nas coisas que queria fazer. Isso era muito típico de meu pai. Logo depois, o mestre Onisaburo recomendou que mudássemos para uma casa um pouco além do sopé do monte Hongu. Estava localizada atrás de uma escola elementar (que agora é uma casa para idosos) e ao lado de um bambuzal. A casa tinha sido a residência de um instrutor de *kendo*, na época do clã Kuki. Ela foi rapidamente reformada para se tornar habitável e o mestre Onisaburo disse que aquele era o lugar apropriado para O Sensei viver, pois: "Você é o mais importante mestre de artes marciais do Japão".

A casa tinha três cômodos ao longo de um grande *doma* (cômodo ou corredor com chão de terra), portanto não era um lugar desconfortável para se viver. Mas, como estava na encosta da montanha e próxima a uma floresta, era bastante solitária, especialmente à noite. Nasci nessa casa e, quando era pequeno, muitas vezes víamos raposas, guaxinins e doninhas. (Esta é uma digressão, mas depois a casa passou a fazer parte da cidade e ainda é usada como residência; embora tenha sido reformada, sua aparência externa permanece a mesma.)

Parece que o mestre Onisaburo queria manter O Sensei por perto. Na viagem para a Mongólia, que descreverei mais adiante, ele manteve O Sensei perto de si o tempo todo, tratando-o como um dos seus assistentes favoritos. Acredito que o mestre passou a ter uma confiança absoluta por causa da atitude sincera e diligente de O Sensei, de sua disponibilidade para fazer o que os outros se recusavam e de sua habilidade para se focar no *budo*, sem abandonar seu próprio sentimento de independência.

Quando O Sensei foi cumprimentar o mestre Onisaburo e avisá-lo de sua intenção de se mudar para Ayabe, a resposta satisfeita do mestre foi: "Eu já sabia que você viria. Torne-se meu assistente. Seu talento não o torna adequado para trabalhar aqui na sede, portanto você não deve envolver-se com a burocracia ou o trabalho de escritório. Para você, o melhor caminho para abordar o *Yusai* será praticando o *jujutsu* ou o *kenjutsu*, como sua intuição o orienta.[3] Veja as artes marciais como sua vocação divina; tornando-se um mestre nelas, você conquistará a habilidade de viver livremente nos três mundos: dos deuses, dos espíritos e dos elementos. O Daito-ryu não é uma coisa ruim, mas não acredito que combine o divino e o humano, como uma verdadeira arte marcial deveria fazer. Tente criar seu próprio Ueshiba-ryu. A verdadeira arte marcial faz cessar a violência por intermédio da virtude e do amor. Vá em frente com esse Ueshiba-ryu. Os deuses da Omoto estão ao seu lado, portanto sinto que você certamente vai criar um novo caminho". O Sensei se lembraria dessas palavras com muito afeto.

---

[3] O *Yusai* indica um modo de se comunicar com o divino através do próprio espírito da pessoa, em contraste com o *Kensai*, em que essa comunicação é conseguida por meio de preces e rituais formais, ou *Norito*.

Embora o mestre Sokaku Takeda tivesse lhe mostrado o Daito-ryu e ele fosse grato ao homem que lhe "abrira os olhos para o caminho marcial", havia elementos-chave que faltavam ao *budo* já existente. Essa diretriz do mestre Onisaburo, de "seguir o caminho marcial como uma vocação divina", deve ter estimulado e inspirado O Sensei. Ele começou sua vida em Ayabe com objetivos claros, mas, antes de ir mais além, eu gostaria de contar brevemente a vida do mestre Onisaburo Deguchi.

Mestre Onisaburo Deguchi

Poucas pessoas tiveram sua imagem tão consistentemente distorcida — para o bem ou para o mal — como Onisaburo Deguchi. Hoje em dia, uma quantidade de biografias relativamente acuradas tornou-se disponível: entre elas estão *Seventy Year History of Omoto* (em dois volumes), *The Great Onisaburo Deguchi*, de Kyotaro Deguchi, e *Exploring Japan*, do professor Tadao Umesao, da Universidade de Kyoto.

Contudo, ainda persiste um considerável preconceito contra ele; alguns o criticam antes de tentar entender sua vida ou simplesmente o menosprezam como o líder de um culto obscuro — o que é inapropriado, pois ele teve centenas de milhares de seguidores. Mas devido a esse preconceito, tudo o que ele fez virou sensacionalismo e suas palavras e atos eram tratados como os de um charlatão ou criminoso. O mestre Onisaburo sempre se sobressaiu na multidão — sua presença e aparência eram incomuns, seus dons espirituais lhe davam uma aura misteriosa e ele não se deixava inibir com o tipo de preocupação que mantém a maioria das pessoas longe das ações e discursos excêntricos. Talvez as características que fizeram com que ele se sobressaísse também tenham atraído uma maior atenção para os aspectos secretos e potencialmente heréticos de sua vida, impedindo que os aspectos mais comuns e substantivos de seu caráter, e suas excepcionais habilidades, fossem apreciados pelo que eram.

O mestre Onisaburo foi submetido à repressão policial durante aqueles que são conhecidos como o Primeiro e o Segundo Incidente da Omoto, em

1921 e 1935. Durante os primeiros anos da Omoto, ele também enfrentou resistência e hostilidade, mesmo de certos membros mais antigos; uma clara evidência de que seus verdadeiros talentos não eram realmente compreendidos. Mas, em termos atuais, era um excelente empresário e líder; um pensador visionário e estratégico, que era determinado e eficiente ao transformar suas ideias em realidade. Além de suas indubitáveis habilidades como líder religioso, também possuía um grande talento relacionado à cultura espiritual em geral, filosofia, teologia e artes. Como empresário, possuía energia e dons extraordinários, e isso talvez tenha realmente aumentado as dificuldades com as quais se deparou. Não é preciso ler muito da *Seventy Year History of Omoto* para reconhecer o nível de dificuldade que ele enfrentara no período em que a religião nascia. Como é um fato bem conhecido, a religião Omoto teve suas origens em uma revelação

O mestre Onisaburo Deguchi e sua esposa, Sumi Deguchi.

profunda, recebida por uma viúva simples e inculta, chamada Nao Deguchi, que nasceu e viveu em Ayabe; essa revelação ficou conhecida como *Ofudesaki* (ponta de um pincel de caligrafia). Começou em janeiro de 1892, quando o Japão era dilacerado pela emergência do capitalismo e pela eclosão da guerra sino-japonesa. A própria Nao passou por grandes dificuldades em sua vida pessoal. Essa mulher iletrada começou de repente a transcrever em caracteres *hiragana* um verdadeiro grito do coração, como se possuída pela missão de consertar o mundo em seus últimos dias. Foi considerado um milagre que tal texto tivesse sido produzido por alguém que não sabia ler nem escrever. Eis seu início:

> O Mundo Maior florescerá como florescem as ameixeiras no final do inverno. Eu, Ushitorano-Konjin, vim para finalmente reinar [...] Saibam que este mundo atual é um mundo de bestas, a mais forte matando para se alimentar da mais fraca; o trabalho do diabo. Ah, mundo de bestas! O mal mantém vocês em tal servidão que seus olhos estão cegos para a perversidade dele — uma era negra, sem dúvida. Se lhe for permitido seguir nesse caminho, a sociedade logo perderá os últimos vestígios de harmonia e ordem. Portanto, por meio de uma manifestação do Poder Divino, o Mundo Maior deverá passar por uma reconstrução e tornar-se uma criação inteiramente nova. O velho mundo sofrerá uma purificação muito rigorosa para que se possa transformar no Reino dos Céus, onde a paz reinará por todas as eras vindouras. Preparem-se para a Era de Paz! Vocês, filhos dos homens, estejam preparados! Pois a palavra de Deus nunca falha [...][4]

Nao Deguchi foi profundamente influenciada pela religião Konko-kyo,[5] mas não ficou inteiramente satisfeita com ela. Esperava o aparecimento de alguém com dons espirituais que pudesse promover e atualizar o que lhe havia sido revelado como vontade divina. Kisaburo Ueda, que mais tarde

---

4 Tradução de http://www.oomoto.or.jp/English/enArkivo/history/index.html.

5 Fundada por Bunjiro Kawate, de Okayama, em 1860.

seria conhecido como o mestre Onisaburo Deguchi, era então um *saniwa* em ascensão — alguém que consegue distinguir os deuses bons dos maus, de acordo com o tradicional método japonês — e estava associado à sede do Inari Reigakukai. Ele provou ser o homem por quem Nao esperava.

Kisaburo Ueda nasceu no dia 22 de agosto de 1871, em Anao, Kameoka.[6] Os membros de sua família eram pequenos camponeses, mas descendiam de um famoso pintor da sétima geração anterior, chamado Maruyama Okyo. O mestre Onisaburo era imensamente talentoso em caligrafia, pintura, escultura e cerâmica *yowan*; um talento que devia estar ligado a um seu ancestral (seu primo Gessho Tamura também era artista). Quando criança, era hipersensível e frágil; sua avó Uno planejava torná-lo um intelectual. Seu pai, Kodo Nakamura, era o autor dos *Nippon Kotodama-gaku* (estudos dos *Kotodama* japoneses); o mestre Onisaburo criaria mais tarde um novo sistema para o *Kotodama*, o estudo do som e da alma das palavras. Seu conhecimento de *Kotodama*, que tanto influenciaria O Sensei mais tarde, começou na infância, com sua avó.

O mestre Onisaburo foi um prodígio na escola elementar e tornou-se professor substituto com a idade de 12 anos. No ano seguinte, estudou *misogi* (purificação ritual) e *harai* (purificação xintoísta através da prece) com o missionário Yusuke Kishimoto, do Myorei Kyokai, e interessou-se por Ko-Shinto (xintoísmo antigo). Ele renunciou ao seu cargo de professor substituto e entrou para a escola noturna do templo Kongoji, da seita zen, para estudar os sutras e a língua chinesa clássica. Mais tarde, também aprendeu com Ihei Okada, um famoso estudioso dos clássicos japoneses, da região de Osaka. Estudou o *Kojiki* (o registro de assuntos antigos) e se concentrou especialmente no estudo do xintoísmo. Também foi instruído na composição do *waka*, uma forma de poema japonês. Seu talento para a poesia revelou-se gradualmente e antes dos 20 anos de idade já contribuía regularmente para a revista mensal *Ahora-shi*, sob o pseudônimo de "Kiraku", que era escrito com os caracteres para "felicidade" e "alegria". O bom humor veio naturalmente para o mestre Onisaburo. Não é surpresa que,

---

[6] Atualmente conhecida como Anao Sogabemachi, na cidade de Kameoka.

nos quatro princípios da Omoto, o otimismo se alinhe com a pureza, o progresso e a unidade.[7]

Quando chegou aos 20 anos, o mestre Onisaburo mudou o rumo dos seus estudos e começou a treinar com seu primo Naokichi Inoue, um veterinário. Passou no exame escrito para obter o certificado de veterinário, mas falhou no teste prático, que era colocar ferraduras em cavalos. Rapidamente dirigiu sua atenção para os negócios e tornou-se empresário. Seu primeiro projeto foi fabricar e distribuir o refrigerante *ramune* para a companhia Ensuisha; depois abriu uma fábrica de laticínios, com o nome de Seinyukan, que obteve sucesso. Nessa época, ele estava com 24 ou 25 anos de idade. Contudo, após a morte repentina de seu pai, Yoshimatsu, ele começou a entrar em conflito com os delinquentes e criminosos locais. Em uma dessas lutas, quando tinha uns 27 anos, foi seriamente espancado. Deixou subitamente seu trabalho e se encaminhou para uma caverna remota, nas encostas do monte Takakuma, onde jejuou e praticou ascetismo por sete dias. Lá, recebeu a revelação que lhe permitiu comunicar-se com o mundo espiritual. Retornou para casa onde permaneceu inconsciente na cama por vários dias, incapaz de se mover. Quando recuperou a consciência, viu que obtivera grandes poderes espirituais.

Onisaburo continuou com seu extensivo treinamento ascético e começou a ganhar seguidores. Em particular, estudou a técnica de *kishin*, ou *kamigakari*, que significa "possessão divina". Conheceu Katsutate

---

[7] Os Quatro Princípios da Omoto são:

1. Pureza, purificação da mente e do corpo
2. Otimismo, crença na bondade da Vontade Divina
3. Progressismo, meios de melhoria social
4. Unificação, a reconciliação de todas as dicotomias

A Omoto sustenta que esses princípios são vistos em todo o universo. São as regras do universo e tudo na natureza cresce e vive segundo essas regras. O homem está apto a viver na violação desses princípios, por isso sofre.
Pela prática desses princípios, acredita a Omoto, o homem pode viver em harmonia com o universo e conduzir uma vida celestial, em espírito e carne.

Nagasawa, que era o líder da seita Inari Kosha, em Shizuoka, e ficou com ele por algum tempo. O Sr. Nagasawa estudara com um famoso estudioso dos clássicos japoneses, chamado Honda Chikaatsu, que, por sua vez, tinha sido discípulo de Hirata Atsutane (um intelectual que contribuiu para o reflorescimento do xintoísmo); ele se tornara especialista em *Chinkon Kishin* por intermédio da instrução de Honda Chikaatsu. Durante esse tempo com o Sr. Nagasawa, o mestre Onisaburo também se tornou especialista em *Chinkon Kishin*, que mais tarde formaria a base dos estudos espirituais na Omoto.

Dizem que, no *Chinkon Kishin*, existem três métodos (*Shinkan*, *Jikan* e *Takan*), com 362 variações. Resumidamente, o *Chinkon Kishin* pode ser descrito como um rigoroso método de concentração mental e unificação do corpo e da mente, que busca romper a ilusão de existência física e alcançar a união com o divino. Em suas formas inferiores, como praticado por certas *miko*, ou pitonisas, não é muito mais que uma forma de possessão pelos espíritos. Os praticantes autênticos têm sistematicamente dominado os 362 métodos a tal ponto que, em qualquer tempo ou circunstância, podem conduzir o *Chinkon Kishin* e colocar-se em comunicação com o mundo espiritual. Tal habilidade reflete um estágio avançado de prática, alcançado somente depois de muitos anos de difícil treinamento ascético.

O mestre Onisaburo, nesse momento um *saniwa* plenamente desenvolvido, visitou Nao Deguchi pela primeira vez em Uramochi, Ayabe, em agosto de 1898. Esse encontro abriu um capítulo significativo na história religiosa do Japão. No verão seguinte, o mestre Onisaburo mudou-se para Ayabe onde foi bem acolhido por Nao; nessa época, ele estava com 28 anos e ela, com 62. Ele casou-se com Sumi, a filha mais nova de Nao, que depois se tornaria a segunda líder espiritual da Omoto, em janeiro de 1900. Seu trabalho tinha agora realmente começado.

Mas os problemas também começaram. Quando o mestre Onisaburo tentou obter um poder administrativo na Omoto e expandir o alcance dessa religião, encontrou uma grande dose de resistência. Não entrarei em detalhes aqui, pois seria uma digressão da história que quero contar; basta simplesmente dizer que suas ideias avançadas provocaram uma considerável hostilidade por parte de algumas pessoas retrógradas que estavam ao seu redor.

O mestre Onisaburo solicitou ao governo o reconhecimento da Omoto como uma associação religiosa autorizada, o que era necessário para legalizar suas atividades missionárias. Isso foi feito por meio de uma vinculação com a Kinmei Reigakukai, uma associação já autorizada pelo governo; então ele solicitou o reconhecimento da Omoto como uma filial dessa associação. Ele estabeleceu a sede, os escritórios das filiais e as licenças e regulamentos da nova entidade, assim como uma diretoria executiva para a qual foram escolhidos os membros. "Toyo no Shin-mon" tornou-se a insígnia da nova organização e ela logo ganhou uma série de cerimônias e acessórios religiosos redesenhados, tais como amuletos de boa sorte.

O mestre Onisaburo foi bem-sucedido ao criar e legitimar essa nova estrutura para a Omoto, mas a liderança existente — remanescente de uma afiliação prévia com a Kongo-kyo — reclamou que estava sendo desalojada por esse recém-chegado. A própria fundadora Nao estava angustiada e isolou-se em Misen-san depois de escrever no *Ofudesaki*: "Quão errado está colocar a Omoto de Ayabe sob a Inari Kosha", a seita de onde o mestre Onisaburo viera. Igualmente escandaloso para a velha guarda da Omoto era o projeto de reescrever o *Ofudesaki* no sistema *kanji*, já que havia sido revelado à fundadora em caracteres *hiragana*.

O livro *Seventy Year History of Omoto* também descreve muitas objeções ao estilo de vida do mestre Onisaburo. A fundadora, Nao, era um modelo de pessoa simples, honesta, frugal e trabalhadora; em contraste, o comportamento do mestre Onisaburo como presidente da organização era considerado, por muitos membros, mais extravagante do que seria o adequado para uma pessoa que servia a Deus. A fundadora não desperdiçava nem mesmo uma folha de rabanete; não acendia um fogão *hibachi*, mesmo no dia mais frio do ano; nem mesmo usava almofadas para se sentar e realizava o *suigyo*, ou purificação ritual, com água fria, mesmo no inverno. O presidente, contudo, pensava que, se o *suigyo* se destinava a purificar o corpo físico, então a água quente era perfeitamente adequada; se o ritual se destinava a reformar a mente, então a água fria não era suficiente. Nessa época, os seguidores da

Omoto estavam firmemente apegados à prática ascética da purificação por meio da água fria no inverno e rejeitavam essa compreensão mais progressista das coisas.

Entre as revelações contidas no *Ofudesaki* estavam determinações para o crente não usar roupas ou sapatos ocidentais nem consumir carne vermelha. Observados estritamente pelos seguidores da Omoto em sua vida diária, esses mandamentos expressavam fundamentalmente uma crítica e uma resistência ao Ocidente ou (falando de modo mais geral) às culturas capitalistas. Mais tarde, o mestre Onisaburo disse o seguinte sobre esses primeiros dias: "Nos primeiros dez anos da religião Omoto, Ayabe Hongu era um lugar de reunião de pessoas tolas, com superstições ridículas [...] pessoas que clamavam ser os verdadeiros fiéis formaram um bloco claudicante porque não entendiam que a sociedade estava evoluindo e mudando ao redor de nós".

O mestre Onisaburo escreveu diversos livros que expressam seus próprios princípios religiosos — entre eles, *Tama no Ishizue* e *Fude no Shizuku* — e organizou uma atividade missionária concentrada em áreas urbanas, tais como Osaka. Essa abordagem moderna do proselitismo foi uma das razões pelas quais a Omoto logo contaria com uma proporção extraordinariamente alta de intelectuais entre seus adeptos. O objetivo do mestre Onisaburo era estabelecer uma organização Omoto que fosse reconhecida pelo governo como independente de outras seitas; uma tarefa difícil que ainda estava em processo, mas para a qual ele tinha um plano. Em setembro de 1905 foi fundado um novo Instituto para o Estudo dos Clássicos Japoneses, o Koten Kokyusho (predecessor do Kyoto Kokugaku-in); o mestre Onisaburo matriculou-se no instituto como aluno de história e literatura japonesa, e acabou graduando-se como sacerdote xintoísta reconhecido. Depois de servir brevemente como sacerdote iniciante no santuário Bekkaku Kanheisha Kenkun, tornou-se dirigente da seita Mitake-kyo, em Fushimi. Essas experiências ajudaram-no a aprender como funcionavam as organizações religiosas, tanto a partir de uma posição subalterna como a partir da posição de líder. Ele também fundou uma igreja Omoto sob os auspícios da seita Mitake-kyo, legalmente reconhecida, sendo mais um passo para tornar a Omoto uma entidade legal independente.

Em 1908, o mestre Onisaburo renomeou e reestruturou a Kinmei Reigakukai, fundando a Sociedade para a Grande Purificação e Reforma do Japão, ou Dai Nihon Shusai-kai. Trabalhou na depuração da organização da Omoto e na consolidação de seus princípios religiosos. Como meio de expandir ainda mais seu alcance missionário, criou uma revista interna, intitulada *Naohigun* (Exército Espiritual Direto); essa publicação lhe permitiu colocar seu talento como escritor a serviço da divulgação dos ensinamentos da Omoto e, com isso, alcançou ótimos resultados. (Depois da guerra, muitos outros grupos religiosos adotaram esse método de expandir seu próprio alcance, cujo pioneiro foi o mestre Onisaburo.) Em 1913, sentindo que era o momento certo, ele finalmente lançou uma nova organização religiosa, formalmente conhecida como Omoto-kyo.

Todas essas atividades estimularam a expansão da Omoto. Depois do verão de 1914, o crescimento foi contínuo, tornando-se especialmente rápido durante e depois da Primeira Guerra Mundial. Em 1917, um homem chamado Wasaburo Asano, que era professor de inglês na Escola de Engenharia Naval, juntou-se à Omoto e, no ano seguinte, começou a editar e publicar uma revista mensal, intitulada *Shinreikai* (Mundo Espiritual), que atraiu muita atenção. Isso também ocorreu com a publicação, em *kanji*, da revelação da fundadora Nao Deguchi, o *Ofudesaki*, com o título de *Omoto Shinyu* (Revelações Divinas da Omoto). O mestre Onisaburo e Wasaburo Asano colaboraram na explicação mais ampla das doutrinas da Omoto e, consequentemente, ela começou a ganhar reconhecimento como uma religião nova, distinta e exclusiva. Na primavera de 1916, o mestre Onisaburo renomeou a Omoto-kyo como Kodo Omoto (Caminho Imperial Omoto). Sob esse nome, as atividades da Omoto começaram a se estender para além da religião em si, incluindo a atuação no campo da política, da educação e dos negócios (esse ativismo levaria finalmente a várias tentativas de proibição). Ao mesmo tempo, a Omoto estava atraindo um número crescente de intelectuais e também de oficiais navais. Wasaburo Asano era irmão mais novo de Masayasu Asano, nesse tempo contra-almirante da Marinha e, mais tarde, vice-almirante. Ayabe também ficava perto da base naval de Maizuru e era visitada todo dia por oficiais, suboficiais e mesmo marinheiros comuns. Essa ligação desempenhou um papel importante na relação que O Sensei desenvolveria com a Marinha, mas retornarei a esse tópico mais adiante.

E assim temos uma breve história da origem e da ascensão da Omoto e das transformações pelas quais estava passando na época em que O Sensei mudou-se para Ayabe. É também o resumo da história de uma vida extraordinária: o caráter, o talento e a convicção de um indivíduo chamado Onisaburo Deguchi.

O estabelecimento da "Ueshiba-Juku"

O Sensei levou sua família para Ayabe na primavera de 1920 e, ao chegar, passou a fazer parte do círculo próximo ao mestre Onisaburo. Tornou-se seu assistente executivo, representando-o em diversas áreas e tomando parte em reuniões com os diretores da organização e também com visitantes. O mestre Onisaburo deve ter sabido que O Sensei havia sido membro eleito do Conselho da vila de Shirataki, mas colocar tamanha fé nele depois de apenas um encontro era tanto perspicaz quanto corajoso. A sincera dedicação e lealdade de O Sensei podem ser vistas como uma resposta à confiança do mestre Onisaburo.

Para O Sensei, não só as instruções explícitas, mas qualquer coisa que o mestre dissesse tinham a força de uma ordem. Ituso Okuni era um membro ativo no grupo de Assuntos Gerais e, nessa época, estava entre os mais antigos Anciãos da Omoto. Ele se recorda de ouvir O Sensei falar dessa sua atitude: "Os discípulos devem seguir e absorver tudo o que o mestre faz, com atenção cuidadosa. As palavras 'não posso fazer isso' ou 'não gosto disso' nunca devem ser ditas; desculpas e críticas não são apropriadas. Como o mestre pratica a caligrafia, eu também a estudo, mesmo sabendo que não tenho talento; como ele gosta de poesias *waka* e *haiku*, então eu estou fazendo o melhor que posso para escrever poemas".

O mestre Onisaburo apreciava o tipo de sinceridade e dedicação que O Sensei demonstrava. Mas também as encarava com bom humor. Certa vez, sua esposa Sumi (que se tornou a segunda líder espiritual da Omoto) torcera o tornozelo e estava com muita dor. Em vez de chamar um médico, o mestre Onisaburo disse a O Sensei: "Você é um artista marcial — por que não trata o machucado dela?" O Sensei respondeu "Hai" e, depois de pedir licença a Sumi, agarrou rapidamente seu tornozelo e começou a puxá-lo para realinhar a articulação. Doeu tanto que ela gritou, mas O Sensei estava tão concentrado no ajuste que simplesmente continuou puxando a perna dela. O mestre Onisaburo não conseguiu deixar de rir alto com essa cena.

Parece que o mestre queria que O Sensei conhecesse o maior número possível de pessoas, e um modo de tornar isso possível era incluí-lo nas reuniões com os dirigentes da Omoto ou com os convidados de fora. Nessas ocasiões, quando apresentava O Sensei, ele dizia: "O Sr. Morihei Ueshiba é um artista marcial sem igual". De acordo com Naohi Deguchi — filha de Onisaburo e Sumi Deguchi, que se tornou a terceira líder espiritual —, seu pai lhe disse: "Essa pessoa que acabou de chegar, o Sr. Ueshiba, é muito forte. É o melhor praticante de *jujutsu* e de *kenjutsu* de todo o Japão". Ela conta: "Fiquei curiosa e fui espiar para saber como era essa pessoa tão forte. Eu podia ver que ele tinha uma constituição muito vigorosa, mas sua face e todo o seu comportamento pareciam tão amáveis que eu dificilmente relacionaria o que meu pai dissera com a pessoa que eu via". O mestre Onisaburo talvez tenha sido a primeira pessoa a reconhecer plenamente o talento de O Sensei como artista marcial. Sua perspicácia era verdadeiramente assombrosa.

Naqueles dias, dentre os líderes da Omoto estavam Heizo Shikata, Saijiro Yuasa, Noboyuki Umeda, Ononosuke Komaki, Torajiro Fukushima, Keitaro Kinoshita e Sadayoshi Tanimae. Além desses homens, que haviam crescido dentro da organização, diversos membros novos, que já eram proeminentes em seus próprios campos, juntaram-se a ela: Hisataro Yoshi (diretor geral, em Taiwan, da Mitsui & Cia.), Tetsuo Takagi (diretor executivo da Meiji Seito), Tomegoro Inoue (médico), Kan'ichi Yukawa (poeta e estudioso dos clássicos japoneses) e Shichizo Kurihara (diretor da Jitsugyo no Nihonsha). Os dirigentes, e mesmo os membros do corpo funcional da sede da Omoto, eram quase todos formados nas principais universidades: Tóquio, Kyoto, Waseda, Keio, Shodai (hoje conhecida como Hitotsubashi),

Doshisha e Ritsumeikan. Quando também se leva em conta os generais e oficiais navais que se juntaram à Omoto nessa época, pode-se ver que essa religião tinha quase o caráter de um encontro cultural, em que os intelectuais da Era Taisho (1912-1926) reuniam-se para trocar ideias.

Talvez o envolvimento de tantos intelectuais com a Omoto tenha sido causado pelo sentimento de crise doméstica e internacional durante a Primeira Guerra Mundial. A Omoto — ou melhor, a Kodo Omoto, como era então conhecida — estava promovendo uma "Restauração Taisho", uma ideia que tinha a ver com as preocupações desses homens. Vou apenas esboçar essas questões aqui. Segundo o livro *Omoto Seventy Year History*, pode-se descrever de modo geral a ideia de uma Restauração Taisho como se segue:

> Por dois mil anos — desde a época do imperador Sujin (97 a.C.) – uma postura tolerante de *wako dojin* permitiu que o Japão fosse ameaçado por ideologias estrangeiras.[8] Podemos trazer de volta a Era de Miroku, retornando ao Caminho Imperial, *Kodo*, tal como definido no *Kojiki* [registro de assuntos antigos, 712 d.C.] — voltando mais no tempo, até a origem da família imperial, Kunitokotachi no Mikoto. Especificamente, são requeridas três coisas: estabelecimento de uma religião nacional; abolição do padrão-ouro; e, finalmente, a adoção de um sistema que veja o mundo como uma única família.[9]

Essa ideologia bastante extrema levaria finalmente a uma reação e uma proibição por parte do governo em 1921, como descreverei mais tarde; mas, nesse meio-tempo, o mestre Onisaburo atraiu um fluxo constante de homens

---

[8] *Wako dojin*: (homem sábio) que atenua a luz de sua sabedoria e virtude, e mistura-se com o mundo terreno [Lao-tzu]; esconde seu verdadeiro talento ou conhecimento para se misturar ao mundo; vive uma vida calma por meio da própria obliteração.

[9] Miroku ou Maitreya é o "futuro Buda", que os ensinamentos budistas predizem que finalmente vai surgir na Terra, alcançar a iluminação e ensinar o *dharma* em sua forma pura. Kunitokotachi no Mikoto, O Eterno Espírito da Terra, foi a primeira divindade a aparecer na época da criação do céu e da Terra, de acordo com o *Nihon Shoki*, ou *Crônica do Japão* (720 d.C.), um dos primeiros registros escritos no Japão.

que eram pensadores e amavam seu país. O Sensei tomou parte nos debates acalorados que aconteciam em Ayabe e os achou instrutivos. As amizades que fez com figuras proeminentes criaram uma rede de contatos que lhe foram úteis quando, mais tarde, mudou-se para Tóquio e começou a promover a arte do aikido. Quando O Sensei percebeu quanto o mestre Onisaburo fizera por ele, preparando os alicerces durante todos esses anos em Ayabe, sentiu-se ainda mais em débito com seu mestre.

O Sensei esforçou-se ao máximo em seu papel de confidente do mestre Onisaburo, mas ainda desejava um papel que fosse, literalmente, mais ativo — algo em que usasse seu corpo, assim como sua mente. Dispôs-se ao trabalho voluntário durante meio período e, além disso, começou a participar da construção do santuário no topo do monte Hongu. (Devo mencionar que praticamente todos os santuários e edifícios administrativos da Omoto foram construídos pelas mãos dos devotos.) Logo depois de ter sido concluído o salão de Miroku, foi realizada uma cerimônia de purificação, em 16 de abril de 1920, para inaugurar a construção do santuário do monte Hongu. Por dia, mais de 300 voluntários trabalharam na construção; esse foi o projeto ao qual se juntou O Sensei.

Ele usou sua força extraordinária para carregar pedras e troncos enormes, tornando-se famoso entre os voluntários por ser "forte como um touro". Foram importados de Taiwan troncos imensos para a construção do edifício; às vezes era necessário uma dúzia de homens só para levantar uma das extremidades do tronco, enquanto O Sensei carregava sozinho a outra extremidade. Finalmente, o supervisor da construção, Sr. Ota, pediu-lhe que "usasse menos força porque se ele fizesse tanta coisa sozinho, isso diminuiria o equilíbrio e a harmonia do trabalho dos outros".

Um dia, cerca de cinquenta homens estavam tentando remover uma árvore enorme. Embora estivessem puxando com muita força, a árvore não se mexia. Naquele momento, o mestre Onisaburo passava por ali e também ele tentou, mas ao ver que era uma tarefa árdua, sugeriu uma pausa para descanso. O Sensei, que estava por perto, ficou com muita vontade de ajudar, mas conseguiu ficar quieto. Por fim, não aguentou mais. Deu um forte puxão na árvore e ela começou a se mover. Depois de mais algumas tentati-

No dojo Ueshiba Juku (dojo Ueshiba), em Ayabe, por volta de 1921.

vas, as raízes se soltaram e os voluntários puderam remover a árvore. O mestre Onisaburo ficou incrivelmente impressionado: "Ueshiba-san, você deve ter algum deus dentro de si!" Ele repetia essa história para todos que encontrava; logo os membros de toda a Omoto estavam dizendo: "Ueshiba-san pode carregar mil *kan* (quatro toneladas) sozinho!"

Num piscar de olhos passaram-se quatro meses desde que O Sensei chegara a Ayabe. Certo dia, o mestre Onisaburo disse: "Já é tempo de você abrir seu dojo Ueshiba. Se continuar só me servindo como assistente, pode perder seu toque como artista marcial. A vontade de Deus é que você pratique o quanto quiser. Vou garantir que os fiéis da Omoto se tornem seus alunos". Ele falou com um sorriso — então pegou um pincel e, com um movimento rápido, escreveu os caracteres de "Ueshiba Juku" (escola de Ueshiba) numa grande *hengaku*, ou placa. (Infelizmente, essa caligrafia perdeu-se durante a proibição da Omoto.)

Além da abertura de um dojo, o mestre Onisaburo fez outra solicitação: "Temos muitos jovens na Omoto. Além de lhes ensinar artes marciais, será que você podia organizar e liderar uma brigada jovem? A Omoto precisa desenvolver e apoiar a energia desses jovens. Eu gostaria que você se encarregasse desse tipo de projeto".

O dojo Ueshiba, onde foi afixada a caligrafia do mestre Onisaburo, instalou-se no que havia sido um edifício residencial aos pés do monte Hongu. A área para prática era pequena, de cerca de três *gen* de largura e quatro de comprimento (aproximadamente 5,50 metros por 7,30 metros). Nesse dojo, o aikido deu o passo crucial para deixar de ser um *jutsu*, ou conjunto de técnicas, e tornar-se um *do*, ou caminho marcial, um tipo de arte muito superior. A maior parte do pessoal da Omoto treinava ali. Naohi Deguchi, que se tornaria a terceira líder espiritual da Omoto, lembra-se do dojo na época em que ela estava com 17 ou 18 anos de idade:

> Todo o pessoal de alto nível da Omoto estudava lá. Eu também era aluna. Fui ao dojo muitas vezes para praticar e aprender o *Yawara kata* (uma forma de *jujutsu*) ou *kendo*. [O Sensei] não fazia qualquer concessão para as mulheres e apesar de eu ser bastante descoordenada, o treino pesado me ajudou a melhorar. Durante o Incidente da Omoto, em 1921, quando o mestre Onisaburo estava preso, O Sensei costumava convidar minha mãe [Sumi Deguchi] e a mim para ir correr. Ele era um grande corredor e tinha pernas incrivelmente fortes. As pessoas diziam que ele podia correr facilmente vinte *ri* em um dia — com pernas fortes como as dele, talvez isso fosse verdade. [Vinte *ri* seriam cerca de 80 quilômetros.]

O Sr. Itsuo Okuni também fala do dojo daqueles primeiros tempos:

> O mestre Onisaburo nos disse para irmos ao dojo todo dia. Havia cerca de quarenta ou cinquenta pessoas que vinham em turnos para praticar e era bem difícil ser projetado para todos os lados, todos os dias. Alguns dos jovens costumavam esgueirar-se e fugir dos treinos, mas O Sensei

sempre sabia. Ele dizia: "Sou vidente e posso dizer quem está fugindo", e nos repreendia ferozmente por não aparecermos. No entanto, aos poucos, todos começaram a se sair muito bem.

No começo, somente os membros da Omoto praticavam. Então, mais pessoas começaram a ouvir dizer que havia um extraordinário professor de artes marciais em Ayabe. A posição de O Sensei era a de que o dojo destinava-se à *sua* arte marcial e ao *seu* treinamento ascético, e ele não aceitaria como aluno qualquer um que aparecesse. Ele era muito rigoroso ao aceitar novos alunos; por causa disso, os alunos daquela época eram em geral extremamente sérios.

Hidetaro Nishimura e Kenji Tomiki eram dois jovens que pertenciam ao clube de judô da Universidade Waseda. Eles vieram verificar as habilidades de O Sensei, e ficaram tão impressionados com seu poder que decidiram, nequele mesmo local, segui-lo como seu mestre. Outros alunos daquela época eram Yoichiro Inoue (apelidado Ho-ken) e Yutaka Otsuki, ambos mais tarde reconhecidos como eminentes mestres das artes marciais. Entre outros alunos importantes incluíam-se Masayasu Asano e Saneyuki Akiyama, contra-almirantes da Marinha Imperial Japonesa, que ajudariam muito O Sensei quando este se mudou para Tóquio (ambos foram mais tarde promovidos a vice-almirantes). Eles se tornaram amigos de O Sensei durante aqueles dias em Ayabe.

Havia outros alunos que se destacaram, como a Sra. Hakuren Yanagihara — uma poeta — e a Sra. Yoshie Oishi, uma das mulheres eleitas para o Parlamento depois da guerra. A poeta Hakuren refugiou-se na Omoto por algum tempo depois de se divorciar de seu marido, que ganhara milhões com a mineração e se apaixonara pela jovem ativista Ryusuke Miyazaki. Ela gostava do aikido "porque as mulheres também podem praticar" e frequentava o dojo; por fim, encantou-se com o aikido.

O dojo Ueshiba, em Ayabe, tornou-se popular, com muitos alunos. Mas, para O Sensei, o objetivo real era a busca de seu próprio treinamento ascético. O que realmente lhe importava era a prática que realizava de manhã cedo ou tarde da noite, sozinho no dojo ou no sopé da montanha, quando estudava quieta e persistentemente seu caminho marcial. Ele continuou a treinar no estilo Daito-ryu, que aprendera com o mestre Sokaku Takeda; também trabalhou arduamente no *sojutsu* e no *kenjutsu* (técnicas de lança e espada). As pessoas podem perguntar-se como essas artes se relacionam com o aikido, mas há realmente uma forte semelhança. Os movimentos de mãos e pés do aikido e os movimentos básicos, tais como *irimi*, ou entrada, têm uma relação muito próxima com essas outras artes. Obviamente, a mão vazia é fundamental para o aikido. Mas também é verdade que o poder dessa mão pode ser como o de uma *yari* (lança) ou de uma *tachi* (espada). Para usar suas mãos como se estivesse empunhando uma lança ou espada, você deve ter algum conhecimento das técnicas de *sojutsu* ou de *kenjutsu*. No aikido também praticamos *jojutsu* (técnicas de bastão) e *tojutsu* (técnicas de

Praticando *taninzu-gake* (um contra muitos) no dojo Kobukan, por volta de 1937.

katana, ou espada), em que as armas são usadas como uma extensão da mão. A combinação desses elementos forma uma arte ímpar, graças ao estudo diligente de O Sensei da espada e da lança.

Durante a noite, ele subia a montanha para praticar técnicas de armas: de lança *mayari* e de *tanpo yari,* prática de espada com uma *shinken* (lâmina viva) ou *bokuto* (espada de madeira). Esse treinamento rigoroso e exigente refletia sua determinação de aperfeiçoar a arte. O Sensei sempre buscou abordagens únicas e criativas para o treinamento. Eis uma delas, dessa época: ele pendurava bolas de esponja nas árvores ao redor de uma clareira e então praticava, acertando-as com ataques de uma *tanpo yari* (lança de 2,70 metros de comprimento) para melhorar sua agilidade e habilidade. A seguir, um *doka* de O Sensei que descreve uma técnica característica do aikido, chamada *taninzu-gake* (um contra muitos):

Uma hoste de inimigos me cerca e me ataca
Pensando neles como um único adversário, eu travo a batalha.

Penso que a origem dessa técnica pode ter sido o treino de lança que descrevi há pouco. Para resumir, pode-se realmente dizer que o dojo Ueshiba, em Ayabe, foi o local de nascimento do aikido, o lugar em que foi forjado e trazido à existência.

De *Kotodama* a Takemusu Aiki

Além de começar a treinar pessoas adultas no dojo Ueshiba, O Sensei também seguiu as instruções do mestre Onisaburo de formar e treinar grupos de jovens. O mestre Onisaburo tinha muito interesse no desenvolvimento dos jovens e procurou organizá-lo tanto quanto possível. Já em 1917, ele criara uma organização conhecida como o Batalhão Naohi,[10] que incluía o

[10] Essa organização pegou emprestado seu nome da publicação interna *Naohi-gun*, editada em 1909. A revista interna oficial *Shinrei-kai* substituiu a *Naohi-gun*. A palavra *naohi* significa as características divinas e a mente divina inerentes aos humanos.

Seiryu-tai (Esquadrão do Jovem Dragão), *Byakko-tai* (Esquadrão do Tigre Branco), *Yonen-gun* (Exército Jovem) e *Joshi-gun* (Exército das Jovens e dos Infantes). Em 1929, ele formou uma organização maior, em nível nacional, conhecida como Showa Seinen-kai (Sociedade Jovem Showa). Na verdade, ele tinha um talento ímpar para criar organizações.

O que o mestre Onisaburo queria era que O Sensei criasse algo mais informal, um tipo de grupo que causasse algum efeito na vida diária e no comportamento dos jovens. O Sensei sentiu que, para seguir essas instruções, precisava encontrar objetivos concretos e projetos reais que envolvessem os jovens. Lembrando-se da terrível experiência do incêndio de Shirataki, ele recomendou a formação de uma brigada de incêndio e assim, com a aprovação do mestre Onisaburo, foi fundada a Omoto Shobotai (Brigada de Incêndio).

A base era uma casa localizada perto do dojo — talvez pudesse ser chamada de "cabana" de bombeiros, em vez de "quartel" de bombeiros! Em todo caso, os bombeiros da Omoto tinham carroças com bombas operadas à mão e um bom suprimento de outras ferramentas, o que os tornava mais bem equipados que os bombeiros da cidade de Ayabe. Também exibia um grupo de entusiasmados jovens voluntários. Sempre que começava um incêndio em Ayabe, a Brigada de Incêndio da Omoto entrava em ação para apagar o fogo; a Omoto Shobotai, de Ayabe, logo ganhou uma ótima reputação.

Além de realmente *fazer* algo, O Sensei queria que os grupos desenvolvessem uma severa disciplina. Ele desenhou o uniforme e criou uma hierarquia similar à do Exército, em que ele mesmo era o comandante de brigada, supervisionando companhias, pelotões e esquadrões. Contaram-me que havia treinamento três ou quatro vezes por semana e tão rígido quanto o treinamento feito pelos soldados. Mas também O Sensei queria que os membros tivessem ocasionalmente a oportunidade de se sociabilizar entre si quando não houvesse treinamento. Logo, a sede dos bombeiros tornou-se um local de encontro para os jovens. Itsuo Okuni a descreve deste modo:

> Quando os jovens queriam fazer uma refeição rápida, acendiam o fogo na sede dos bombeiros e Ueshiba-san preparava algo para eles. Não era

Onisaburo Deguchi assiste a uma sessão de treinamento da Omoto Shobotai (Brigada de Incêndio), criada pelo Fundador (no centro), em 1922.

nada sofisticado — talvez macarrão *udon* ou *mochi* —, mas ele criava uma atmosfera amigável para os jovens se sentarem e conversarem entre si. O estilo de vida na Omoto era bastante austero naqueles dias porque assim era a personalidade da fundadora Nao Deguchi. As roupas e alimentos eram muito simples e o trabalho voluntário, fortemente enfatizado. Os jovens eram muito diligentes, mas, por serem jovens, também precisavam ter alguma diversão; assim a sede dos bombeiros tornou-se um lugar onde podiam extravasar suas energias. O comandante Ueshiba participava, criando uma atmosfera acolhedora em que os jovens cantavam, faziam algazarra e se divertiam. Mais tarde, quando Ueshiba-san começou a plantar, eles passaram a ter um bom suprimento de inhame e de outros bons ingredientes para cozinhar. Os garotos só paravam de comer quando Ueshiba-san começava a gritar que não havia sobrado nada. Eles adoravam a sensação de que podiam fazer com que o maior artista marcial do Japão perdesse a calma.

Há mais a dizer sobre o papel da agricultura, o que faremos mais adiante neste livro. Porém acredito sinceramente que O Sensei desempenhou um papel fundamental no alcance popular da Omoto nessa época. Obviamente, sua vida em Ayabe não se passava somente no dojo, na sede dos bombeiros ou no cultivo da terra. O mais importante é que, por intermédio de sua relação com o mestre Onisaburo, O Sensei alcançou um tipo de iluminação. Uma discussão completa seria muito longa, portanto vou me focar basicamente em dois aspectos dessa iluminação: *Kotodama* e *Musubi*.

De modo geral, as pessoas associam *Kotodama* a algo parecido com sua descrição no *Manyoshu* (*Ten Thousand Leaves*): "A nação que prospera em *Kotodama* vem transmitindo o poder sagrado das palavras desde o seu início...". No Japão ancestral, o *Kotodama* nomeava a centelha divina essencial dentro dos seres humanos, a qual fazia deles tudo o que poderiam ser. Em outras palavras, acreditava-se que o caráter e o talento de uma pessoa correspondiam ao grau em que ela conseguia expressar seu poder de *Kotodama*. Desse modo, as palavras ditas por alguém que havia aperfeiçoado seu corpo e sua mente eram imbuídas com um tipo de energia espiritual, como se a alma dessa pessoa manifestasse o espírito universal. Quando esse indivíduo falava com convicção profunda ou orava com todo seu coração, suas palavras e ações frutificariam de acordo com suas intenções. Aqueles que haviam dominado o *Kotodama*, quando colocavam uma intenção plena em suas orações ou palavras, podiam dirigir seu poder para alcançar o que desejassem. Essa qualidade se manifestava em diferentes graus, do nível de *shinjin* (真人; pessoa verdadeira) até um nível mais alto de *shinjin* (神人; pessoa divina).

Vamos analisar um pouco mais o significado desta frase: "Palavras ditas por alguém que aperfeiçoou seu corpo e sua mente". Se tentássemos expressá-la em termos atuais, poderia sair algo assim:

Logicamente falando, aquilo a que estamos nos referindo como "palavras" (*gen* ou *go*) aparece inicialmente na forma primária de som, ou voz. No próximo nível, deve ser denominado como *ki*, ou respiração. Mas há ainda outro nível, quando as palavras cheias de *ki* podem ser mais bem descritas como *tama*, ou espírito. Agora elas são uma questão de *reikan*, a inspiração espiritual, ou a intuição em termos ocidentais, "gnose". Nesse nível, *kotoba*, ou as palavras, tornam-se divinas. Dizendo isso de modo diferente e mais conciso, as palavras usadas no ponto de união entre o humano e o divino podem ser denominadas *Kotodama*.

O Dr. Shinobu Origuchi[11] estabelece que, em nosso país, a palavra *kami*, ou deus, era originalmente *tama*. O caractere *kanji* para *tama*, também era lido como *gyoku*, ou "gema", representando algo puro e brilhante, no sentido espiritual. *Kami* (deus), *rei* (espírito) e *tamashi* (alma) estavam incluídos numa categoria mais ampla de *tama*, em contraste com *mono*, os objetos físicos. O termo *mono* provém de *mono-no-ke*, um fantasma ou espectro; era entendido em termos negativos, como algo que perturbava a espiritualidade. *Mono* nomeia a força que se coloca entre o humano e o divino, impedindo sua fusão. Mas voltemos ao exemplo anterior, o de *kotoba* (palavras) perturbar a espiritualidade; nesse caso significaria interromper o *ki*, ou a respiração. Então, o *tama* que deveria ascender ao nível de *rei*, espírito, termina por agir apenas como um *mono*. Portanto, a fala nada mais é que um jogo de palavras, exatamente o oposto de *Kotodama*.

Assim é como acredito que se pode entender o conceito básico de *Kotodama* na cultura japonesa. Como é bem sabido, o primeiro verso do Evangelho de João, na Bíblia cristã, começa deste modo: "No princípio era o Verbo [palavra, *logos*] e o Verbo estava com Deus, e o Verbo era Deus. No princípio estava ele com Deus. Todas as coisas foram feitas por intermédio

---

11 O Dr. Origuchi também escreveu poesia, com o pseudônimo de Choku Shaku; dentre suas obras está *Kodai Kenkyu* (*Ancient Studies*).

dele e sem ele nada se fez de tudo que foi feito". Essas ideias têm muito em comum com o conceito japonês de *Kotodama*, como o descrevi.

No Japão, contudo, o termo *kotoba* (a palavra/as palavras) estende-se para além de "logos", descrevendo conceitos ou significados; e, como mencionei antes, é usado no sentido espiritual. Para ser mais preciso, as palavras não são consideradas basicamente por seu uso como veículo para um conteúdo — mais apropriadamente, o timbre da voz, ou seja, o som e a música na fala, tomam a precedência. Além disso, uma forte tradição nos impele a fazer a forma mais pura de *ki* e "respiração". Mais do que um mero "logos", *kotoba* engloba *pathos*, emoção e ardor. Essa base conceitual apoiou a criação e elaboração de *Kotodama*, uma ideologia enraizada na antiga e específica identidade cultural do Japão.

Então, o que distingue as duas culturas? Certamente, as diferentes compreensões de *kami* (no Japão) e Deus (no Ocidente) desempenham um papel. Os alfabetos ocidentais diferem nitidamente do sistema japonês de combinação, no mesmo texto, de símbolos e sons — fonogramas — e de símbolos e significados — ideogramas. Os competentes escritos do mestre Onisaburo sobre *Kotodama* podem ser encontrados em seu excelente *Reikai Monogatari* (*Tales of the Spiritual World*) e em outras partes de sua volumosa obra. Como não sou capaz de entender completamente esse assunto, não gostaria, assim, de dizer algo equivocado. Mas penso que o mestre Onisaburo se apossou dos antigos princípios de *Kotodama* e os mesclou com suas percepções pessoais e suas crenças sobre Deus e o Espírito, o Universo, e os valores da vida. Talvez seja suficiente lermos as ideias teológicas a seguir para compreendermos sua singularidade:

> O Universo tem sua origem num poder dinâmico que não é outro senão Deus. Toda criação é uma manifestação desse poder dinâmico. Portanto, todas as coisas criadas são apenas fragmentos ou partes do divino.
>
> Deus é o Espírito que impregna o Universo inteiro e o homem é o foco do trabalho do céu e da terra. Quando Deus e o homem formarem uma unidade, um poder infinito se manifestará.

Em comparação com outras religiões, esses ensinamentos põem grande ênfase numa força vital dinâmica e consideram essa força dinâmica essencial para a ordenação da vida social e política dos seres humanos. Nesse sentido é um ensinamento positivo e ativo, muito diferente dos da fundadora Nao Deguchi, com sua forte sensação de crise iminente, de acontecimentos conduzindo a um fim apocalíptico, que levaria finalmente a novos começos. O mestre Onisaburo era atraído para a afirmação absoluta da vida. Seus ensinamentos imaginam a existência de uma força eterna e restauradora, e nela confiam; força que pode ser atraída com a finalidade de reformar e reenergizar o mundo.

Eu mesmo acredito que, desde o começo, o mestre Onisaburo era fortemente atraído por uma das divindades descritas no *Kojiki*: o deus Susanoo-no-Mikoto. Por exemplo, em seu *Michi no Shiori* (*Divine Signposts*), ele identifica Susanoo-no-Mikoto, ou Mizu-no-Mitama, como o salvador do mundo:

> Nos tempos antigos, o espírito de *Mizu*, o deus Susanoo, apareceu como o salvador deste mundo. Sozinho, ele assumiu os diversos pecados do céu e da Terra e salvou o mundo. Considerar o deus Susanoo como um deus feroz e cruel [de acordo com a mitologia japonesa] é, na verdade, algo pecaminoso e ímpio. Esse é o deus que ainda hoje continua a salvar os seres humanos da desgraça.[12]

Essa divindade, considerada pelo mestre Onisaburo como um salvador, tem sido tradicionalmente vista como uma figura muito mais grosseira. Justamente pela vitalidade desse deus e de sua associação com a força vital, o mestre Onisaburo viu a figura de Susanoo sob uma luz muito mais positiva, e essa foi uma perspectiva singular. Seu modo de ver as coisas combina de certa maneira com a explicação do conceito de *Musubi* na passagem que se segue:

> No universo há uma *Shin-rei-genshi*, uma partícula espiritual básica, que também pode ser referida como *Rei-so* (elemento espiritual) ou *Ka-so*

[12] *Divine Signposts*, Parte Um, Capítulo 2, Seção 111; http://www.oomoto.jp/enSignpost/, acessado em 17/06/2007.

(elemento fogo). O *Ka-so* existe em todas as coisas criadas, assim como no ar que as cerca. Outro bloco construtivo do universo é conhecido como *Tai-so* (elemento corpo) ou simplesmente *Sui-so* (elemento água, hidrogênio). Quando *Ka-so* e *Sui-so* se combinam, criam a energia dinâmica, *Seiki*, o que ocorre somente quando *Ka-so* e *Sui-so* são completamente utilizados. Essa energia dinâmica produz elétrons e, portanto, a eletricidade, o poder animador básico subjacente a toda a criação.

No reino do divino, esse *Rei-so* é conhecido como Takami-Musubi-no-kami, e *Tai-so* é chamado Kanmi-Musubi-no-kami. Esses dois elementos divinos criam o que modernamente é chamado de "eletricidade", assim como os *Hachiriki*, ou os oito poderes. Esses poderes são *Do* (poder de movimento), *Sei* (poder de inércia), *Kai* (poder de dissolução), *Gyo* (poder de coagulação), *In* (poder de tensão), *Chi* (poder de relaxamento), *Go* (poder de combinação) e *Bun* (poder de separação). Esses elementos e poderes formaram o universo em todas as suas dimensões.

(*Reikai Monogatari* [*Tales of the Spiritual World*])

Essa descrição é baseada na narrativa da criação no *Kojiki*, que começa deste modo:

> Os nomes das divindades que nasceram no Takaamahara (Plano do Céu Superior), quando o Céu e a Terra começaram, eram a divindade Ameno-Minakanushi-no-kami; em seguida, Takami-Musubi-no-kami; depois, Kanmi-Musubi-no-kami. Essas três divindades nasceram sozinhas e se ocultaram.

O mestre Onisaburo trouxe novas perspectivas, tiradas de Onyodo, para a descrição do *Kojiki*, enfatizando o valor de *Musubi*, com significado de "vitalidade" ou "força geradora". O mestre Onisaburo compôs um poema que diz: "*Musubi* nada mais é que os poderes espirituais de Deus que geram toda a criação". Em essência, para ele, o *Kotodama* era uma forma dos poderes representados por *Musubi*. Essa visão de *Kotodama* como uma forma de energia vital e criadora do mundo também a relacionava com a função de Susanoo no Mikoto como um redentor.

Permitam-me citar um trecho de *Seventy Year History of Omoto* que resume muito bem esses pontos, ampliando assim nossa compreensão:

> O *Reikai Monogatari* ensina que o Taigen Reishin (Deus espiritual, original, grande) é o Deus único e absoluto; essa divindade também pode ser referida como Shushin ou Shu no Kami, nomes que significam "Deus Principal". Os aspectos de Taigen Rei são *Hi* (火; fogo ou espírito) e *Mizu* (水; água ou corpo). O corpo principal dessa divindade é chamado de *Kami* (火水; Fogo e Água; Deus e Espírito). A expressão dos aspectos de Água e Fogo juntos é chamada *Iki* (respiração ou manifestação da vitalidade da vida, escrita como Água e Fogo). Por meio de *Iki* pode-se gerar a expressão de energia vital, conhecida como *Kotodama*, que, por sua vez, ativa o espírito. [No sistema *kanji*, "fogo" é lido como *ka* e "água" é lida como *mi[zu]*; juntos, podem ser lidos como *Kami*, o que forma um homônimo da palavra *Kami*, com significado de "divindade".]
>
> De acordo com a crença da Omoto, o Taigen Reishin (ou grande Deus original) do universo é Ameno-Minakanushi-no-kami; a função do fogo ou espírito está associada a Takami-Musubi-no-kami e a função da água ou corpo está associada a Kanmi-Musubi-no-kami. O *Musubi*, ou unificação de fogo e água, cria a energia vital e, dessa energia de unificação, brota o universo. Assim podemos dizer que o espírito, o corpo e o poder deram origem a todas as coisas criadas. Da perspectiva do *Kotodama*, o universo foi criado e continua a evoluir por intermédio desse poder originário e mítico. A fonte fundamental desse poder nada mais é que o Taigen Reishin.
>
> O grande Deus original escolheu manifestar-se sob duas formas distintas: Iwao e Mizu. O aspecto de Iwao anima as divindades Kunitokotachi, Izanagi-no-Mikoto e Amaterasu Omikami. Esse aspecto poderia ser caracterizado como paternal, rigoroso e severo, e é novamente referido como Taigen Shin, ou grande Deus original. O aspecto de Mizu aparece como as divindades Izanami-no-Mikoto ou Susanoo-no-Mikoto, e suas características são material, benevolente e afetuoso — é referida como a deusa redentora.

Quando o aspecto de Iwao, manifestado como Kunitokotashi, alcança sua divindade plena, esse estado é chamado Amaterasu Omikami. Do mesmo modo, quando o aspecto de Mizu se torna plenamente realizado, é chamado Susanoo-no-Mikoto. Então, manifestando plenamente a divindade do deus original ou principal, a divindade Susanoo-no-Mikoto é, na verdade, identificada como o deus principal.

A natureza divina da alma de Iwao representa o Hontai (corpo principal) e a natureza divina da alma de Mizu representa a função ou *atividade*. Por essa razão, é a divindade Susanoo que transforma em ação a prerrogativa divina de defender todos os seres dos três mundos: do céu, dos espíritos e das almas que vivem na Terra. Susanoo expressa e personifica o aspecto do divino que protege, defende e salva.

Talvez isso pareça um pouco difícil de acompanhar. O ponto principal da questão é que esses conceitos — *Musubi*, *Kotodama*, *mizu-no-mitama*, Susanoo-no-Mikoto — fornecem um meio de conceituar e valorizar coisas que são mais humanas e mais próximas à nossa experiência: a ideia de energia vital, de *ki* (ou poder da respiração) e de ação dinâmica.

O Sensei tinha conhecimentos e experiência para entender esses conceitos. Essa compreensão intuitiva deve ter criado uma profunda afinidade emocional entre O Sensei e seu professor. Isso também o conduziu à sua própria iluminação no caminho do *budo* e ajudou-o a encontrar a base para a criação de sua própria e invulgar arte.

Já mencionei algumas vezes a grande afinidade de O Sensei pelo deus Susanoo-no-Mikoto, a quem ele escolheu como sua divindade guardiã. Como podemos recordar, ele também escolheu Susanoo como a divindade guardiã do santuário em Kami Shirataki. Parece que, além de sua divindade guardiã, Amenomurakumo-kuki-samuhara-ryuo (um dos Hachidai Ryuo, ou Oito Reis-dragão do budismo tântrico), ele adotou para sua própria devoção pessoal a mítica espada de Amenomurakumo.[13] Essa tendência em sua devoção anterior também deve ter preparado O Sensei para entender

[13] "Massas de Nuvens Celestiais"; a espada é um dos três tesouros da família imperial.

as ideias do mestre Onisaburo sobre *mizu-no-mitama*, a alma da água, como delineada na passagem citada anteriormente.

Seu domínio anterior das técnicas secretas de Daito-ryu ajudou-o certamente a entender o conceito de *Kotodama*. Talvez ele já tivesse algumas ideias não formadas, mas, por focar-se nesse caminho de respiração e de *ki*, ele estava agora em condições não só de observar seu papel prático nessas técnicas esotéricas, mas também de entender a base teórica das técnicas e do fluxo de *ki* subjacente ao movimento delas. Daí em diante, com um pensamento profundo e um extenso estudo, ele foi capaz de criar um caminho, ou *do* — algo que não existia no Daito-ryu —, baseado nos princípios de *ki*.

O Sr. Hideo Takahashi me falou de algumas coisas que O Sensei costumava dizer: que "*aiki* era um uso habilidoso do *Kotodama*", mas que "*Kotodama* e a voz nada tinham em comum — *Kotodama* era como o sangue que ferve no coração". Eis como o Sr. Takahashi explica essa imagem em seu livro *Takemusu Aiki*:

> O caminho é como o sangue que circula pelo corpo. Deve estar em harmonia com o coração benevolente de Deus, funcionando de acordo com o princípio de *Shinjin Ichinyo*, a unidade formada por Deus e o homem. Se esse fluxo se afasta, mesmo que uma fração, do coração de Deus, o caminho se rompe.

Os poucos anos que O Sensei pôde passar com o mestre Onisaburo, ouvindo diretamente seus ensinamentos, teve um impacto enorme em sua formação como artista marcial. Mais tarde, ele dizia que "o aikido é um verdadeiro presente, vindo do céu. É um uso habilidoso de Takemusu Aiki". A raiz do Takemusu Aiki estava, de fato, no *Musubi*, ou fusão, que aconteceu entre o mestre Onisaburo e O Sensei em Ayabe.

No dojo Ueshiba Juku, por volta de 1921.

A Primeira Proibição da Omoto

Em novembro de 1919, o mestre Onisaburo adquiriu um lote de terra no que havia sido o local do castelo de Kameoka, na cidade de mesmo nome, a qual era também seu lugar de nascimento; lá ele construiu uma nova sede da Omoto.[14] Kameoka tornou-se o centro da política e das operações da Omoto, enquanto Ayabe — onde a fundadora Nao Deguchi estava enterrada — permaneceu como seu coração espiritual. A Omoto estava cada vez mais extrapolando seu caráter religioso e dirigindo-se para o envolvimento político; talvez o mestre Onisaburo sentisse que esse envolvimento despertaria certa ansiedade na sociedade japonesa e, com isso em mente, intencionalmente separou a sede religiosa da sede política. Caso isso tenha ocorrido, foi um esquema previdente. Acredito que ele já começava a antecipar a aproximação de forças repressivas, que chegariam poucos anos mais tarde, no que ficou conhecido como o Incidente da Omoto (1921).

É admirável a velocidade e a intensidade do programa de expansão da Omoto nos dois anos entre a aquisição do terreno em Kameoka e o começo da repressão, em 1921. O mestre Onisaburo criou uma sede no ramo leste, a Omoto Kakushinkai, em Tóquio; enviou membros mais antigos da Omoto para Karafuto, no norte (na ilha Sakhalin), até Taiwan, ao sul, cobrindo cada canto do Japão. Estabeleceu um escritório de publicações em Kameoka, com instalações para impressão, que logo começou a produzir coleções dos escritos do mestre Onisaburo e de outros. Nessa época, a Omoto era extremamente ativa em suas publicações. A *Shinrei-kai* era lançada a cada dez dias; a *Omoto Jiho*, toda semana; e a *Omoto Shinbun*, diariamente. Em agosto do ano seguinte, a Omoto adquiriu um jornal, o *Taisho Nichinichi Shinbun*, cujos escritórios ficavam ao lado da estação Umeda, em Osaka. Essencialmente, a Omoto começou a usar a mídia de massa para fazer proselitismo. Com essa abordagem agressiva, sua presença logo se fez sentir em todo o Japão.

---

[14] Esse castelo havia sido construído por Mitsuhide Akechi e era anteriormente conhecido como castelo Kameyama. O nobre Mitsuhide, cujas rendas chegavam a 350 mil *koku*, ali residiu. Em seu auge, foi considerado um dos cinco maiores castelos do Japão.

Há um provérbio que diz: "O prego que está saliente leva martelada". Assim, com o crescimento da Omoto, a reação pública também se inflou na mesma proporção. Jornais e revistas se uniram para criticá-la, alegando ser uma ideologia perigosa ou uma falsa religião. Pelo aspecto oficial, as autoridades policiais do Ministério do Interior passaram a classificá-la como uma organização ideológica perigosa e iniciaram uma vigilância secreta. Já na primavera de 1919, a Omoto começou a ser investigada oficialmente e foi advertida pela polícia.

Por que ela parecia ser tão perigosa? As respostas têm suas raízes no contexto social da época, na expansão econômica e na depressão que se seguiram à Primeira Guerra Mundial, e nos conflitos de classe desencadeados por essa volatilidade econômica (por exemplo, a Revolta do Arroz de Kome Sodo). A mistura de política, ideologia e religião, para nomear apenas os fatores principais envolvidos, torna essa questão muito complexa para ser tratada aqui resumidamente e, além disso, eu me desviaria de meu tema. Já vimos a apaixonada determinação do mestre Onisaburo pela reforma social, assim como uma inclinação mística, representada no *Chinkon Kishin*; talvez essas tendências tenham sido as que provocaram preocupação e medo entre aqueles que observavam de fora.

As ideias radicais expressas por Wasaburo Asano, que escreveu editoriais para o *Shinrei-kai*, avivaram a preocupação. O princípio de *Kodo* (a palavra originalmente significa "o caminho do reinado do imperador [japonês]", mas, aparentemente, para o mestre Onisaburo e para os membros da Omoto tinha um significado duplo, representando "o caminho do Criador", uma blasfêmia potencial contra o imperador) que ele adotava colocou a Omoto no centro da religião e da política. Além disso, o apelo pela restauração da Era Taisho, com suas associações ultranacionalistas, deve ter feito com que as intenções políticas da Omoto parecessem insistentes e realmente perigosas. As predições de Asano, de que haveria pânico social em 1921 e o Japão entraria numa grande guerra com os Estados Unidos, e que esse seria o momento ideal para reconstruir completamente a nação, pareciam destinadas a provocar agitação e deram força aos falsos rumores de que a Omoto estava preparando um golpe de Estado.

Mesmo dentro da Omoto, muitos objetaram que Asano estava indo longe demais; seguiram-se debates e confrontações com ele. Mesmo o mestre Onisaburo parecia ter problemas para controlá-lo. Antes que algo pudesse ser feito, as autoridades deram o primeiro passo e começaram a reprimir duramente a Omoto, em seu papel de a primeira das novas religiões que foram escolhidas para ser suprimidas.

Eis um relato extraído de *Seventy Year History of Omoto*:

> De manhã cedo, em 11 de fevereiro de 1921, o promotor público chefe, Kiichiro Hiranuma, ordenou que o chefe de polícia da província de Kyoto, Shohei Fujinuma, entrasse em ação contra a Omoto. Foram mobilizados juízes e promotores do tribunal de primeira instância, juntamente com várias centenas de policiais armados, que invadiram e deram busca em mais de vinte lugares — entre eles, Ayabe, Kameoka, Kyoto e Yagi —, sob a suspeita de que a Omoto violava as leis governamentais que regulavam a publicação de jornais e cometera crime de lesa-majestade, ou traição contra a autoridade soberana do imperador. O *Ofudesaki* e outros objetos religiosos foram confiscados. Onisaburo Deguchi estava nos escritórios do *Taisho Nichinichi Shinbun*, em Umeda, Osaka; Wasaburo Asano e Sukesada Yoshida estavam em casa, em Ayabe. Sob essas acusações, os três foram presos e permaneceram detidos na cadeia de Kyoto.

Na verdade, essas acusações eram somente um pretexto. A Omoto foi acusada de traição contra o imperador, o que a sociedade japonesa da época considerava o mais desonroso de todos os crimes; contudo, essa mesma organização vinha proclamando os princípios de *Keishin Sonno Aikoku*: respeitar a Deus, venerar o imperador, amar a nação. Mesmo sem fundamento, a acusação de lesa-majestade exerceu imenso impacto sobre a opinião pública, o que reforçou a imagem da Omoto como uma religião espúria que venerava deuses questionáveis e procurava derrubar o governo. Até hoje, muitas pessoas permanecem sob a influência do preconceito assim criado.

O mestre Onisaburo foi levado a julgamento e condenado a cinco anos de prisão por traição, enquanto Wasaburo Asano foi sentenciado a dez meses. Essas sentenças foram contestadas em instâncias superiores nos seis anos seguintes, até que um perdão foi finalmente concedido, com o consentimento do imperador Showa. Apesar disso, esse primeiro incidente de repressão deixou uma mancha duradoura na reputação da Omoto. E também a natureza da acusação levou à demolição compulsória de muitos dos santuários e de outros prédios da Omoto que, caso não fossem demolidos, deveriam ser reformados e destinados a outros fins. A filiação à Omoto encolheu dramaticamente, não só entre os seguidores usuais, mas também nos níveis mais altos de liderança (o próprio Wasaburo Asano deixou de participar). Foi como se, num instante, a Omoto tivesse escorregado do pico de uma montanha até o fundo do vale.

Enquanto isso tudo acontecia, O Sensei permaneceu discretamente em Ayabe, esperando que o mestre Onisaburo fosse libertado da prisão. Do ponto de vista pessoal, foram certamente os anos mais tristes de sua vida. Perdera seu pai e agora perdia seu primeiro filho, Takemori, de três anos, e seu segundo filho, Kuniharu, de apenas um ano — ambos por doença. E isso não foi tudo. Sua mãe, Yuki, também faleceu aos 71 anos, como se acompanhasse os netos. Talvez os três tenham se enfraquecido com o estilo de vida frugal em Ayabe. Como O Sensei nunca falava dessas mortes, conheço pouco das circunstâncias em que ocorreram. Seu silêncio dá uma ideia de quão profunda deve ter sido sua dor. Em vista dessas dificuldades internas e externas, penso que os anos iniciais da década de 1920 foram os mais difíceis que ele experimentou em sua vida.

Ao mesmo tempo, alguns poucos acontecimentos talvez tenham mitigado a infelicidade desse período. O primeiro foi a inesperada libertação do mestre Onisaburo da prisão; o segundo, o meu nascimento. O mestre Onisaburo foi libertado sob fiança em 17 de junho de 1921, depois de ter cumprido somente 126 dias. Foi algo repentino, que nem o promotor público nem a Omoto haviam previsto; o juiz Tomoyuki Sato — que lhe concedera a fiança — disse apenas que, ao rever o caso objetivamente, havia escolhido utilizar seu poder discricionário.

O mestre Onisaburo Deguchi deu-me o nome de Kisshomaru e escreveu-o neste papel, com um pincel de caligrafia.

Eu nasci logo depois das mortes de Takemori e Kuniharu. O Sensei ficou feliz por ter outro menino, pelo menos assim me contaram, e o mestre Onisaburo empolgou-se quando ouviu a notícia. Logo que soube, ele realizou o *Chinkon Kishin*; depois pegou um pincel e escreveu o nome "Kisshomaru". Então entregou o papel a O Sensei, dizendo alegremente: "É isso, é isso", antes mesmo de O Sensei começar a lhe contar a novidade. Ele completou: "O nascimento dessa criança é providencial porque aconteceu no mesmo momento de minha libertação da cadeia. Esse nome, 'Kisshomaru', era o nome de infância de Minamoto no Yorimitsu (948-1021 d.C.) — com um nome como esse, ele seguirá seus passos e se tornará um grande artista marcial". O Sensei ficou muito feliz ao me registrar como "Kisshomaru", um nome que ele considerava ter sido escolhido por seu professor depois de muita ponderação.

A libertação do mestre Onisaburo aliviou o coração dos fiéis da Omoto. Também lhe deu oportunidade para resolver alguns assuntos pendentes dentro da organização e introduzir as reformas necessárias. Nesse ponto, ele queria concentrar suas energias na reconstrução e na reforma da Omoto, mais do que na sociedade ao redor; e assim ele realizou algumas mudanças radicais no pessoal e na liderança. Ele e Sumi Deguchi, a segunda líder espiritual da Omoto, afastaram-se formalmente e passaram a responsabilidade da liderança para Naohi Deguchi, a terceira líder espiritual (filha deles). Ele também tirou a palavra "Kodo" do nome da Omoto.[15]

[15] *Nota do editor*: Talvez essa cronologia esteja imprecisa, portanto deve ser comparada com outras fontes.

Como parte dessas reformas, O Sensei tornou-se funcionário da Omoto e foi indicado para "Responsável pelas Formas". (Essa posição equivalia ao que antes seria chamado de "diretor" ou "chefe administrativo", mas a nomenclatura foi alterada em resposta à visão da Omoto como uma organização suspeita.) Esse trabalho consistia em supervisionar tudo o que envolvesse o abastecimento de roupas, alimentos e abrigo para os membros da Omoto. A autossuficiência tornou-se especialmente crítica durante as dificuldades financeiras que se seguiram à primeira proibição da Omoto, em 1921.

Contaram-me que O Sensei enfrentou o desafio e até mesmo estendeu sua responsabilidade para o desenvolvimento de novas terras para o cultivo. Talvez esse trabalho fosse um bom desafio para ele. Já que a Omoto prescrevia uma dieta estritamente vegetariana, era uma tarefa grande e importante prover um suprimento constante de alimentos. As habilidades de alguém como O Sensei, que abrira novas terras de cultivo em Hokkaido, eram extremamente necessárias na Omoto dessa época. A terra que O Sensei preparou ficava a cerca de dois quilômetros de Ayabe, numa pequena colina chamada Ten-no Daira. Esse terreno, de pouco menos que um acre, cercava o túmulo de Nao Deguchi. O solo era de argila vermelha, pouco adequado para o cultivo, e amoreiras selvagens eram tudo o que crescia lá. O Sensei foi auxiliado por Katsuo Kanemitsu no árduo esforço de preparação dessa terra. Eis algumas das lembranças do Sr. Kanemitsu:

> O Sensei começou por arrancar as amoreiras com uma pesada pá. Ele era incrivelmente forte, porém, mais do que isso, a maneira como usava os ombros e os quadris mostrava realmente que era um adepto das artes marciais. Que desempenho impressionante! Era como se, ao dominar uma arte, ele pudesse transferir aquela maestria para tudo o que fizesse. Quando carregávamos terra, O Sensei colocava em seu recipiente três vezes mais terra que o resto de nós. Ninguém queria fazer parte da equipe dele porque ele tentava carregar o máximo possível de cada vez. Quando havia voluntários nos ajudando, ele precisava aliviar um pouco por causa deles. Certa vez, ele e uma senhora estavam prestes a carregar juntos alguns baldes de terra, com cada um segurando uma extremi-

> dade de uma vara comprida que passava através das alças dos baldes. O Sensei andaria na frente e a senhora, atrás. Quando ele começou a avançar, ouviu um grito atrás de si — voltou-se e viu a senhora pendurada na outra extremidade da vara, com os pés balançando no ar!
>
> Embora precisássemos enriquecer o solo para poder plantar batatas e vegetais, nos foi dito para não fertilizar com esterco humano, pois o alimento cultivado seria oferecido no altar. Embora o solo fosse tão pobre, decidiu-se cultivar sem fertilizantes. O Sensei carregaria então baldes de água, desde o lago até o alto da colina, cerca de 70 a 80 baldes por dia. Ele tinha uma energia fenomenal, mas era sua atitude sincera em relação ao trabalho o que realmente conquistava respeito.
>
> Como experiência, decidimos tentar fertilizar com *shiramizu*, a água que havia sido utilizada na lavagem do arroz. Coletávamos essa água nas habitações da Omoto, assim como em algumas das grandes casas de Ayabe, pertencentes a pessoas que queriam nos ajudar. Enchíamos os *yonto-daru* (grandes barris) e carregávamos quatro ou cinco deles de cada vez para o alto da colina. Acordávamos todos os dias às três horas da manhã para essa tarefa. Naquele tempo usávamos sandálias de palha, por isso, no inverno, nossos pés congelavam e também sentíamos cada pedra sob eles. Mas O Sensei nos conduzia, puxando a carroça com uma atitude tão alegre que não conseguíamos nos esquivar de modo algum. Ele era simplesmente uma pessoa com um alto grau de responsabilidade e de sentido de missão.

Mais tarde, um homem chamado Tabuchi, que era economista, juntou-se ao cultivo; ele introduziu o uso de tortas de oleaginosas e de casca de arroz como fertilizante, o que aumentou substancialmente a produtividade. As cozinhas da Omoto se beneficiaram grandemente desse cultivo. Assim, durante a pior temporada do Primeiro Incidente da Omoto, O Sensei teve ainda outra oportunidade de demonstrar seu espírito nobre e generoso.

Foi nessa época que o mestre Onisaburo começou a ditar seu *Reikai Monogatari* (*Tales of the Spiritual World*) e O Sensei teve a oportunidade de permanecer ao seu lado. Depois de ser libertado da prisão, o mestre

Onisaburo começou a obedecer a uma revelação divina que o instruíra a "divulgar a verdade sobre o mundo espiritual". Ele passou a ditar uma longa narrativa de caráter épico, muito parecida com a versão japonesa de *The Pilgrim's Progress* e baseada nas revelações que recebera quando meditava nas cavernas do monte Takakuma. Os 81 volumes resultantes abrangiam a visão do mestre Onisaburo sobre o universo, sobre o mundo e sobre sua filosofia de vida, dentro da moldura de uma história extraordinária. Esse trabalho enorme foi uma transcrição estenográfica do ditado do mestre Onisaburo, feita por Masumi Matsumura, Akiko Kato e Masaharu Taniguchi, com a ajuda de alguns outros.[16]

O *Reikai Monogatari* foi ditado em diferentes lugares — Shonkaku em Ayabe, Zuishokaku em Kameoka e na residência de Ando, em Izu Yugashima, para nomear alguns. O mestre Onisaburo criou a partir de

Na área de cultivo de Ten-no Daira, em Ayabe, em 1922. O Fundador é o quarto a partir da esquerda.

[16] O Sr. Taniguchi fundaria mais tarde a Seicho-No-Ie.

quase nada, a não ser um livro de referência ao seu lado, e geralmente reclinado sobre um *futon* — a história fluiu como água flui da fonte. Esse feito dificilmente seria realizado sem os fundamentos de seus estudos de teologia, de espiritualidade e dos clássicos japoneses, ainda que, em essência, fosse uma pura criação de sua imaginação. É admirável uma energia criativa tão prolífica como essa.

Ouvi dizer que, especialmente no começo, O Sensei ficava ao lado do mestre Onisaburo, escutando. Mais tarde, ele disse que ouvir, enquanto essa obra estava sendo ditada, era tão bom quanto ler todo o texto quatro ou cinco vezes. Ele costumava dizer que ao ouvir o ditado de seu professor podia facilmente aprender sobre os deuses e as religiões do mundo inteiro.

A perigosa jornada para a Grande Mongólia

Em 13 de fevereiro de 1923, embora tivesse sido libertado apenas sob fiança, o mestre Onisaburo deixou secretamente o país. Há muito tempo ele tinha a convicção — resumida na frase *Bankyo Dokon* — de que todas as religiões se originavam de uma mesma fonte, pois o xintoísmo, o budismo, o confucionismo, o taoismo, o islamismo e o cristianismo compartilhavam a ideia central de uma ativa compaixão pela humanidade. A partir dessa convicção, ele desenvolveu o ambicioso plano de unificar as grandes religiões do mundo em um único sistema e criar um local em que os fiéis de todas as religiões pudessem reunir-se em condições pacíficas. Ele fugiu para a Mongólia com esses planos em mente.

O Sensei acompanhou o mestre Onisaburo na qualidade de seu braço direito. Os únicos outros membros da Omoto que o acompanharam foram Masumi Matsumura, que tinha formação em jurisprudência, e Otokishi Nada, um barbeiro. Nos quatro meses seguintes aproximadamente, até que o grupo fosse capturado e extraditado pelas autoridades chinesas, O Sensei e seus companheiros passaram por situações de risco de vida, uma após outra.

Essa odisseia mongol foi apenas outro exemplo do indestrutível caráter do mestre Onisaburo — ele era como uma fênix que ressurgia das cinzas, indiferente à pressão dirigida contra ele. No contexto histórico, sua jornada foi vista como um "prelúdio para o posterior empreendimento de construção de uma nação [japonesa] na Manchúria" (*Toa Senkaku Shishi Kiden, Biographies of East Asian Pioneers*). Facilmente, um livro inteiro poderia ser dedicado a esse empreendimento — como a ideia teve início, o que foi feito e os resultados finais. Surgiu realmente um relato de Koen Ueno, *Oni Moko Nyuki* (*Onisaburo's Mongolian Journey*), que criou um pouco o clima de uma vívida história de aventuras.

Não podemos nos dar ao luxo de entrar em muitos detalhes aqui. Deixem-me apenas resumir o que aconteceu, com foco nas áreas relevantes para O Sensei.

As primeiras ideias que finalmente conduziriam o mestre Onisaburo para a Mongólia vieram dos contatos entre a Omoto e dois grupos religiosos de fora do Japão que compartilhavam sua ideia de *Bankyo Dokon*, a unidade essencial de todas as religiões. Esses grupos eram o Dao-Yuan (a Sociedade Mundial da Suástica Vermelha), da China, e o Futenkyo, da Coreia. Os convites que eles fizeram ao mestre Onisaburo inspiraram-no a visitar o continente bem antes dos acontecimentos aqui descritos. Esses contatos enfim frutificaram, gerando a Sekai Shukyo Rengokai (Federação das Religiões Mundiais), que também incorporava o islamismo, o lamaísmo e depois a Jinrui Aizenkai (Associação do Amor e da Fraternidade Universais). Iniciativas atuais da Omoto nessa área incluem o Shukyo Sekai Kaigi (Fórum Religioso Mundial), o Seikai Renpo Undo (Movimento Federativo Mundial) e o Sekai Shukyosha Heiwa Kaigi (Fórum dos Líderes Religiosos Mundiais para a Paz), que promovem a paz e o intercâmbio cultural internacional, e o Movimento Esperanto.

Um incidente específico, contudo, pôs essa aventura realmente em andamento: a visita de um antigo capitão da Marinha, chamado Yutaro Yano, que já era seguidor da Omoto. Yano administrava uma empresa comercial, a Sanya Shokai, em Hoten (atual Shenyang); além de realizar negócios, essa firma era um ramo da unidade do Serviço de Inteligência Especial japonês que operava na China. Ele contou a história a seguir.

Um grupo chamado Chokokukai — cujos principais membros eram Setsu Suenaga, Mitsuru Toyama e Ryohei Uchida — havia começado a planejar a criação de uma nação autônoma denominada "Koraikoku", na Manchúria e Mongólia, com a ajuda das elites locais das províncias do leste (Kokuryuko, Kitsurin e Hoten). Koraikoku era vislumbrada como uma nação autônoma que controlaria as Mongólias Interior e Exterior; seria independente do governo central chinês de Pequim e distinta das outras áreas autônomas de Xangai, Nanquim e Guantong. Dentre os colaboradores estavam facções que esperavam reviver a dinastia Qing (Manchu)[17] e tribos do interior (na maioria mongóis) que queriam construir sua própria nação independente. O Japão, nessa época, estava disputando com os governos da Rússia, da Grã-Bretanha e dos Estados Unidos uma posição vantajosa na China; procurava intervir politicamente e também para tentar sanar a crítica escassez de recursos e terras da sua própria população. Em outras palavras, assim como seus competidores, o Japão procurava a dominação colonial do continente. A nação projetada, descrita por Yutaro Yano, era essencialmente uma precursora de Manchukuo, o estado fundado na mesma região pelo Japão nos anos anteriores à Segunda Guerra Mundial. Yano veio pedir ajuda ao mestre Onisaburo para realizar esse plano.

Um dos homens envolvidos no projeto de Koraikoku era um intruso chamado Tesshu Okazaki. Ele estava trabalhando clandestinamente para garantir a cooperação de Cho Sakurin (Zhang Zuo Lin), que era o homem mais poderoso nas províncias de Tosansho, no leste. (Ele seria secretamente assassinado pelas unidades do Exército e da Inteligência japoneses na véspera da proclamação de Manchukuo.) De acordo com Yano, foi Okazaki que solicitou o envolvimento do mestre Onisaburo.

O interesse de Okazaki foi despertado depois que ele visitara a Sanya Shokai, a empresa de Yano, e vira algumas caligrafias do mestre Onisaburo

---

[17] A dinastia Qing terminara com a abdicação do imperador PuYi em 1912, sendo sucedida pela República da China.

penduradas na parede da sala de recepção. O texto dizia: "Waniguchi [mestre Onisaburo], que trespassa o Sol, a Terra e a Lua, e os borrifa com estrelas e os devora como um crocodilo". [O *oni* de "Onisaburo" também pode ser lido como *wani*, que significa "crocodilo" em japonês.] Okazaki percebeu que um titã sobrenatural desse quilate, um religioso servindo como ajuda, contribuiria muito na conquista de corações e mentes para a causa de Koraikoku. Ele prometeu que, se o mestre Onisaburo concordasse em ir, arranjaria um encontro com Ro Senkai (Lu Zhankui), um respeitado general de Cho Sakurin. Esse Ro Senkai tinha uma gloriosa folha de serviços em combate e um grande poder na região — com a ajuda dele, o mestre Onisaburo conseguiria fazer o que achasse melhor.

Pelo que me contaram, o mestre Onisaburo estava inicialmente muito relutante em aceitar essa proposta. Ele previra um projeto em comum com grupos do continente, mas baseado na filosofia de *Bankyo Dokon*, a ideia de que "todas as religiões brotam de uma mesma raiz". Ajudar "bandidos mongóis das montanhas" não o atraía. Ainda assim, depois de conversar sobre isso com Masumi Matsumura, decidiu ao menos encontrar-se com Okazaki e Ro Senkai para ver se encontrariam algum ponto em comum. Eles pensaram que esses planos talvez pudessem servir como um meio para fins mais elevados — confiariam em que a vontade divina favoreceria suas aspirações voltadas à unidade das religiões mundiais.

O mestre Onisaburo não estava disposto a ceder diante da repressão das autoridades japonesas. Talvez ele quisesse levar seu caso até uma audiência maior e mostrar ao mundo externo ao Japão uma determinação inalterada. Tal resposta corajosa era típica dele, e sua abordagem espontânea e improvisada tornava quase tudo possível. Felizmente, o ditado do *Reikai Monogatari* estava quase terminando e isso talvez tenha sido outro fator em sua decisão.

Também parece que ele foi atraído para uma viagem rumo àquilo que o prólogo do *Reikai Monogatari* descreve como a raiz ou fonte dos seres terrenos. De acordo com o *Reikai Monogatari*, Taigen Reishin (Grande, Original, Divino Espírito) — que era na verdade Okuni-Tokotachi-no-okami, o Criador do Grande Universo — assumiu a forma de Kuni-Tokotachi-no-mikoto, a fonte dos seres terrenos e seu governante. Sua sede, Takaamahara

(Campo do Céu) estava localizada na terra santa de Jerusalém; de lá, ele mandou outros deuses para as diversas partes da Terra para estabelecer o verdadeiro culto e também governos verdadeiros em todos os lugares. A viagem de um desses deuses, como registrado no *Kojiki* (Registro dos Assuntos Antigos), seguiu o "caminho dos deuses" através da Ásia, das montanhas de Pamir, passando pela cordilheira Grande Khingan, até sua própria sede final, ou Takaamahara, no Japão.

Esse é um tema complexo e pode facilmente ser mal compreendido. Essas "estradas dos deuses" talvez descrevam as antigas migrações dos povos. Em todo caso, só posso imaginar que o mestre Onisaburo sentiu-se imensamente atraído a experimentar ele mesmo essa viagem, como um verdadeiro avatar dos deuses.

Podemos ter uma percepção de seus pensamentos na véspera da partida, por intermédio do manuscrito intitulado *Nishiki-no-Miyage* (Recordação de uma Jornada Triunfante), dirigido a seu genro Uchimaru Deguchi:

> Eu aspiro primeiramente unificar em espírito o céu e a terra do Leste da Ásia, e então o resto do mundo. O sucesso ou o fracasso depende da vontade do céu, portanto não tenho medo. Na verdade, estou a ponto de acordar de um sonho de trinta anos. Consumindo toda a sabedoria e conhecimento que possuo, exploro dez mil milhas de território selvagem. Dizem que o Dragão celestial espreita nas águas profundas — por que ele não vive nos lagos rasos?
>
> O destino se move em círculos e agora chega novamente a época de se praticar grandes feitos para o benefício dos seres da Terra e do céu. A terra da Mongólia, ao norte, cujas montanhas e rios são adornados por grama e árvores, espera a chegada de nosso exército divino. Os corações dos heróis estão cheios de alegria.

O Sensei ficou sabendo da determinação do mestre Onisaburo de ir para a Manchúria e do desejo de que ele o acompanhasse; assim, com a ajuda de Itsuo Okuni, começou imediatamente a elaborar um plano para que o grupo pudesse deixar o Japão sem ser notado. Como lembra o Sr. Okuni, esse era um assunto muito sério, pois o mestre Onisaburo fora recentemente libertado sob fiança; se os conspiradores fossem pegos, teriam de cometer o *seppuku* [suicídio ritual]. É difícil saber o que O Sensei pensava durante os preparos para se juntar a uma expedição, da qual muito provavelmente não retornaria, deixando para trás a esposa e um filho pequeno. Talvez estivesse tão completamente engajado em ajudar o mestre Onisaburo a alcançar seu objetivo glorioso, que simplesmente não pensou em sua família. Hoje, os maridos e pais são mais devotados ao lar e à família, portanto é difícil entender uma decisão que, ao contrário, dava absoluta prioridade à relação professor e discípulo.

Provavelmente, ele estava preparado para o sacrifício se o pior viesse a acontecer. Mais tarde, a terceira líder espiritual, Naohi Deguchi, contou sobre esses dias de um modo bem-humorado, mas também emocionado, deixando clara a determinação de O Sensei de proteger seu professor:

> Quando estavam cercados por tropas inimigas, quando foram capturados e estavam prestes a ser executados, e toda vez em que eram confrontados com o perigo de morrer — Ueshiba Sensei imediatamente tentava intervir e entrar em ação. Meu avô contou-me que todas as vezes em que isso acontecia, ele tinha de lançar um olhar duro a Ueshiba Sensei para que este se acalmasse. Entendo que era difícil mantê-lo sob controle! Com um talento como o dele, talvez pudesse ter derrubado até cinquenta ou cem homens. Mas aquele era um território inimigo e, além disso, o outro lado tinha rifles. Era necessário resistir e tentar superar os momentos difíceis. Sabendo quão leal era Ueshiba Sensei, isso deve ter sido difícil para ele. Quando ouvi sua saga heroica, eu ainda era jovem, então obviamente desejei que ele *tivesse* usado suas técnicas de artes marciais! Naturalmente, eu ainda não conseguia entender até que ponto Ueshiba Sensei esforçou-se para se controlar [...].

O Sensei recordou-se mais tarde: "Quantas vezes eu quis arremessar longe as pessoas que enganavam o mestre Onisaburo, até mais do que aqueles que eram inimigos declarados [...]".

Alcançando a iluminação em face da morte

Depois de prepararem cuidadosamente sua fuga do Japão, o mestre Onisaburo e O Sensei chegaram com sucesso a Hoten, em 15 de fevereiro de 1924. Logo ao desembarcar encontraram-se com Tesshu Okazaki e outros coordenadores locais; entraram então em acordo sobre o que, em geral, planejavam fazer.

O mestre Onisaburo insistiu em que seu papel era o de um religioso, consistente com a filosofia de *Bankyo Dokon*. Para esse fim, inaugurou uma versão budista tibetana da Omoto. Proclamou que ele era o Dalai Lama e a reencarnação de Miroku ou Maitreia, e adotou o nome "Susonkan". O Sr. Matsumura também assumiu a posição de alto sacerdote lamaísta, ou Bachen Lama. Todos os três também adotaram nomes chineses: o mestre Onisaburo tornou-se Wang Wen-xiang, o Sr. Matsumura chamou-se Wang Wen-zhen e O Sensei passou a ser Wang Shou-gao (esse nome era pronunciado como Moritaka, ou Shuko, em japonês). O Sensei tinha um carinho especial por esse nome e, se me recordo corretamente, continuou a usar "Moritaka Ueshiba" como seu nome oficial até 1941 ou 1942. O mestre Onisaburo pediu que a bandeira do comando militar dessa empreitada exibisse a "insígnia do universo", como era chamada, que combinava o Sol, um quadrante da Lua e uma estrela branca; essa era a mesma insígnia usada pelo grupo Omoto Koshi, uma organização afiliada e dedicada a levantar fundos para a Omoto.

Enquanto isso, o Sr. Okazaki exercia a função de contato com Cho Sakurin (Zhang Zuo Lin), que tinha familiaridade com o chefe da Unidade de Inteligência de Hoten, o major-general (mais tarde tenente-general) Yajiro Kishi (que, como O Sensei, era originário da região de Kishu). Com a aprovação de Cho, o Sr. Okazaki garantiu a Ro Senkai (Lu Zhankui) o título de "comandante em chefe do Exército Autônomo do Nordeste"; isso ajudou bastante os esforços de recrutamento de Ro, pois a boa vontade de Cho Sakurin era essencial para o sucesso de qualquer empreitada importante na Manchúria ou na Mongólia. O assistente do major-general Kishi, o Sr. Ryo Oishi, ficou encarregado das comunicações com o exército japonês na China; e o Sr. Yaichi Sasaki, o Sr. Kenkichi Inoue e talvez cerca de uma dezena de outros ficaram com um papel mais operacional, tomando as providências para resolver os problemas por trás dos bastidores.

Quando o general Ro Senkai e o mestre Onisaburo afinal se encontraram, simpatizaram imediatamente um com o outro e se comprometeram a trabalhar juntos. Ro pediu a seu próprio fisionomista, em quem confiava cegamente, que desse secretamente uma olhada no mestre Onisaburo para ler seu caráter e seu destino. Disfarçado de alfaiate, o homem examinou Onisaburo. O fisionomista viu que a mão do mestre Onisaburo possuía quatro linhas *tenmo* (linhas do coração) e que todas as suas digitais tinham *ryumon*, ou linhas curvas circulares; esses e outros detalhes o levaram a determinar que o homem que examinava era um *bosatsu* ou *bodhisattva*, uma descoberta que deixou Ro empolgado.

O grupo deixou Hoten em 3 de março. No dia 12, alcançaram Chonan, a entrada para a Mongólia oriental; no dia 26 chegaram em Koyafu, um importante centro do budismo local; e então dirigiram-se para a cidade vizinha, Oyafu.

A jornada em si vale uma pausa. A maior parte do grupo viajou de trem, indo encontrar-se em Oyafu, mas os homens em quem estamos interessados viajaram de carro, o que era extremamente fora do comum naqueles dias. O mestre Onisaburo e o Sr. Okazaki viajaram em um carro e O Sensei e o intérprete, Wang Yuan-qi, em outro. Contudo, o que talvez nos pareça um meio privilegiado de viajar, na verdade mostrou-se muito pior do que ir de trem. Não só os carros estavam em más condições, como as estradas também eram ruins. Eles rodavam por uma hora e quebravam; levavam uma hora para ser consertados, então rodavam de novo e quebravam mais uma vez. Essa sequência repetiu-se muitas vezes, o que tornou a viagem uma verdadeira provação. Em *Oni Moko Nyuki* (*Onisaburo's Mongolia Journey*), lemos que "a estrada esburacada fazia com que os passageiros ficassem o tempo todo batendo a cabeça e os cotovelos no interior do carro. Às vezes, o carro de trás batia no para-choque do da frente; numa dessas ocasiões, Ueshiba sofreu um corte perto dos olhos, por causa de um vidro quebrado, e sangrou muito".

Ao tentar cruzar o rio Liao, que parecia densamente congelado, o carro de O Sensei deslizou pelo barranco até a beira do rio e lá quebrou. Enquanto eles tentavam consertar o carro, O Sensei percebeu, para sua surpresa, que o rio — que parecia coberto de gelo sólido — não estava na verdade totalmente congelado; em alguns lugares dava para ver a correnteza. Se eles tivessem realmente tentado atravessá-lo, certamente teriam afundado; essa quebra do carro lhes salvou a vida por pouco. O Sensei brincou com o intérprete, Sr. Wang, dizendo que havia lançado um feitiço no motor para que parasse.

Quando o grupo chegou às vizinhanças de Koyafu e Oyafu, juntou-se aos que haviam viajado de trem — o Sr. Masumi Matsumura e os outros — e todos passaram cerca de um mês preparando a viagem para o interior adentro. Nessa época, a maior parte dos bandos de assaltantes a cavalo havia prometido fidelidade a Ro Senkai e alguns começaram a se alistar sob sua bandeira. Parecia que ele ia conseguir o exército que desejava, uma formação de dez brigadas. Pode-se dizer em retrospecto que esse sucesso inicial no recrutamento não só fez com que Ro baixasse a guarda, mas também começou a levantar as suspeitas de Cho Sakurin, assim como atraiu o olhar do governo central chinês. A tragédia que aconteceu em Paintara, apenas dois meses depois, teve, ironicamente, suas raízes no sucesso de Ro.

Mas essa parte da história vem depois. Quando o grupo do mestre Onisaburo chegou, foi acolhido com grande entusiasmo e veneração; as pessoas diziam: "O Buda vivo chegou!" Como parte dessa grande acolhida, o lama principal veio saudá-los, trazendo ambos os lordes do *fu*, ou feudos locais, e 300 lamas com ele. Eis algumas histórias sobre esse episódio na vida de O Sensei, contadas no *Oni Moko Nyuki*:

> Onisaburo e Ueshiba hospedaram-se na casa de uma pessoa influente na comunidade japonesa local, chamada Hirauma, enquanto Matsumura e o restante do grupo alojaram-se na Clínica Haruyama; eles passavam o tempo contando histórias sobre os antigos heróis. Ueshiba estava ansioso para reunir os moradores e lhes ensinar *jujutsu*; entre eles, seu apelido era "Marishiten". Onisaburo era visto como o sal-

vador da Mongólia, portanto o mais importante *bodhisattva* vivo de Koyafu veio prestar-lhe uma homenagem. Os rumores viajavam tão rápido que, quatro ou cinco dias mais tarde, pessoas de toda a Mongólia começaram a chegar, procurando as bênçãos de Onisaburo para curar suas doenças e resolver seus problemas. Jovens e velhos viajavam de carro centenas de quilômetros. Era tanta gente que Ueshiba se aventurou a assumir as responsabilidades de lama para ajudar com as preces *Chinkon*.

As pessoas simples e honestas do campo passaram a chegar em massa, a cada dia em maior quantidade. Vinham cantando em sua própria língua: "O grande sábio vivo veio da Terra do Sol Nascente". Elas esperavam receber as preces *Chinkon* e, assim, ser curadas das doenças comuns na região — problemas nos olhos e na pele, males do estômago, sífilis, problemas dentários e lesões cerebrais. Uma vez curados, davam graças pela intervenção divina e demonstravam grande respeito pelos salvadores vivos que haviam realizado as preces.

No lado de fora, no frio e no vento, Ueshiba ensinava *jujutsu* aos mongóis. Sua aparência feroz e marcial os deixava um pouco apreensivos, mas tinham curiosidade suficiente para se aproximar e desafiá-lo. Ele começou sua demonstração técnica de modo bastante modesto, mas quando uma multidão se juntou para observá-lo, ele sentiu que devia mostrar sua real força para que não o julgassem levianamente. Ele agarrou o pulso de um homem pelo ponto fraco e aplicou todo o seu poder — o homem ficou azul e desmaiou. Esse incidente acabou criando um problema real, pois os mongóis não faziam ideia de que aquilo que haviam visto era uma técnica de *jujutsu*; pensaram que Ueshiba tinha simplesmente decidido quebrar o braço do homem. Concluíram que Ueshiba era malvado e decidiram matá-lo quando chegasse a noite e ninguém estivesse olhando. Felizmente, um deles ficou alarmado e correu para contar ao mestre Onisaburo. O mestre rapidamente reuniu os líderes, ofereceu-lhes um relógio de pulso e algum dinheiro, e lhes explicou o que acontecera na demonstração: foi aplicada uma técnica de *jujutsu* e Ueshiba não era mau, mas uma pessoa boa e excepcional. Os mongóis ficaram satisfeitos com essa explicação, mas dá para imaginar como ele ficou assustado.

Como sugere essa história, O Sensei era bastante esquentado naquela época!

Esse período agradável durou apenas cerca de um mês, até que o grupo composto pelo mestre Onisaburo, O Sensei e Ro Senkai dirigiu-se para o interior da Grande Mongólia. Deixaram Oyafu no dia 26 de abril, acompanhados pelos 200 guardas que Ro arregimentara para protegê-los. Dois dias mais tarde chegaram a Kabokukyokushi — mais conhecida como montanha Solonshan —, um lugar estratégico na província de Kokuryuko. Nesse local, Ro Senkai e o mestre Onisaburo estabeleceram uma sede temporária do seu Exército Autônomo do Nordeste e começaram a formalizar suas fileiras e organização. O alto comando era assim composto:

Daijosho	Dalai Lama Sunsonkan (Onisaburo Deguchi)
Josho	Bachen Lama Wang Wen-zhen (Masumi Matsumura)
Josho	Comandante Geral Ro Senkai

O mestre Onisaburo e Ro Senkai concluíram que o nome "Exército Autônomo do Nordeste" era muito ambíguo e, para deixar mais claros os seus objetivos, decidiram levantar a bandeira do que chamariam de Exército da Independência das Mongólias Interior e Exterior. Efetivamente, Ro proclamou-se general comandante do Exército da Independência de Toda a Mongólia.

Para Cho Sakurin, que sempre suspeitara das intenções de Ro, essa foi a derradeira gota; com os sentimentos inflamados, decidiu que tal ambição devia ser cortada pela raiz. Ele pretendia usar o projeto de Ro como um teste para verificar se podia controlar os cavaleiros mongóis. A ambiguidade do nome "Exército Autônomo do Nordeste" era deliberada. Agora, por sua própria iniciativa, Ro começara a levantar a bandeira da independência da Mongólia. Naturalmente, Cho viu isso como um desafio e, até mesmo, como uma ameaça. Não ficou apenas zangado, mas começou imediatamente a elaborar um plano contra essa ameaça de Ro e instruir seus homens de que entrariam em ação punitiva quando chegasse o momento certo.

O próprio Ro ignorava completamente a maneira como Cho via a situação, pois estava de fato inocente em relação à ambição da qual Cho suspeitava. Seu plano, depois que suas forças houvessem garantido a autonomia da região, era simplesmente presentear Cho com os frutos de seus esforços. Talvez ele realmente não soubesse, quase até o último momento, que quem o estava caçando era ninguém menos que Cho Sakurin. Essa falta de atenção de Ro Senkai sugere que ele foi descuidado ao analisar essa situação e que lhe faltou uma visão aguçada.

Por volta do mês de maio, coisas estranhas começaram a acontecer no Exército da Independência das Mongólias Interior e Exterior. Os suprimentos de armas e munições prometidos por Cho não chegaram nem apareceram os bandos montados que estavam sob seu controle, como havia sido combinado anteriormente. Em vez disso, o exército de Ro passou a sofrer o ataque de inimigos indefinidos. Rumores (alimentados por Cho) de uma expedição punitiva do governo central chinês começaram a se espalhar.

Mesmo assim Ro não pareceu perceber o que estava realmente acontecendo —, mas os soldados e suboficiais perceberam, surgindo assim uma inquietação crescente no seu exército. Ro supôs que havia simplesmente uma baixa temporária no moral da tropa, por isso pediu ao mestre Onisaburo para "fazer um milagre com as preces *Chinkon*" a fim de levantar os ânimos. Por seu lado, o mestre Onisaburo, o Sr. Matsumura e O Sensei começaram a sentir que algo estava realmente errado; sem uma ação de sua parte, as perspectivas não melhorariam, mas não sabiam bem o que fazer. Embora não tivessem uma solução real, algo devia ser feito, tal como a demonstração de um milagre impressionante que, ao menos, acalmasse os soldados. Nesse momento, estavam todos às margens do rio Toru. Em 23 de maio — um belo dia, tipicamente mongol, de céu azul e tempo seco —, o mestre Onisaburo prometeu que faria chover.

Não penso que ele sentisse plena confiança em suas chances, mas talvez tenha pensado que aquele era um risco que devia correr. Segundo ouvi dizer, no começo ele resistiu à ideia: "Até Jesus ficou zangado quando lhe pediram um milagre". A prática espiritual do mestre Onisaburo, como já discutimos, estava mais relacionada à natureza da possessão do que a afetar o mundo físico. Mas ele realmente não tinha escolha. O Sr. Matsumura fez a invocação, enquanto o mestre Onisaburo permanecia em pé, ao seu lado.

O *Oni Moko Nyuki* descreve o que aconteceu então:

> Todas as unidades da brigada se reuniram para esse evento na sede do Exército Autônomo do Nordeste, em Kabokukyokushi. Os homens cochichavam entre si, dizendo que o próprio Deus teria problemas para fazer chover num dia tão lindamente claro. Enquanto eles permaneciam enfileirados, em formação militar, o mestre Onisaburo e seu grupo entraram, caminhando com dignidade.
>
> Depois de uma breve pausa, o mestre fez um sinal com os olhos para Matsumura, que passou a orar em silêncio. Praticamente, assim que ele iniciou, o céu começou a escurecer e se encher de nuvens pesadas. Caiu então uma chuva torrencial, acompanhada por rajadas de vento que ameaçavam quebrar os vidros das janelas. A surpresa deixou todos quase mudos, mas logo tiveram de fechar rapidamente as janelas e empilhar as cadeiras que tinham sido arrumadas para uma sessão de fotos comemorativas. Ouviu-se alguém dizer que era uma pena, pois agora as fotos não podiam ser batidas. Matsumura lançou um rápido olhar na direção do mestre Onisaburo e anunciou à assembleia: "Não se preocupem. Em cinco minutos o tempo vai melhorar".
>
> Onisaburo saiu do abrigo onde estava e, olhando para o céu, gritou: "Wooha!!" Repentinamente, o vento começou a amainar e a chuva a rarear; dentro de cinco minutos, o sol brilhava num céu tão azul quanto o de antes. Ro estava exultante, enquanto caminhava entre seus abismados e assustados homens — ele estava orgulhoso, pois a demonstração provara que os poderes do mestre Onisaburo não eram falsos.

Ro e seu pessoal ficaram impressionados, mas a situação real só estava se tornando mais terrível. Cho havia ordenado secretamente a seus homens que fossem atrás de Ro; na verdade, a vida dele estava em grande perigo.

Ro planejava fazer de Solonshan sua sede temporária, com uma base avançada na zona estratégica de Paintara; de lá, poderia atacar toda a região nordeste de Koanrei. Mas quando seu exército marchou para Paintara, foi atacado por nômades não identificados. E o pior, o tenente-general Mandahan — o braço direito de Ro — foi morto em batalha no dia 16 de junho. Mais baixas ocorriam a cada luta e os homens começaram a desertar. Mesmo um dos mais bravos oficiais, o brigadeiro major-general Daying Zier, declarou que não avançaria mais e retirou-se, juntamente com seus homens. Ficava claro que os homens não mais estavam se agrupando sob a bandeira de Ro.

Nesse meio-tempo, o mestre Onisaburo encontrou uma caverna — muito parecida com a caverna do monte Takakuma, onde ele fizera seu treinamento há muito tempo — e nela se isolou, dizendo que permaneceria ali por vários dias para realizar o *Chinkon Kishin*. Ro insistiu que eles deviam continuar até Paintara; o mestre Onisaburo advertiu que, segundo a revelação divina, ir para Paintara seria como pular no fogo com os braços carregados de gravetos. Mas Ro insistiu. Ele não queria ouvir argumento ou aviso algum, assim o mestre Onisaburo não teve escolha a não ser abandonar a caverna e segui-lo.

Mesmo antes de chegarem, a guarda estava tão reduzida devido aos repetidos ataques, que o mestre Onisaburo e O Sensei consideraram que eles mesmos se achavam bem próximos de um combate direto. Certa vez ficaram sob um tiroteio, enquanto viajavam por uma estrada, com montanhas de ambos os lados; as balas quase atingiram o carro em que ia o mestre Onisaburo. Havia apenas alguns homens para o proteger: o Sr. Matsumura, O Sensei, Toshiaki Hagihara (de Oyafu), Kenkichi Inoue e Koichi Sakamoto.[18] O Sensei ficou diante do carro, fazendo todo o possível para proteger o mestre Onisaburo:

> Eu não podia sair dali; então, quando as balas vinham na minha direção, eu desviava o corpo para evitar ser atingido. Conforme agucei a

---

[18] O Sr. Hagihara era um seguidor da Omoto, subordinado direto do Sr. Yano, da Sanya Shokai, e discípulo de O Sensei no aikido. O Sr. Sakamoto era um missionário da seita budista Nichiren.

> minha visão, fui capaz de sentir claramente a direção da qual vinham as balas. Uma fração de segundo antes de a bala chegar, eu via um lampejo branco —, portanto, se eu me movesse para longe do lampejo branco, podia evitar a bala. Isso acontecia todos os dias e, de um modo natural, fui capaz de descobrir o mais profundo segredo do caminho marcial: quanto mais você conseguir manter a sua mente calma e vazia, mais conseguirá perceber a intenção do seu oponente.

Mais tarde, O Sensei repassava essas memórias com um sorriso nos lábios. Lá, na fronteira entre a vida e a morte, ele atingira um nível de iluminação, no qual encontrava uma energia de vida mesmo na morte. A viagem à Mongólia mostrou-se, afinal, um fracasso; mas, nela, ele obteve algo que não obteria em nenhum outro lugar.

Quando o exército de Ro chegou a Paintara, em 20 de junho, estava reduzido a meros 300 ou 400 homens. Logo foi cercado pelo exército de

A desafortunada excursão para Paintara. O grupo escapou por pouco da morte por fuzilamento. Onisaburo Deguchi é o segundo e o Fundador é o terceiro, da esquerda para a direita.

Hoten e forçado a depor armas. Ro e seus homens foram acordados durante a noite e levados para a rua, onde foram espancados até a morte. Os oficiais de Hoten, contudo, avisaram os seis japoneses chefiados pelo mestre Onisaburo que, como estavam desarmados e eram religiosos, seriam logo libertados. Eles foram levados para uma pousada confortável, chamada Kohinkan, e, confiantes de que estavam em segurança, caíram num sono profundo e relaxante. Entre meia-noite e uma hora da madrugada, algumas dezenas de oficiais chineses chegaram à pousada. Acordaram os membros do grupo, amarraram-nos e os levaram por um caminho sinuoso até o local em que os prisioneiros eram executados pelo pelotão de fuzilamento. O Sensei e seus companheiros viram os corpos ensanguentados dos soldados mortos de Ro, jazendo ao lado da estrada. Então se prepararam interiormente para enfrentar a morte; mesmo quando foram alinhados diante do pelotão de fuzilamento, nenhum deles titubeou.

No porto de Moji. O grupo retornou a salvo da Mongólia para o Japão. O Fundador é o segundo da direita para a esquerda; Onisaburo Deguchi está no centro.

O mestre Onisaburo falou com uma expressão calma e sorridente no rosto: "A hora de ir para o céu chegou. Estou pronto — e, como ser espiritual, me devotarei à proteção não só do Japão, mas também do mundo todo". Em voz alta, leu para todos um poema final: "Agora é o momento de dizer adeus. Agora subirei as escadas para Amatsu e me tornarei o protetor do Japão e do mundo". E gritou "Banzai!" três vezes, para o Japão e para a Omoto.

Mais tarde, O Sensei disse que ele conseguia ver os soldados do pelotão de fuzilamento conversando, mas não se lembrava de qualquer outro detalhe ou mesmo do que pensava no momento. Felizmente, a execução foi suspensa no último minuto. Eis como aconteceu: na noite anterior, um japonês que também estava hospedado na pousada Kokinkan encontrara no jardim um *shakushi* da Omoto, um instrumento de madeira usado durante as orações. Nele havia um texto que dizia: "Um *shakushi* que salva as almas e os corpos, na Terra e no céu. Proteja as pessoas que estão próximas ao seu coração". O texto estava assinado por Onisaburo e tinha sua impressão digital ao lado da assinatura. O homem que encontrou o *shakushi* percebeu imediatamente que o grupo da Omoto estava em dificuldades e entrou em contato com o consulado japonês de Teikaton. O cônsul enviou um funcionário, chamado Tsuchiya, para negociar com as autoridades de Paintara; ele conseguiu garantir a libertação dos condenados, mas só alguns momentos antes que a execução ocorresse.

Esse relato apenas roçou a superfície da história, mas, pelo menos, nos dá uma ideia do que aconteceu ao mestre Onisaburo e a O Sensei na Mongólia. O Sr. Itsuo Okuni comenta que, de modo bastante estranho, os relatos dessa viagem tornaram-se repentinamente populares em muitos daqueles mesmos jornais e revistas que haviam publicado diversos artigos criticando a Omoto. De repente, os viajantes da Omoto eram tratados como estrelas.

Transformação divina

O grupo da Omoto foi repatriado e, depois de vários encontros com a morte no continente, viu-se de volta ao Japão. O mestre Onisaburo foi levado de volta à prisão para um novo interrogatório, enquanto O Sensei voltava para Ayabe e retomava sua vida dedicada às artes marciais e à agricultura.

O Sr. Itsuo Okuni lembra que o temperamento de O Sensei parecia ter mudado e se tornado mais brando:

> Eu não disse nada, mas estava surpreso com o fato de que a personalidade de uma pessoa pudesse se transformar tanto por ela ter vivido sob a ameaça da morte. Apenas como exemplo: se eu o visitava em sua casa, ele casualmente se aproximava dos meus sapatos e os endireitava onde eu os havia deixado. E não era apenas uma pessoa qualquer fazendo uma tarefa tão humilde, mas um mestre de uma grande arte. Ele se tornou tão atencioso, tão empático, que era como se conseguisse ver a verdadeira postura ou os verdadeiros sentimentos da outra pessoa através da sua aparência superficial. Apesar de isso parecer muito gentil — mesmo assim eu sentia como se ele pudesse ver diretamente através de mim. Comparado ao período anterior à sua partida para a Mongólia, O Sensei tinha se tornado ainda mais intimidador.

No ano e meio em que O Sensei permaneceu em Ayabe, antes de se mudar para Tóquio, ocorreram fenômenos inexplicáveis ao redor dele. Toda manhã, exatamente às 11h, a sala de estar de nossa casa começava a vibrar violentamente. O *kamiza* (casa do espírito) em nosso *tokonoma* (nicho da sala de estar) chacoalhava e parecia se contorcer. E, mesmo num dia calmo, ouvíamos o vento soprando do lado de fora.

Também aconteciam outros fenômenos estranhos. Toda noite, por volta de 21h, parecia que algo descia correndo em direção à casa, vindo do monte Hongu, atrás do qual morávamos. Hatsu, minha mãe, saía para espiar e, mesmo quando não havia vento, ela via os galhos das árvores da montanha balançando para a frente e para trás e a grama movendo-se em ondas. Quando alguém ia verificar de manhã, havia sinais de que alguma coisa realmente tinha estado lá.

Talvez os alicerces da casa estivessem defeituosos e transmitissem alguns pequenos tremores de terra, o que às vezes acontece naquela região.

Talvez fosse um guaxinim ou um cachorro perdido que estivesse causando o distúrbio fora da casa. Mas era Hatsu, minha mãe, quem via essas coisas, e ela não era uma pessoa impressionável. Se fosse somente O Sensei que as houvesse testemunhado, teria sido mais fácil atribuí-las à sua imaginação. Qualquer que seja a explicação, eram coisas realmente estranhas.

Parece que os cinco sentidos de O Sensei e, na verdade, todo o seu físico, tinham adquirido uma sensibilidade mais aguçada. Aqueles seis meses em que ele passara por uma série de encontros com a morte iminente elevaram sua consciência, ou seu nível de percepção, para o nível de *sumikiri*, como um pião girando tão velozmente, que parece estar parado. Nesse novo estado, ele era capaz de ouvir e ver coisas que não eram perceptíveis para o resto de nós.

O Sr. Kanemoto Sunadomari escreveu que, nessa época, O Sensei expressava às vezes algo que parecia ser um poder místico:

> Treinar com Morihei Ueshiba naqueles dias era como entrar num duelo real entre dois espadachins. Ele pedia que os alunos experientes em *kendo* pegassem espadas verdadeiras; enfrentando-os com um *bokken* [uma espada de madeira usada para treinamento], ele desafiava quem estivesse à sua frente a "atacar de verdade e tentar me ferir". Um aluno dessa época, Harutsugu Yoshida, relembra: "Quando O Sensei dizia para atacar a sério, eu obedecia — mas toda vez ele parava minha lâmina com a ponta de sua espada de madeira e atacava em resposta. Isso acontecia todas as vezes e, quando outros alunos atacavam, a mesma coisa ocorria. Quando ele cortava para cima com seu *bokken*, nossos corpos saltavam para trás. Era uma sensação muito estranha".
>
> Quando estava em boa forma, O Sensei podia pular muito alto, até um metro e meio — seus braços e pernas se encolhiam tanto que ele parecia uma bola no ar. Era algo muito incomum. Lembrava o feito legendário do guerreiro Yoshitune, que saltou por cima de oito barcos durante uma batalha. As pessoas diziam que O Sensei irradiava energia, como se estivesse possuído pelos espíritos e impregnado de poderes místicos. (Fonte: Aikido Kaiso Ueshiba Morihei.)

Todos que estudaram com O Sensei naquela época observaram coisas semelhantes. Deve ter sido estranho, mesmo para ele, ter de repente acesso irrestrito a tais habilidades extraordinárias. Foi nessa época, na primavera de 1925, que O Sensei recebeu certo dia a visita de um oficial da Marinha, que era um famoso *kyoshi* (mestre instrutor) de *kendo*, da cidade de Maizuru.

No jardim do dojo Ueshiba Juku, em 1925. O Fundador está à esquerda; eu estou em pé, na sua frente.

Antes do Incidente da Omoto, muitos oficiais navais costumavam praticar com O Sensei, mas depois as visitas cessaram. Quando a popularidade da Omoto cresceu de novo devido à atenção da mídia, atraída pela expedição ao continente, a reputação de O Sensei como artista marcial também se tornou ainda maior. Mas, como havia se passado algum tempo, esse oficial específico achou que, se enfrentasse O Sensei, seria capaz de derrotá-lo. Ele estava não só muito confiante em suas próprias habilidades, mas — imagino — também era um excelente espadachim.

O Sensei estava como nos outros dias. Ele disse ao oficial, sem qualquer ênfase em particular: "Você pega o *bokken*; eu fico de mãos vazias" — e incentivou-o, "bata com força e não contenha o golpe". No início do confronto, o oficial pareceu quase ofendido com a desconsideração do seu oponente. Então ficou sério e estudou O Sensei cuidadosamente. No momento em que sentiu uma mínima abertura, moveu-se rapidamente para golpear com todo o seu poder; o corte foi tão furioso que pareceu criar uma onda de choque. Mas o homem que ele mirava se movera tão rapidamente, que não estava mais lá.

O oficial naval olhou como se não acreditasse que seu golpe falhara, mas recuperou a postura e então, com uma concentração ainda maior, adiantou-se para encurtar a distância entre ele e O Sensei. Achando que surgira uma oportunidade, mergulhou para a frente a fim de golpear O Sensei, mas, de novo, a ponta de seu *bokken* não alcançou o alvo. Nesse momento, as coisas ficaram sérias. Os olhos do homem queimavam com um desejo feroz de golpear e matar. Começou a atacar sem descanso, um golpe duro após o outro. A cada vez, O Sensei se esquivava facilmente e parecia fluir para longe dos golpes da espada de madeira. Enfim exausto devido ao seu esforço total, o oficial simplesmente desistiu; e assim terminou a visita.

Anos mais tarde, O Sensei disse que o que ocorrera não tinha sido nada fora do comum. "Cada vez que meu adversário estava prestes a atacar, um lampejo branco precedia o ataque por apenas uma fração de segundo e o *bokken* seguia exatamente a trajetória daquele lampejo. Assim, evitando o lampejo branco, eu conseguia escapar do *bokken*, sem problemas."

Sua descrição desse duelo lembra sua experiência anterior quando havia escapado das balas na Mongólia Interior. Essa habilidade de manter um estado de calma dinâmica, ou *sumikiri*, mesmo em situações extremas, permitia que ele sentisse a intenção de um oponente quando essa intenção estava prestes a se tornar ação. Se ele conseguia antecipar a trajetória de balas, não era difícil antever a pretendida trajetória de uma espada. Esse tipo de habilidade está além de ler a mente através dos olhos e chega a ser quase uma percepção mística.

Todas essas experiências como artista marcial e como ser humano estimularam O Sensei a buscar a verdade e, finalmente, capacitaram-no a alcançar um nível mais elevado de percepção e mesmo de iluminação. Ele estava com 41 anos nessa época, mas, por causa de seu modo obcecado de abordar a vida, com dedicação e comprometimento completos, suas experiências deviam corresponder às de uma pessoa comum ao longo de 70 ou 80 anos de vida.

Porém, a história continua. Imediatamente depois desse encontro com o oficial da Marinha, O Sensei passou por uma experiência surpreendente. Ele saiu do dojo e calmamente lavou o suor numa fonte próxima. Então, enquanto voltava através do jardim, bem ao lado de um velho caquizeiro, de repente seu corpo todo pareceu se congelar no lugar — ele não conseguia dar nem um passo, permanecendo em pé, como uma estátua, sem absolutamente qualquer pensamento ou sensação. O chão começou a tremer e ele viu milhares de raios dourados deslumbrantes caindo do céu. Uma luz gloriosa e celestial jorrou e encheu o ar. Então ele sentiu um *ki* suave e dourado subindo do chão e o envolvendo.

Shinki (*ki* divino). Caligrafia do Fundador.

O Sensei exultou interiormente: "Esta é uma transformação divina!" Assustado e empolgado, tinha a sensação de ver seu corpo se tornando dourado, como se o próprio universo se transformasse. Ele ouvia a distância os sons quase inaudíveis dos pássaros e insetos; via as folhas se movendo nas árvores e via a direção do vento. Mesmo dentro do vazio, a existência ainda se manifestava. Esse estado é conhecido como *Chu-u*, a fronteira de *yuken-ichinyo*, onde o visível e o invisível se encontram. Repentinamente, toda a natureza se revelava para ser vista e O Sensei sentiu como se seu pequeno eu pudesse fundir-se completamente com o grande universo.

Ele lembrava mais tarde que não houve outro momento em sua vida em que tivesse apreciado tanto a si mesmo, ou tivesse se sentido tão orgulhoso, como nesse momento que, finalmente, ele mesmo, com todo seu poder, "encontrou Deus". Assim ele descreveu esse momento:

> Imediatamente depois, senti que estava iluminado. Qualquer pessoa que se contraísse e se diminuísse ao pensar na conquista da vitória, nada veria. Mas a pessoa que aceitou todas as coisas com amor e afeição, que deixou o *ki* governar o fluxo dos acontecimentos, pode estar receptiva para formar uma unidade com o oponente, em *ki*, em mente e nos movimentos do corpo. Aquele que se tornou iluminado é o que chama-

> mos de "vencedor". Mas essa é uma vitória sem "vencer" — uma vitória real, vencendo o próprio eu. Isso acontece num piscar de olhos. Essa é a vitória da fusão com o oponente, de seres humanos formando uma unidade com Deus, do universo tornando-se parte da energia criativa do amor. Isso ultrapassa a mera vitória ou derrota de indivíduos. É a vitória absoluta do Deus de Takemusu, e esse é o objetivo supremo do caminho do *Bu*, o caminho marcial. Essas foram as coisas que compreendi.

Esse é um resumo do que O Sensei disse. Talvez o estado que ele atingiu tenha sido descrito nos *doka* (poemas) abaixo:

> Se você não se liga ao Verdadeiro Vazio, jamais compreenderá o caminho do *aiki*.
> Confie no *aiki* para ativar todos os poderes manifestos; pacifique seu ambiente e crie um mundo belo!
> Una-se com o céu e a Terra; permaneça exatamente no centro, com o coração receptivo ao eco ressoante da montanha.
> O *aiki* [seus mistérios] jamais é englobado pelo pincel ou pela boca. Não confie nas palavras para alcançá-lo, obtenha a iluminação por meio da prática.
> *Aiki* — a fonte do poder do amor; faça com que a glória desse amor sempre cresça.
> Desperte um forte vento com a espada *nagi* e disponha as coisas corretamente, em acordo com o Amor Divino.
> A Verdadeira Vitória é a Vitória Sobre Si Mesmo! Harmonize-se com a Mente Paternal Divina — a salvação reside justamente em seu próprio corpo e alma!
> (Tradução para o inglês: John Stevens, *Essence of Aikido* [Kodansha Internacional, 1994])

O Sensei finalmente conseguiu ver seu *budo* como "O trabalho do amor", acreditando que esse caminho do *budo* ia enfim uni-lo com o coração do universo. Acredito que a partir desse dia de 1925, o dia em que O Sensei passou por sua transformação divina, nosso aikido deu seu primeiro passo à frente.

Capítulo Cinco

O caminho do *Bu*, o caminho dos seres humanos

Banyu Aigo e Ki-no-Myoyo

Estes dois incidentes, na primavera de 1925, tiveram um efeito inigualável e de mudança de paradigma sobre a iluminação e o progresso de O Sensei em seu caminho como artista marcial e como ser humano: a visão dos lampejos de luz provenientes da espada do oficial naval quando ele confrontou e superou o seu eu individual, e a experiência de transformação espiritual quando se sentiu em união com o universo.

Como O Sensei se lembrava: "Percebi que meu corpo se preenchera com um *ki* incomensurável e que havia adquirido poderes — mais do que apenas físicos — que só podiam ser descritos como sobrenaturais". Como um *budoka*, um artista marcial, ele estava no auge de sua capacidade mental, física e técnica. Em termos de força física apenas, ele estava em seu ponto mais alto durante esses anos.

Para dar um exemplo, um homem da Universidade Waseda que possuía grande talento no judô — o Sr. Hidetaro Nishimura — foi a Ayabe para desafiar O Sensei. (Naquela época, o Sr. Nishimura costumava usar o sobrenome Kubota. Mais tarde, tornou-se gerente geral da ferrovia da Manchúria.) O Sensei derrubou o desafiante em questão de segundos. Ele estendia um papel dobrado e o convidava a "vir pegá-lo", mas, quando o Sr. Nishimura tentava reagir, era derrubado sem sentir qualquer contato físico.

O tempo todo, O Sensei permanecia na mesma posição, sorrindo. O Sr. Nishimura ficou perplexo com o fato de O Sensei conseguir manter tal calma de mente e corpo. Imediatamente, suplicou para ser aceito como aluno.

Ele também apresentou outro membro da equipe de judô da Universidade Waseda, Kenji Tomiki. (O Sr. Tomiki, que depois foi professor das Universidades Waseda e Kokushikan, interessou-se em desenvolver um formato competitivo de aikido e ensinou esse estilo em diversas universidades.) Ele também não teve chances contra O Sensei e imediatamente suplicou para ser aceito como discípulo.

Assim o Sr. Tomiki descreveu suas impressões:

> Em todas as técnicas de judô que eu havia aprendido, começava-se por agarrar a gola e a manga do *gi* do oponente. Nesse sentido, o aikido era muito diferente — mais versátil —, e eu estava surpreso e impressionado. Eu era praticamente o representante do judô da Universidade Waseda e, por essa razão, o *sensei* Jigoro Kano mostrava certo interesse por mim. [Jigoro Kano (1860-1938) foi o fundador do judô Kodokan, cujos intercâmbios com O Sensei serão descritos mais adiante, neste capítulo.] De certo modo, esses senseis apresentavam um contraste incrível. O sensei Kano era mais filosófico e científico; O Sensei mais religioso e místico. Mas, como os dois partiram de um fundamento de *waza* (técnicas) e desenvolveram um *do* (caminho), havia também algo especial e em comum entre eles. Acho que é bastante natural que, mais tarde, o sensei Kano tenha desenvolvido uma forte estima por O Sensei e este também tenha tido um grande respeito pelo sensei Kano.
>
> Minha primeira impressão do sensei Ueshiba foi de surpresa por encontrar no mundo de hoje um daqueles legendários mestres de *Yawara*, de quem sempre ouvimos falar.[1] Tive a oportunidade de desafiar muitas pessoas fortes, mas, quando comparadas a O Sensei, elas

---

[1] *Yawara* geralmente designa o *kobudo* de mãos vazias, as artes marciais tradicionais praticadas sem o uso de armas.

nada representavam. Fiquei feliz por ter tido a sorte de viver na mesma época de um mestre tão excepcional.

Não há dúvida de que a força de O Sensei era incomparável. Se ele houvesse concluído seu desenvolvimento nesse estágio, teria passado à história das artes marciais como um grande mestre de *jujutsu*, mas é improvável que fosse lembrado como alguém cujas técnicas se tornaram *kami-waza*, algo além do simplesmente humano. Seu legado poderia ter permanecido no domínio do *aiki bujutsu* (técnicas marciais do *aiki*), nunca chegando ao nível do aikido (o caminho do *aiki*). Estou profundamente convencido de que tanto o aikido como as *kami-waza* de O Sensei só se tornaram possíveis graças às experiências de iluminação que descrevi. Em outras palavras, essas experiências lhe permitiram passar de uma arte relacionada à mente, ao corpo e à técnica para a união de mente, corpo e *ki*, exclusiva do aikido.

Mais tarde, O Sensei recordou-se de que, quando tivera essa repentina experiência de iluminação no jardim, não conseguira conter as lágrimas. Cheio de exaltação, percebera que a fonte do *budo* era o amor divino, o espírito de proteção universal. Creio que a essência da iluminação de O Sensei pode ser resumida na expressão *Banyu Aigo*, "proteção universal", e por isso eu gostaria de relembrar seu significado com algumas reflexões retiradas de artigos com os quais O Sensei contribuiu para o *Aikikai-shi* e o *Aikido Shinbun* durante a década de 1950.

Esses textos se referem ao período de cerca de quinze anos que representaram a "era dourada", antes da guerra, e podem ajudar-nos a entender algo muito importante — ou seja, os conceitos e as crenças que acompanharam as experiências de O Sensei:

> Através da prática do *budo*, treinei meu corpo. Quando aprendi seus segredos mais profundos, percebi que, ao mesmo tempo, também havia aprendido uma verdade maior. Por meio do treino do *budo*, vim a entender a essência do universo. Entendi que os seres humanos precisavam harmonizar suas mentes, seus corpos e o *ki*, que conecta e unifica

essas duas coisas. Além disso, eles precisam alinhar-se e se harmonizar com o universo maior.

Em resumo, *Ki-no-Myoyo* (o uso elevado do *ki*) permite que os indivíduos harmonizem seu próprio corpo e mente, assim como permite que alcancem a harmonia com o universo mais amplo. Se alguém falha em realizar o *Ki-no-Myoyo*, isso pode resultar em má saúde física e mental; consequentemente, o mundo e mesmo o universo não funcionam direito. Por essa razão, tanto a ordem mundial como a paz mundial dependem crucialmente da harmonia entre o *ki*, a mente e o corpo, por um lado, e dos movimentos do universo mais amplo, por outro.

O aikido é um caminho para a verdade e seu treino deveria ser entendido como tendo o objetivo de encontrar a verdade. Na disciplina do aikido, quando você treina arduamente, pratica sabiamente e analisa o que está fazendo, o *kami-waza* surgirá.

No aikido, quando você treina da maneira descrita a seguir, seu corpo absorverá o poder da verdade imutável:

1. Treine para harmonizar sua mente com os movimentos do universo.

2. Treine para harmonizar seu corpo com os movimentos do universo.

3. Treine para harmonizar o *ki*, que une mente e corpo, com os movimentos do universo.

Somente aqueles que são capazes de treinar nesses três modos ao mesmo tempo, não na teoria, mas no dojo e em sua vida diária, podem ser chamados de praticantes de aikido.

O corpo humano é *Gitai Shinkon* [aparenta ser corpo, mas, na verdade, é alma]; é criado pelo universo e, ao absorver a energia celestial e se harmonizar com o universo, ele aprende como seguir o caminho da

O Fundador era famoso como "o mais forte artista marcial".

vida. Treinar o corpo requer primeiramente que a pessoa trabalhe e prepare tanto a mente como a alma de modo completo. Em seguida, ela deve polir, ou limpar, e purificar a vitalidade do *nen* (sentido ou sentimento) e finalmente unir o corpo e a mente. Desse modo, cria uma base da qual pode surgir a *waza* (técnica). Quando o *nen* está polido, infinitas *waza* podem ser criadas.

É essencial que essas *waza* estejam em harmonia com a verdade do universo; por essa razão, o sentimento da pessoa, ou *nen*, deve ser correto. Unir o *nen* a um ego individual e contraído seria um desvio do caminho correto de treinamento — seria uma perversão do caminho. Tal perversão é oposta à verdade do universo e traz adversidade e destruição para aquele que a pratica. O *nen* não deve estar ligado à situação imediata da pessoa, quer essa situação resulte em vitória ou derrota. Preferencialmente, ele encontra sua raiz na conexão apropriada do *ki* da própria pessoa com o *ki* do universo, e cresce a partir daí. Nesse nível, o *nen* dá origem a poderes mais que naturais. Como resultado, a pessoa adquire o poder de perceber claramente o menor movimento de seu oponente. Esse é o estado de *Meikyo Shisui* [uma mente clara que reflete como as águas calmas]. Quando alguém está situado no centro do universo, quaisquer pessoas ou coisas que estejam fora desse centro podem ser facilmente observadas. Essa é a verdade essencial sobre *tatakawazu shite sudeni katsu*, Vencer Sem Lutar [ênfase no texto original].

Se você quer aplicar o *Ki-no-Myoyo* a partir do fundamento desse *nen*, esteja ciente de que o lado esquerdo do corpo será a base para o *Bu* [o marcial], enquanto o lado direito oferecerá uma abertura para a conexão com o *ki* do universo. Quando as ligações entre os lados esquerdo e direito estão completas, então os movimentos da pessoa tornam-se totalmente livres.

À medida que você entra no domínio do movimento irrestrito, a agilidade se torna sem esforço — você pode alterar sua postura e seus movimentos do modo que quiser, com controle total. O lado direito irá gerar poder, enquanto o esquerdo o apoiará. Dito de outra forma, o lado esquerdo protege o lado direito, enquanto este dá origem à *waza*.

Tenha em mente a regra natural do movimento que acabei de descrever. Lembre-se de que o seu movimento pode mudar e girar com completa liberdade, adaptando-se às mudanças momentâneas da situação. O lado esquerdo pode gerar quantidades infinitas de *ki*. Como o lado direito está aberto a conexões com o *ki*, ele absorve o *ki* gerado no lado esquerdo. Quando ocorre o *hire-furi*, o lado esquerdo passa a controlar tudo o que concerne à vida e à morte, e o lado direito pode administrar o golpe final. [*Hire-furi* é um tecido usado para propósitos cerimoniais, para afastar espíritos malignos.] Isso é o que se chama *kami-waza*. Em essência, o termo significa "quando a pessoa alcançou um estado de mente puro, limpo de espíritos malignos".

O *Ki-no-Myoyo* é a mãe das alterações sutis na respiração. Nele está a origem do amor no *Bu*. Quando a pessoa unifica o corpo e a mente, por meio do *Ki-no-Myoyo*, e realiza o aikido, ocorrem mudanças sutis em sua respiração e a *waza* emerge livremente, sob várias formas.

Essa mudança sutil na respiração une o *ki individual com o ki fundamental, presente em todo o universo*; isso amplifica o *ki* da pessoa e, uma vez que a conexão seja feita, esse *ki* se torna parte do universo. Ao mesmo tempo, essa mudança sutil na respiração penetra profundamente no corpo e, desse modo, energiza as funções corporais. A mudança na respiração, mesmo sem a intenção consciente da pessoa, age de maneira a possibilitar movimentos infinitos sob qualquer que seja a forma. Os órgãos do corpo começam a gerar calor, luz e poder; além disso, quando esse calor, luz e poder se juntam, *o corpo da pessoa começa a se mover como determina a mente.* Mente e corpo se tornam uma unidade e essa unidade funciona em sintonia com o universo.

A mudança sutil na respiração cria igualmente uma mudança sutil no *ki no vácuo*. Isso gera ondas tanto de grande como de pequena magnitude e, através da mudança nas ondas, a pessoa pode reconhecer em que medida seu corpo e sua mente estão purificados. Quando isso acontece, a respiração se assimila suavemente ao universo e começa a se expandir. À medida que essa respiração ocorre, a pessoa experimenta a unificação. Se *o ato de respirar pode tornar-se parte do universo*, os espíritos reais, mas invisíveis, começarão a se reunir como para proteger você. Esse é o início de *Aiki Myo-o* (a resposta dos céus).

Quando a pessoa segue as recomendações de *Aiki Myo-o*, auxiliada pela virtude do Criador, sua respiração começa a subir, numa espiral à direita, e a descer, numa espiral à esquerda. A respiração começa a unir a água e o fogo, criando os elementos dos quais o universo é feito; e isso também cria as condições para a fricção dinâmica que gera calor, luz e poder. Desse modo, a respiração se torna uma continuação ilimitada e eterna de *kami-waza*.

Todas as *waza* (técnicas) no *Bu* (a esfera marcial) devem alinhar-se com a verdade do universo. Um *Bu* sem uma ligação com o universo permanece órfão. É diferente com o *Bu* (Takemusu) que cria amor. Obviamente, Aiki é o *Bu* de Takemusu.

Esse *Bu* de Takemusu é, na verdade, o Otakebi [um grito de batalha] gerado no universo pelo poder de A-Un [Nota original: "A" é um som aberto, "Un" é um som combinado], com o *hibiki* (tonalidade do som) do corpo, como sua ponta de lança.

O *hibiki* do corpo é gerado pela unificação da mente e do corpo. Assim que é gerado, ele se sintoniza com o *hibiki* do universo. Quando esses dois *hibiki* interagem entre si, o *ki* de Aiki é criado. Isto é, o *hibiki* do corpo *ecoa* ou reverbera com o *hibiki* do universo e esse caminho de *yamabiko* (eco) é a verdade suprema do aikido.

Então um alto nível de calor, luz e poder é gerado na alma/corpo, tornando-se integrado ou focado. O fortalecimento do eco sutil entre os dois *hibiki*, do corpo e do universo, faz amadurecer o *Ki-no-Myoyo* e dá origem ao *Bu*, que é baseado no amor, o amor que é *Bu* — criando, como resultado, Takemusu Aiki.

Essas citações representam apenas uma pequena parte dos escritos de O Sensei. Creio que os conceitos que vimos aqui, como "*ki*, mente e corpo", *nen*, *hibiki* e *yamabiko*, foram formulados pouco depois da primavera de 1925, quando ele experimentou sua transformação espiritual. É então natural que O Sensei tenha sido aceito não apenas por aqueles ligados à esfera marcial, mas também por um amplo espectro de indivíduos perspicazes que respeitavam O Sensei por suas qualidades pessoais como um buscador da verdade e, portanto, solicitavam que ele os ensinasse.

O começo na Capital do Leste

No outono de 1925, o almirante Isamu Takeshita, da Marinha Imperial, convidou O Sensei para ir a Tóquio ensinar aikido. Mais de 20 anos antes, O Sensei havia ido a Tóquio na qualidade de jovem empresário, com o sonho de começar seu próprio negócio, mas partiu quando seus planos não obtiveram sucesso. Ele também visitou Tóquio em nome da Omoto depois do grande terremoto de setembro de 1923, levando doações e suprimentos de Ayabe. Nesse período, ele passou vários dias ajudando as vítimas do terremoto e como voluntário nos trabalhos de limpeza. O Sensei estivera em Tóquio em outras ocasiões, a caminho de diversos lugares. Mas, em 1925, ele veio à "capital do Leste" pela primeira vez como um importante artista marcial, a fim de colocar sua reputação à prova. Pode-se dizer que a primeira metade da vida de O Sensei foi dedicada a preparar o terreno — agora chegava a oportunidade de colher os frutos daqueles primeiros esforços e dar um passo decisivo em direção ao futuro.

O almirante Takeshita era um dos mais poderosos patrocinadores e entusiastas das artes marciais da Marinha e contribuíra para tornar o sumô um esporte nacional. Ele buscava alguém que pudesse articular e representar claramente a essência das artes marciais japonesas. Como mencionei anteriormente, Wasaburo Asano, da Omoto (que foi citado no Capítulo Quatro), tinha um irmão, Masayasu Asano, que era vice-almirante da Marinha e também estava envolvido com a Omoto. Masayasu Asano disse ao almirante Takeshita que, se ele procurava uma pessoa com essas características, "há Morihei Ueshiba, em Ayabe". Assim, o almirante Takeshita viajou a Ayabe para encontrar O Sensei e foi imediatamente conquistado por sua evidente maestria de *ki*, mente e corpo. Ele não perdeu tempo e providenciou um encontro de O Sensei com o ex-primeiro-ministro Gombe

Yamamoto — ambos eram do antigo clã Satsuma —, que também se tornaria um patrocinador. Segundo eu soube, o conde Yamamoto disse: "Gostaria de vê-lo fazer uma demonstração e, se ele for realmente o tipo de homem que dizem ser, vou recomendá-lo para as pessoas certas". Assim foi a visita de O Sensei a Tóquio, e ele acabou fazendo uma demonstração na residência de Takeshita, diante de dignitários como o ex-primeiro-ministro, o antigo lorde Shimazu, do clã Satsuma, e Hachiro Saionji e outros.

Nessa ocasião, após a demonstração, O Sensei também exibiu algumas das técnicas de lança que eram particularmente o seu forte. Ele realizou um feito que somente o legendário mestre de lança Tawaraboshi Genba tinha sido capaz de realizar: usar a lança para mover vinte fardos de arroz do leste para o norte e do oeste para o sul. Para O Sensei, essa era apenas uma habilidade típica, fundamentada em seus treinos diários. Contudo, ouvi dizer que as pessoas presentes a essa demonstração ficaram fascinadas — o que viram lhes tirou o fôlego.

No dia seguinte, o conde Yamamoto visitou O Sensei em seus aposentos e falou da demonstração com grande entusiasmo: "Não havia visto um *budo* tão esplêndido desde a Restauração Meiji!" Ele pediu a O Sensei para começar a instruir, no palácio Aoyama, os funcionários do palácio e os adidos militares. Muito naturalmente, O Sensei respondeu a essa amabilidade e logo se devotou ao ensino de aikido em Tóquio.

O seminário no palácio de Aoyama durou 21 dias, com participantes escolhidos entre os praticantes mais fortes e mais avançados de judô e kendo, os quintos *dan* e superiores. Portanto, foi um treino bastante intensivo e especial. Durante o seminário, contudo, chegou uma reclamação inesperada do Ministério do Interior. Essa reação originou-se provavelmente das ligações de O Sensei com a Omoto; talvez a polícia tenha fornecido informações sobre ele. Por conhecer a integridade de caráter de O Sensei, o conde Yamamoto pretendia simplesmente ignorar a reclamação. Mas o Incidente da Omoto ainda estava tão fresco na mente de todos, que as autoridades queriam evitar qualquer tipo de situação difícil. Aparentemente, o assunto foi discutido em nível ministerial. O Sensei deve ter sentido certa amargura por ser visto como um risco à segurança, quando estava simplesmente tentando proteger e promover as verdadeiras artes marciais japonesas. Mas acho que ele estava mais preocupado com a possibilidade de criar dificuldades para o conde Yamamoto e o almirante Takeshita. Assim que acabou o seminário, ele decidiu voltar para Ayabe, apesar de o almirante Takeshita ter insistido para que permanecesse em Tóquio. Nessa primeira visita à Capital do Leste, O Sensei foi publicamente reconhecido como um verdadeiro artista marcial — mas a experiência não deixou de ter um sabor desagradável.

De volta ao lar, O Sensei contou ao mestre Onisaburo como as coisas tinham corrido. O mestre Onisaburo riu alto "daquelas pessoas que não conseguem deixar de suspeitar de tudo!" Mas depois parece que tentou afastar O Sensei das atividades diretamente associadas à Omoto, por amabilidade pessoal e por consideração a ele. Como evidência, eu assinalaria que O Sensei não foi afetado pelo Segundo Incidente da Omoto, em 1935, quando várias centenas de pessoas foram realmente presas ou interrogadas. Se tentarmos entender o que evitou que O Sensei fosse arrastado junto com os outros, certamente o bom senso de pessoas como Kenji Tomita (um sargento da polícia de Osaka), assim como de outras pessoas importantes da polícia e do Ministério do Interior, teve muito a ver com isso — mas a atenciosa precaução do mestre Onisaburo também desempenhou seu papel. Vários de seus auxiliares mais próximos dessa época, como Takamine Tokushige e Bansho Ashida, apoiaram minha opinião de que o mestre Onisaburo deliberadamente tentou dissociar O Sensei da Omoto.

De qualquer modo, é certo que o mestre Onisaburo recomendou enfaticamente que O Sensei se mudasse para Tóquio e se estabelecesse lá com sua família para fazer sua carreira como artista marcial. "Você é um homem que corre carregando uma montanha nas costas, um grande artista marcial. Um dia, as pessoas dirão de você: 'Não havia Ueshiba antes de Ueshiba e não haverá Ueshiba depois de Ueshiba'. Você não pode ficar confinado em Ayabe. Agora está pronto para se tornar o fundador de um novo Caminho, distinto da Omoto, e seria um desperdício de seus dons você não ir em frente e começá-lo." O mestre Onisaburo estava afastando alguém em quem havia confiado como seu braço direito. Talvez esse sacrifício testemunhasse sua grande afeição por O Sensei e mesmo seu desejo de retribuir a devoção que

O Sensei lhe demonstrara. Talvez ele tenha antecipado a crise que estava se formando e desejasse impedir que O Sensei se envolvesse com o destino da Omoto. Se isso aconteceu, sua magnanimidade foi realmente grande.

Seja como for, depois que voltou a Ayabe, O Sensei passou a avançar no caminho do *budo* com grande concentração. Começando por Kishu, sua cidade, ele passou a promover o estudo do aikido nas regiões de Kyushu e Sanyo, e mesmo mais além. Muitas pessoas afluíram para suas escolas em Kumamoto e Yashiro (Kyushu), e acredito que a tradição que ele começou nesses locais permanece forte até hoje.

Alguns meses se passaram e, em 1926, O Sensei novamente recebeu um convite insistente do almirante Takeshita para que retornasse a Tóquio. O almirante lhe assegurava que o mal-entendido que acontecera em sua visita anterior estava completamente resolvido. Além disso, Kiyoshi Umeda — um homem de negócios que participara da diretoria da Ferrovia da Manchúria — ofereceu parte de sua casa, em Yotsuya Aizumi-cho, para ser usada como dojo. Por gratidão e por obrigação ao almirante Takeshita, O Sensei esqueceu o passado e voltou novamente a Tóquio.

Durante essa segunda estada em Tóquio, O Sensei entrou em contato com muitos gigantes do mundo dos negócios, bem como com oficiais navais de alta patente, membros da casa imperial e associados do clã Satsuma, que haviam estudado com ele durante sua primeira visita. Não seria exagero dizer que muitos dos que mais tarde deram seu apoio financeiro ou pessoal, essenciais ao aikido, vieram desse grupo de pessoas ou eram ligados a ele. O Sensei foi bem recebido em muitos clubes sociais onde se reuniam pessoas ligadas à indústria e aos negócios, como os clubes Kojunsha e Kogyou.

Dessa época, eu gostaria de ressaltar duas pessoas em particular: Kinya Fujita e Kozaburo Okada. O Sr. Fujita, do grupo Mitsubishi, era nesse tempo presidente da Fujita Warner, uma companhia especializada em comércio exterior, e fundaria mais tarde o Clube de Campo Kasumigaseki. Ele participou da diretoria da Aikikai até seu falecimento, em 1970. O Sr. Okada era presidente da Ensuikou Seito e também foi membro da diretoria da Aikikai até sua morte, em 1972. Ativamente, esses senhores recrutaram discípulos do mundo dos negócios e das finanças, e muitos deles entraram por fim para o mundo do aikido. Fujita e Okada tornaram-se os primeiros discípulos comprometidos com O Sensei na Capital do Leste. Mais adiante acrescentarei algo sobre Mitsujiro Ishii, outro personagem dessa época.

Não muito depois de sua chegada, O Sensei mudou-se da residência de Umeda para uma casa de propriedade de Ichizaemon Morimura, em Shinagawa. O Sr. Morimura era um líder industrial, que fundara a Nihon Toki (Cerâmicas do Japão), e convidou O Sensei para morar nessa casa, sem pagar aluguel. Portanto, O Sensei estava com uma base sólida em Tóquio para iniciar sua vida como artista marcial; o futuro lhe parecia muito brilhante.

Ao mesmo tempo, contudo, ele começou a ter alguns problemas de saúde — em particular, digestivos e hepáticos. Talvez sua constituição tenha se enfraquecido nas décadas anteriores, em que ele se forçara a treinar e trabalhar além daquilo que um corpo normal podia suportar. Mas a causa imediata parece se relacionar com algo que aconteceu em 1924. Um asceta praticante do bramanismo, chamado Kato, desafiou o mestre Onisaburo para uma competição: ver a quantidade de água salgada que cada um conseguia beber. Kato insistiu tanto que O Sensei, que sempre antipatizou com tais desafios e os evitava, concordou em participar para livrar seu mestre desse encargo.

Apesar da má saúde, O Sensei continuou treinando rigorosamente no dojo de Morimura. Certo dia, quando retornava a seus aposentos através de um jardim, quase desmaiou. Felizmente, um jardineiro chamado Yanoma acudiu-o e o levou a um médico. O médico diagnosticou problemas de digestão e fígado, e também um problema em seus pulmões. Parece que ficou bastante chocado com as condições de seu paciente e não acreditou que ele estivesse fazendo um treinamento rigoroso nesse estado. Pelo resto da vida, O Sensei foi acometido por esses problemas de saúde. Algumas vezes esteve perto de recuperar a boa saúde, mas nunca ficou completamente livre deles.

Os numerosos alunos de O Sensei só viam sua aparência destemida, seu poder sólido como uma pedra, sua transbordante energia dinâmica, suas técnicas misteriosas; esses problemas internos não eram aparentes para eles. Quem imaginaria, ao ver a atitude acolhedora, animada e generosa que O

Sensei invariavelmente demonstrava, que ele sofresse de problemas tão sérios de saúde?

Para sua família e para uns poucos discípulos mais próximos, estava claro que ele lutava contra a dor e tentava superá-la por meio de um treinamento árduo e uma dieta rigorosa, apoiados em sua força de vontade. Às vezes, essa percepção nos levava quase às lágrimas: ele concentrava toda a sua energia mental e corporal para treinar no dojo, de tal maneira que ninguém suspeitava de sua real condição. Quando convidado para ensinar num dojo longe de sua casa, às vezes aceitava; mas sempre, durante a demonstração, dava o melhor de si. A audiência, que ficava tão impressionada com o grande desempenho de O Sensei, não podia imaginar que ele voltava para casa exausto e pálido; ou que às vezes, depois de uma demonstração, precisava se apoiar em alguém mesmo para caminhar só até o vestiário.

Depois de um treino de aikido na residência isolada de lorde Shimazu. O Fundador está na fileira da frente, ao centro; o terceiro a partir da direita é o almirante Isamu Takeshita; e o almirante Eisuke Yamamoto está na extremidade direita da fileira do meio.

Realmente, O Sensei estava dedicando sua vida ao Takemusu Aiki. Ele acreditava que tinha uma vocação divina e seguia em frente com toda sua força para torná-la realidade. Decidira usar sua energia vital até a última gota, dedicando sua vida ao benefício dos outros, sem esperar qualquer recompensa. Ao saber disso — de sua busca heroica do caminho do Aiki; seu sacrifício generoso, em busca desse objetivo; seu entusiasmo ao enfrentar os obstáculos; sua atitude de seriedade e sinceridade diante da vida — não conseguimos deixar de nos sentir muito inspirados.

Durante essa segunda permanência na Capital do Leste, O Sensei sentiu os primeiros sintomas de uma doença crônica e decidiu retornar a Ayabe. Talvez tenha se lembrado daquela primeira visita a Tóquio, ainda jovem, quando foi acometido de beribéri. O fato de ter retornado à sua cidade, onde podia andar descalço de manhã cedo no chão coberto pelo orvalho e comer a comida local, familiar a ele desde sua infância, havia curado aquela doença; talvez ele esperasse uma recuperação semelhante nessa ocasião.

Dias em Sarumachi e Tsunamachi

No início de 1927, menos de seis meses depois de voltar a Ayabe para se concentrar na recuperação de sua saúde, O Sensei recebeu a visita de Ogawa Sobei, um patrocinador que viera de Tóquio. Ogawa Sobei trouxe a mensagem de que não só o conde Yamamoto e o almirante Takeshita, mas também todos os homens de negócios que estudaram com O Sensei em Tóquio, haviam lhe pedido que "trouxesse O Sensei de volta a Tóquio, a qualquer custo". A recuperação física de O Sensei não estava completa. Mas quem não se comoveria com esse insistente pedido? O Sensei cedeu e tomou a decisão de se mudar para Tóquio com sua família, mesmo que isso pusesse em risco sua saúde.

A casa que se tornou nossa primeira residência fixa ficava em Sarumachi, em Shirogane, Shiba; ela foi alugada com a ajuda do filho do conde Yamamoto, Kiyoshi Yamamoto, por algo em torno de 55 ienes por mês. Era um sobrado, com três cômodos no térreo e dois no andar superior. Falando de assuntos pessoais por um momento, minha mãe e eu seguimos O Sensei a Tóquio um pouco mais tarde, em setembro de 1927. Eu me lembro de ter tomado o Shosen (agora a linha JR Yamanote) e descido na estação Osaki, indo de riquixá para a casa em Sarumachi, Shirogane. Nos contrafortes do monte Hongu, em Ayabe, eu me acostumara a uma vida livre, em meio à natureza, portanto, mesmo sendo criança, me surpreendi com o aperto e a superlotação das habitações em Tóquio, e não gostei disso.

O dojo era relativamente perto, na segunda casa do duque Tsushima. Ficava num local que antes havia sido um salão de bilhar e era bastante amplo, com espaço para cerca de cem tatames. Os membros eram pessoas que tinham recebido instrução de O Sensei durante suas duas visitas anteriores, e havia entre eles nobres, generais do Exército e (em particular) oficiais de alta patente da Marinha. Talvez porque o aikido seja uma arte marcial baseada em movimentos circulares e no fluxo do *ki*, também atraiu as filhas desses participantes. Eram mulheres jovens e de famílias muito distintas. Mais de uma dezena delas treinava no dojo, o que criava um ambiente sociável e também sereno. Entre essas senhoras estava a filha do conde Yamamoto (ela se tornou conhecida mais tarde por alguns incidentes relacionados a Cuba).

À frente delas estava a filha do almirante Takeshita. Certo dia, numa viagem de trem, um homem sentado perto dela tentou segurar sua mão. Ela reagiu rapidamente, usando uma técnica de aikido que acabara de aprender — o homem imediatamente gritou e lhe pediu perdão. Notícias sobre esse excitante episódio espalharam-se como fogo e levaram muitas outras senhoras a se interessar pelo aikido.

Menos de um ano depois de nos mudarmos para Sarumachi, Shirogane — em janeiro de 1928 —, o barão Katsuji Utsumi nos ofereceu sua propriedade de aluguel em Tsunamachi, Mita, em Shiba. O Sensei transferiu nossa residência e o dojo para esse novo local. Voltando novamente a assuntos pessoais por um momento, foi enquanto morávamos ali que entrei para a Escola Elementar Akabane, graças a uma apresentação do barão Utsumi. Mais tarde mudamos de casa várias vezes, mas eu permaneci na Escola Elementar Akabane até me formar.

O barão Utsumi mantinha uma relação especialmente estreita com a Universidade Keio; em consequência, Sanpachi Fukuzawa e muitos outros membros dessa universidade tornaram-se discípulos de O Sensei. Anteriormente, membros da Universidade Waseda, como Shutaro Nishimura, predominavam no dojo. Depois que nos mudamos para Tsunamachi, Mita, discípulos provenientes das Universidades Keio e Waseda começaram a se afiliar — O Sensei costumava dizer que o dojo era uma arena para a clássica rivalidade entre Keio e Waseda.

Nessa época, houve um pequeno incidente que não consigo apagar da minha mente. Um garoto norte-americano que morava na vizinhança tentou começar um briga comigo. Ele agarrou uma pedra e a atirou, mas a pedra passou por mim, entrou em nossa casa e caiu entre O Sensei e um visitante. O Sensei ficou furioso e correu para fora, atrás do menino. Bem

Na residência do barão Katsuji Utsumi, em 1928. O Fundador é o terceiro, da esquerda para a direita, na primeira fila; eu estou sentado diante dele. O segundo, a partir da esquerda, é o almirante Isamu Takeshita. O quarto homem, a partir da direita (na fileira da frente) é o tenente-general Masayasu Asano.

diante da casa havia uma poça de água que fez com que ele perdesse o equilíbrio e, assim, o garoto conseguiu fugir. Minha mãe ficou bastante aliviada. Ela disse: "Com aquela raiva, eu estava preocupada com o que teria acontecido ao menino se O Sensei o tivesse agarrado". Naquele tempo, eu tinha uma constituição frágil e me pergunto se, na verdade, O Sensei estava bravo porque eu não era suficientemente agressivo para entrar numa briga.

De qualquer modo, essa época em Tsunamachi, Mita, e Kurumamachi, Shiba, foi realmente vibrante, e poderíamos dizer que foi o alvorecer do aikido. O dojo atraía pessoas de todas as camadas sociais. Além daquelas que já mencionei, como o almirante Sankichi Takahashi, diretor da Academia Naval, dentre os membros estavam importantes oficiais do Exército e da Marinha, como Eisuke Yamamoto, Gengo Hyakutake, Shigeru Hasunuma e Nobutake Kondo. Isamu Fujita foi um proeminente homem de negócios que vivia em Reinanzaka, Akasaka, e era conhecido por ser um dos mais importantes intelectuais da época; ele trouxe para o dojo pessoas como os atores de teatro *kabuki* Kikugoro-jo, o Sexto, e Ennosuke-jo; o importante crítico de teatro Sho-o Matsui e o escritor Kaizan Nakazato, conhecido por seu romance *Daibosatsu Toge*. Itsuo Kasahara e Nobufumi Abe eram considerados estrelas emergentes do judô universitário e também se filiaram como discípulos nessa época. Mais tarde, o lutador de sumô Onosato também veio praticar.

O almirante Sankichi Takahashi tornou-se um ávido praticante e continuou a treinar por um longo tempo. Ele afinal ofereceu a O Sensei o posto de instrutor da Academia de Artes Marciais da Marinha, e O Sensei permaneceu nesse cargo até 1937.

Mitsujiro Ishii, que participou da administração da Aikikai, como membro da diretoria, estava nessa época trabalhando ativamente para o *Jornal Asahi* (o Sr. Ishii trabalhou como porta-voz da Câmara dos Deputados e como presidente da Associação Japonesa de Esportes, além de servir em muitos outros cargos importantes). O Sensei depositava muita confiança nele. Em sua biografia, *Watashi no omoide*, ele compartilha estas lembranças sobre O Sensei:

Esta história se passou há mais de cinquenta anos. No Clube Social Kojunsha, encontrei Aisaku Nakamura, que havia se formado na Universidade Keio e era muito forte em judô. Ele me contou uma história de quando O Sensei tentava promover o aikido e mostrar do que se tratava. A história é sobre sua demonstração. Parece que O Sensei pediu a alguém para requisitar um pequeno pelotão do Exército para que ele pudesse derrubar a todos durante a demonstração. "Então as pessoas entenderão o aikido, ele disse." Quando os comandantes de regimento receberam esse pedido, ficaram muito interessados em ver a demonstração. O Sensei disse aos soldados que eles poderiam atacar todos ao mesmo tempo se quisessem, mas, para evitar machucá-los, ele sugeria que atacassem um por vez. Os membros do pelotão, cerca de quarenta, formaram um círculo ao redor de O Sensei. Um a um, atacaram e foram todos derrubados. Depois que Aisaku Nakamura me contou essa história, ele disse: "Por que você não vem comigo, uma vez que essa é uma técnica tão poderosa?" Eu respondi simplesmente: "Isso me parece interessante. Gostaria muito de ir".

Poucos dias depois, fui com Aisaku Nakamura à casa de Shigeya Kondo, que vivia em Mita. Lá, recebemos uma instrução introdutória de O Sensei [...].

Certo dia, ao chegar à aula, vi que não havia mais ninguém. Eu estava sozinho com O Sensei. Ele disse: "Você já fez algum progresso, então hoje vamos treinar com uma lança de verdade. Você deve me atacar com uma estocada da lança. Vou lhe ensinar como tomar a lança". Depois de dizer isso, ele trouxe um lança de verdade. Eu disse: "Gostaria de declinar de sua oferta". Quando ele perguntou: "Por quê?", respondi: "Se eu o matar sem ter uma testemunha, poderia ser processado criminalmente. Não quero me tornar um criminoso só por causa de um treino". Ele respondeu: "Está tudo bem. Com certeza, vou ser capaz de tomar a lança. Você não deve se preocupar". Eu retruquei: "Mas se, por acaso, o senhor não conseguir evitar o ataque? Seria realmente terrível". Ele insistiu: "Apenas faça o que estou pedindo".

> Como ele continuou insistindo, decidi fazer um ataque que poderia ser facilmente evitado, disfarçando-o com um alto *kiai*. Ele reagiu, dizendo: "Se você não vai fazer isso seriamente, não há razão para praticar", e então terminamos o treino.

Enquanto trabalhava para o *Jornal Asahi*, Mitsujiro Ishii era ativo em promover o aikido (naqueles tempos ainda era chamado *aiki bujutsu*). Mesmo depois de entrar para a política, ele permaneceu como um grande patrocinador. Recomendou um vigoroso quinto *dan* de judô, chamado Takeshi Nishimi, como *uchideshi* (em outras palavras, aluno interno). Eu era ainda um garotinho e esse Takeshi Nishimi me causou uma forte impressão. Ele veio viver conosco em Kurumamachi, Shiba, para onde nos mudamos em 1929. Ele pesava mais de 80 quilos, e, para mim, ele parecia realmente enorme. Como Mitsujiro Ishii, ele era originário da província de Fukuoka. Era um verdadeiro *Kyushu danji*, como dizem, um verdadeiro homem de Kyushu — forte, afável, confiável e com grande capacidade para beber.

Antes houvera diversos outros *uchideshi*, ou quase *uchideshi*. Entre eles, pessoas como o musculoso Yutaka Otsuki, que depois criou um estilo de aikido conhecido como Otsuki-ryu; Yoichiro Inoue, que começara a praticar aikido aos 13 anos de idade e mais tarde mudou seu nome para Hoken e seguiu o estudo de Shin'ei Taido; e Gunichi Oshikawa, de Miyakonojo, província de Miyazaki, que não perdia para ninguém em sinceridade e honestidade. Ele trabalhara originalmente para a Ferrovia Nacional do Japão, na Estação Maizuru, mas, quando O Sensei se mudou para Tóquio, pediu para ser transferido para uma empresa chamada Totetsu, de modo a poder seguir seu professor. Ainda me lembro vividamente da devoção que Gunishi Oshikawa demonstrou no funeral de O Sensei, quando rezou diante do altar por uma noite e um dia. Ele faleceu em 1973. Também havia outros. Contudo, como Takeshi Nishimi foi o primeiro *uchideshi* depois que nos mudamos para Tóquio, lembro-me muito bem dele. Logo depois, Hisao Kamata também se tornou *uchideshi*.

O sensei Jigoro Kano

A casa em Kurumamachi, Shiba, para onde nos mudamos logo depois de Tsunamachi, Mita, foi alugada com a ajuda do almirante Takeshita. Era uma casa comum, perto do templo Sengakuji onde os famosos 47 samurais do clã Ako estão enterrados. Passei em frente à casa há uns dez ou quinze anos e vi que ela parecia ter sobrevivido à guerra sem danos. O portão de madeira, a entrada e o jardim estavam quase do mesmo jeito como eu me lembrava; passei alguns momentos lá, tomado pelas doces lembranças. Não sei como a casa está agora, mas naquela época tinha cinco cômodos e o aluguel era de 85 ienes.

A casa era bastante confortável como residência, mas extremamente apertada como dojo, com apenas dois cômodos conjugados para a prática, com espaço para oito tatames. O número de alunos de aikido continuou crescendo, mas, por causa do espaço limitado, não mais que três pares podiam praticar ao mesmo tempo quando técnicas mais amplas estavam sendo treinadas. Todos os outros precisavam ficar sentados, esperando sua vez. Os tatames se gastavam rapidamente e os próprios alicerces da casa ficaram abalados pelo impacto da prática pesada. O proprietário era um comandante aposentado da Marinha, chamado Matsushita, que morava nos fundos da casa. Sempre que podia, ele vinha conversar com minha mãe e com O Sensei. Minha mãe ficava terrivelmente embaraçada pelo fato de a casa estar se desintegrando por causa de todo aquele treinamento pesado, mas ele simplesmente dizia: "Não estou preocupado com o que acontece com a casa. Estou muito honrado por ela estar sendo usada pelo mundialmente famoso Sensei Ueshiba". Essas palavras amáveis faziam com que O Sensei se sentisse ainda mais embaraçado que minha mãe.

Pelo menos, ele tinha um verdadeiro dojo de Aiki. Nesse meio-tempo, nos mudamos temporariamente para uma casa e um dojo em Mejirodai. Tenho lembranças inesquecíveis do tempo que passamos lá, do verão de 1930 até a primavera de 1931; começamos a nos mudar para o novo dojo, em Wakamatsucho, no final de 1930.

Entre essas memórias, lembro-me particularmente da chegada, como *uchideshi*, do talentoso Kikuo Kaneko, da Universidade de Estudos Estrangeiros de Tóquio, e de Hajime Iwata, da Universidade Waseda; em segundo, lembro-me de uma visita do homem forte do Exército, o major general Makoto Miura, que chegou ao dojo como desafiante, mas depois se tornou seguidor de O Sensei; e finalmente, como algo muito especial, de uma visita de Jigoro Kano, do Kodokan, que veio pessoalmente ao dojo e ficou tão impressionado com O Sensei, que decidiu mandar dois de seus melhores alunos — Minoru Mochida e Jiro Takeda — para treinar com ele.

A história de como Kikuo Kaneko e Hajime Iwata juntaram-se ao dojo é bem interessante. Quero citar parte de um artigo escrito por Hajime Iwata para o *Aikido Shinbun* em 1965 — ele ainda contribui ativamente para o crescimento do aikido, como dirigente do Ichinomiya Aikikai.[2]

> Como eu poderia esquecer — era novembro de 1930. Naquela época, eu vivia num alojamento estudantil chamado Shuyiodan Gakusei Kojosha.[3] Alunos de diferentes universidades moravam juntos ali. Certo dia, para permanecermos aquecidos e digerirmos o jantar, alguns de nós decidimos praticar sumô. Mas éramos derrotados por Montaro Mori, aluno da Universidade de Tóquio — uma escola mais conhecida pelos méritos acadêmicos do que por fortes atletas. Eu estava bastante confiante em minha habilidade e havia participado de competições de sumô perante o imperador quando estava no colegial. Mas Montaro Mori me derrotou completamente, usando técnicas que eu nunca tinha visto. Ele também derrotou meu amigo Nagasaki, da Waseda, que era quarto *dan* em judô. Montaro Mori não praticava sumô e não tinha qualquer graduação em judô. Também não era fisicamente grande ou musculoso, mas derrotou facilmente mesmo aqueles de nós que nos sentíamos muito confiantes. Estávamos curiosos e desconfiados e, pela primeira vez, ouvimos o termo "Aiki-jutsu".

---

[2] H. Iwata, "Aikido Juo-ki", no *Aikido Shinbun* 70-71 (1965).

[3] O nome significa "Alojamento de treinamento de estudantes para o desenvolvimento". O objetivo desse alojamento era desenvolver um espírito simples e forte; foi fundado pelo Dr. Kenzo Futaki, sobre quem tenho mais a contar depois, por causa de suas ligações com o aikido.

Pedimos a Montaro que nos levasse ao lugar em que essa técnica era ensinada. Ele nos levou a uma casa que parecia uma propriedade alugada, em Ochiai, não muito longe do nosso alojamento e apenas alguns quarteirões a oeste da estação Mejiro. Dentro da casa havia duas salas com espaço para oito tatames. O piso era de tatames comuns, como os de uma casa normal, e a divisória entre as salas tinha sido retirada — esse era o assim chamado dojo.

Quando chegamos lá, havia algumas pessoas praticando *idori* (*suwari-waza*; técnicas sentadas). Um indivíduo de pequena estatura, de olhos penetrantes, parecia ser o professor.

Inclinei-me educadamente perante ele e me sentei num canto para observar — mas antes que eu percebesse, estava entrando no tatame para treinar com um aluno chamado Kamata (ele é agora um homem de negócios em Osaka). No momento em que comecei a treinar, O Sensei gritou comigo e havia tanto *ki* em sua voz, que parecia um trovão. Senti-me, como se tivesse levado um choque elétrico, e por um momento não pude sequer me mover. Então ele me repreendeu: "Como ousa começar a treinar sem a minha permissão — isso é muito desrespeitoso!" Então recebi uma lição. "No *budo*, a pessoa começa com *rei* (etiqueta) e também termina com *rei*."

Pedi muitas desculpas e voltei para o meu alojamento. Em casa, comecei a pensar sobre esses comentários de O Sensei. Enquanto repensava calmamente, percebi que meu desejo havia me sobrepujado e que eu não estava pensando com cuidado sobre minhas ações. Há um velho provérbio que adverte sobre tais experiências: "O caçador de veados não vê a montanha". Se você dispara em frente descuidadamente, talvez deixe de notar algo crucial para o seu sucesso ou então caia vítima de algo que não previu — isso jamais dá bons resultados. Quanto mais pensava sobre isso, mais eu sentia que havia recebido uma grande lição de moral, de significado profundo. Decidi esperar até o alvorecer.

Naquela época, a prática não era aberta ao público. Não era como hoje, quando todo mundo é aceito. A permissão para entrar não era dada facilmente; era preciso ser apresentado formalmente por alguém.

> Esperei amanhecer e fui pedir uma carta de apresentação ao sensei Kenzo Futaki, diretor do alojamento. Dessa vez segui os procedimentos apropriados para me inscrever e fui oficialmente aceito no dojo.
>
> A lição que aprendi com a repreensão de O Sensei — "começar com *rei* e terminar com *rei*" — é fundamental para a relação entre professor e aluno, e mesmo nas relações entre os colegas. Passei a acreditar muito firmemente que, se você está buscando o caminho, deve manter seus padrões em nível alto e jamais se desviar desse princípio.
>
> Mais tarde, em conversas com O Sensei ou com a Sra. Ueshiba, eles me provocavam a respeito desse incidente inicial. "Iwata-han [*han* é o sufixo honorífico *san*, no dialeto regional *kansai*], pensei que você não ia mais voltar porque eu o repreendi duramente. Mas, de qualquer modo, você voltou — fiquei impressionado! Acho que as pessoas precisam ser repreendidas por mim. O almirante Takeshita, o [almirante da Marinha] Eisuke Yamamoto-han, Kashita-han, todos os que mais eram repreendidos, vinham treinar diligentemente. Os que repreendi são bons. Você precisa ser repreendido por mim [...]" Ele dizia isso em seu suave dialeto *kansai*. Acredito realmente que entre professor e aluno há um elemento de disciplina rígida, de *Shuso Retsujitsu* — como a aspereza da geada no outono ou o calor escaldante do sol — mas também há um elemento de ternura que você não consegue ver de fora. Esse é o meu verdadeiro sentimento sobre isso.

Enfim o dojo cresceu mais que a casa. Com a ajuda do Sr. Hattori, um aluno que era o administrador da casa da família Ogasawara, O Sensei conseguiu adquirir um espaço na segunda casa dos Ogasawaras, em Wakamatsucho, Ushigome — o local atual do dojo Hombu.

Em seguida devemos nos lembrar do general Miura. Ele foi um indivíduo realmente lendário. Durante a guerra russo-japonesa ele foi atingido por uma estocada de baioneta que lhe atravessou o peito, mas, mesmo depois de sofrer esse ferimento quase mortal, continuou a atacar os inimigos com sua espada e matou vários deles. Quando se falava de "xogum" (general) para qualquer pessoa do Exército, imediatamente ela sabia de quem se estava falando. Esse "xogum" não tinha originalmente qualquer intenção de se juntar ao dojo; veio apenas para desafiar O Sensei e fazê-lo passar por um aperto. Sua experiência anterior havia deixado nele algumas ideias errôneas. Era um dos discípulos de Sokaku Takeda, do Daito-ryu, e pensava que O Sensei, depois de ter pertencido à escola de Sokaku Takeda, deixara-a para formar um novo grupo, dele mesmo, sem qualquer relação com o antigo professor. Devido a esse equívoco, o general Miura estava bastante descontente com O Sensei.

Talvez ele tivesse o temperamento de um soldado antiquado, mais impulsivo do que lógico. Depois de ouvir falar da recente fama de O Sensei, parece que ele pensou: "Ele é da mesma escola que eu — não é grande coisa. Vou lhe dar uma boa lição e talvez eu leve embora, como suvenir, a placa com o nome de escola dele". Esse era o tipo de ideia grandiosa que lhe passava pela cabeça.

Contudo, quando entrou em contato com O Sensei, viu que suas habilidades técnicas eram de uma ordem muito mais elevada do que ele esperava; depois que conversaram, o general pôde ver a modéstia e o caráter nobre de O Sensei. O general Miura ainda sentia um profundo respeito por Sokaku Takeda, seu antigo professor, e podia ver que o Daito-ryu contribuíra com algo para a inspiração original dos aspectos marciais do Ueshiba Aiki, mas podia também dizer que esse elemento era apenas parte do todo. Logo percebeu que o Ueshiba Aiki havia incorporado muitos elementos e que o próprio treinamento e desenvolvimento de O Sensei o capacitaram a criar uma arte marcial nova e diferente, baseada no uso do *ki*, da mente e do corpo, conjuntamente.

Os dramáticos crescimento e transformação da arte de O Sensei logo ficaram evidentes aos olhos do general. Quando ele percebeu que havia sido muito apressado em suas opiniões e entendido as coisas erroneamente, passou a se comportar como um verdadeiro homem de *budo*, confessou seus planos e solicitou na mesma hora que fosse aceito como discípulo de O Sensei, dessa vez com sinceridade. Esse incidente foi descrito em detalhe por Kanemoto Sunadomari em seu livro *Aikido Kaiso Ueshiba Morihei*, baseado no testemunho de Kotohiko Naruse, que estava presente quando isso aconteceu.

Depois de se tornar discípulo de O Sensei, o general vinha treinar muito assiduamente. Temos registros de que ele ia a muitos outros lugares, por sua própria iniciativa, para dar palestras sobre o aikido.

De acordo com o livro de Sunadomari, o general também providenciou para que O Sensei visitasse a Escola Toyama, uma academia de treinamento de elite para oficiais de média patente, para fazer uma demonstração e para uma competição de força. Nessa demonstração, O Sensei apoiou um dedo no ombro do general e convidou vários jovens oficiais para se recostarem em seu braço, mantendo-o estendido, sem qualquer esforço visível. Os oficiais presentes ficaram visivelmente impressionados com esse feito.

No livro de Sunadomari há uma história sobre alguns jovens cadetes robustos que atacaram O Sensei com baioneta, que era a arma mais poderosa deles. A conversa foi mais ou menos assim:

> "Sensei, por favor, use seu traje de proteção!" "Não se preocupem, um fuzil de madeira será suficiente para mim e nenhum traje de proteção será necessário." "Mas Sensei, o estilo Toyama de luta com baioneta é extremamente violento." Eles pensaram que podiam derrotá-lo facilmente com apenas um golpe — esse era seu modo de lutar.
>
> O Sensei perguntou: "Vocês vão me atacar um de cada vez?", e eles retrucaram: "É claro". Ele respondeu: "Isso é um absurdo, sou um profissional do *budo*, ataquem-me todos ao mesmo tempo". Assim que O Sensei os desafiou, eles ficaram bastante inflamados, mas o primeiro que o atacou terminou de costas no chão. Quando os outros viram isso, quatro ou cinco homens atacaram O Sensei ao mesmo tempo. O Sensei moveu-se como um pássaro em pleno voo, tão rapidamente que era difícil seguir com os olhos os seus movimentos; e, enquanto eles se aturdiam com seus movimentos de estocada e varredura, O Sensei deixou todos os atacantes no chão. Ninguém conseguiu encostar sequer um dedo nele. Ao ver isso, os oficiais ficaram totalmente estupefatos.

Há muitas histórias como essa, mas algumas tendem ao exagero e perdem a verdadeira essência do que O Sensei estava fazendo. Como O Sensei fizera da busca pelo verdadeiro caminho do aikido o centro de sua vida, não acho que esses "feitos lendários" eram tudo que ele pretendia realizar. Mas, como o aikido ainda estava em seus primeiros estágios, acho que ele usou esses feitos como um meio de explicar e promover o aikido para as massas, que não conseguiam reconhecê-lo facilmente sem o uso ou a prova do poder. Em outras palavras, acredito que os "feitos lendários" de O Sensei destinavam-se não somente a demonstrar ou exibir o que ele podia fazer, mas também criar uma oportunidade de apresentar uma verdadeira arte marcial — O Sensei usava alguns métodos bastante dramáticos para mostrar o que era o Takemusu Aiki.

Ao contrário desse tipo de situação, seu encontro com Jigoro Kano, e a oportunidade de se relacionar com ele de um modo muito mais profundo e satisfatório, deve ter trazido grande alegria a O Sensei.

O sensei Jigoro Kano era o presidente da Escola Normal Superior de Tóquio (predecessora da Universidade de Educação de Tóquio) e respeitado como um líder na área da educação. Antes dessa época, a educação física era bastante negligenciada, mas o sensei Kano a via como um complemento indispensável da educação intelectual e moral. Por sua vez, o *budo* era, para ele, o fundamento da educação física. Uma vez que o *budo* tradicional, como técnica prática de luta, não era apropriado para a educação de formação do caráter, ele sistematizou a antiga arte do jujutsu para torná-la adequada ao público em geral, assim como aos atletas. Desse modo, criou o judô Kodokan.

Embora tenha, dessa maneira, modificado o *kobudo* — as artes marciais antigas —, Jigoro Kano tinha um profundo apreço por elas e um respeito incomum por seus elementos centrais: a importância da ética e da conduta, a busca de um caminho verdadeiro, e a combinação de elegância de estilo e aplicação prática. Em seu tempo livre, ele criou um grupo de estudo de *kobudo* e dedicou-se arduamente ao estudo, preservação e promoção das várias artes e escolas de *yawara*, *yari*, *ken*, *bo*, *jo* e *naginata*. O próprio sensei Kano havia dominado o antigo jujutsu de Kito-ryu e Tenjin Shinyo-ryu. A escola Kito-ryu foi fundada por Kanemon Terada e seguiu os ensinamentos de Shichiroemon Fukuno. Fukuno, por sua vez, estudara com Chen Yuang-ping, cidadão naturalizado, nascido na China Ming, que é considerado o fundador do jujutsu japonês. Os fundamentos do Kito-ryu podem ser expressos desse modo: "*Kito* significa tanto levantar como cair. *Ki* é a forma *yang*, enquanto *To* é a forma *yin*. A vitória vem através de *yang* e também vem através de *yin*. O fraco controla o forte; o suave controla o duro".

O Tenshin Shinyo-ryu é um amálgama de um jujutsu chamado Yoshin-ryu, desenvolvido pelo médico Akiyama Yoshitoki, que estudou na China, e do Shinshinto-ryu, originado no clã samurai Iso Mataemon, de Kishu. Esse jujutsu tem muito em comum com o aikido: o princípio de preencher o corpo com a energia *ki*, a necessidade de flexibilidade física e o uso de *atemi* (golpe paralisante).

Acredito que o Aiki Bujutsu atraiu a atenção do sensei Kano mesmo antes de o aikido ser completado, pois ele encontrou elementos de genuíno *kobudo*, tal como a busca de um caminho verdadeiro. Além disso, o próprio judô originou-se do Kito-ryu e do Tenshin Shinyo-ryu, as mesmas escolas em que O Sensei também havia estudado (ver o Capítulo 2). Em outras palavras, como estudaram as mesmas artes, esses dois homens partilhavam um fundamento comum. Enquanto o sensei Kano modificara a arte para torná-la um esporte, O Sensei havia ido para o outro extremo, rejeitando totalmente a ideia de transformar o *budo* em esporte. Talvez o sensei Kano visse o caminho rígido que O Sensei estava tomando com o aikido como uma feliz contrapartida para as dolorosas concessões que ele havia sido forçado a fazer com o judô.

Jigoro Kano, o fundador do judô Kodokan.

Em outubro de 1930, Jigoro Kano veio amavelmente e em pessoa ao dojo Mejirodai para encontrar O Sensei e observar, por si mesmo, o uso altamente qualificado do corpo, da mente e do *ki* realizado pelo Fundador. Sei que ele disse: "Essa é a arte marcial ideal, que eu tinha em mente. Esse é o verdadeiro judô". Pode-se dizer que somente mestres conseguem identificar outros mestres e somente aqueles que têm talento conseguem perceber realmente o talento de outros. Esse foi um caso de ressonância e empatia entre dois homens que eram ambos especialistas.

Ouvi dizer que, quando o sensei Kano voltou ao Kodokan, falou a seus assistentes próximos: "Gostaria de receber Ueshiba no Kodokan. Mas Ueshiba já está bem estabelecido, por sua própria conta, e é o dirigente de sua própria organização. Muito provavelmente não conseguiremos fazê-lo se juntar a nós. Talvez a segunda melhor solução seja selecionar alguns dos nossos melhores alunos e mandá-los para a escola de Ueshiba a fim de termos um intercâmbio de *michi* [caminho]." De fato, alguns dias depois, Jigoro Kano mandou uma carta para O Sensei. Ele também determinou que dois de seus discípulos do Kodokan, Minoru Mochizuki e Jiro Takeda, fossem treinar com O Sensei.

Ainda tenho essa carta de Jigoro Kano, datada de 28 de outubro de 1930, e ela diz o seguinte:

> Saudações. Gostaria de lhe agradecer muito pela acolhida que me ofereceu como visitante. Como mencionei, procurei, entre meus alunos, discípulos sérios que pudessem treinar com você. Decidi mandar-lhe Takeda, que me acompanhou na visita ao seu dojo, e também outro discípulo, chamado Mochizuki. Em poucos dias enviarei Shuichi Nagaoka para conversar com você, em meu nome, sobre os detalhes; se houver qualquer problema, por favor, avise Nagaoka. Gostaria de encerrar agradecendo-lhe mais uma vez por sua hospitalidade e por sua receptividade a essa solicitação relativa aos meus alunos.
>
> Sinceramente.

Minoru Mochizuchi, que entrou nessa época, acabou tornando-se um entusiasta do aikido e ainda está ativo, como dirigente do Shizuoka Budo Yoseikan. Ele incorporou o aikido como parte do Sogo Budo ("*budo* completo") que ensina. Eis algumas de suas recordações sobre O Sensei:

> O Sensei Kano nos disse: "Vocês dois, vão e mostrem seu mais alto respeito, e tentem aprender tudo o que for possível. Isso ajudará a continuação de uma tradição do *kobudo* no futuro". A razão pela qual passei a respeitar O Sensei, como o fiz, não estava somente em suas excelentes habilidades ou em sua filosofia. Para falar a verdade, foi seu poder sobre-humano. Senti que ele não era um artista marcial comum; era alguém que havia alcançado algo extraordinário, o segredo mais profundo. Eu também queria procurar esse segredo mais profundo e aprender o que ele sabia.
>
> Deixe-me dar um exemplo. Depois dos treinos, nos reuníamos para conversar com O Sensei e, de repente, ele dizia algo assim: "Há alguém de roupa escura esperando em frente ao dojo. Talvez queira perguntar algo. Que alguém vá lá e o ajude!" Nós ficávamos imaginando como ele podia saber disso — mas, quando íamos ver, lá estava ele! Havia realmente um homem de roupa escura querendo informações sobre o dojo. Era uma experiência bastante estranha. Mais tarde, O Sensei mostrou muitas vezes esse tipo de habilidade sobrenatural.
>
> Quando construí meu próprio dojo, em Shizuoka, convidei O Sensei para visitá-lo. Quando já estávamos indo dormir, depois de estender os *futons* no dojo, ele me disse: "Mochizuki, seu dojo foi construído sobre um rio?" Eu respondi: "O que o senhor quer dizer? Ele está no meio da cidade". O Sensei replicou: "É estranho, pois há um rio fluindo sob o meu travesseiro". Achei que era uma coisa muito estranha de se dizer. Aproximadamente um mês depois, o antigo proprietário, que vivia nos fundos do imóvel, veio pedir a minha autorização para cavar um buraco no centro do dojo. Perguntei-lhe por que e ele me respondeu: "Na verdade, a tubulação do esgoto corre por baixo de sua propriedade e o acesso fica quase no centro do seu dojo". Depois que cavou mais ou

menos um metro, lá estava um alçapão de acesso. O Sensei deve ter ouvido o som da água fluindo através do esgoto. Nunca consegui ouvir nada, portanto poderíamos dizer que ele realmente tinha poderes sobrenaturais.

Com esse tipo de habilidade, quando você estava prestes a aplicar uma técnica qualquer, ele podia facilmente vê-la em sua mente. Assemelhava-se mais a um poder espiritual do que a um poder físico. E assim entendi como foi que O Sensei se tornou invencível.

O Sensei costumava dizer: "A oração se torna poder divino". Os tipos de poder que Minoru Mochizuki descreve apareceram como resultado dos infindáveis esforços de O Sensei para treinar sua mente e seu corpo. Ele atingiu um estado mental caracterizado por um desapego transparente e pela ausência de um ego pessoal, tornando-se uno com todas as energias do universo. De qualquer modo, o fato de que praticantes de judô fortes e talentosos, como Kenji Tomiki, Minoru Mochizuki e muitos outros, tenham sido atraídos pelo aikido, me faz imaginar que o sensei Kano e O Sensei partilhavam alguma profunda compreensão de suas artes. Isso faz eu me lembrar de um antigo ditado: *Tori mono iwazu. Shita onozukara kei wo nasu* (os pessegueiros e as ameixeiras em flor não precisam falar para atrair os visitantes; as pessoas abrirão caminho até onde eles estão).

Kobukan: a era do Dojo do Inferno

Até hoje ainda me lembro do entusiasmo que senti em abril de 1931 quando um novo e completo dojo de *aiki* foi construído em Wakamatsucho, Ushigome, onde o dojo Hombu ainda está localizado.

O novo dojo era espaçoso, para 80 tatames, e os tatames novos ainda tinham o cheiro de palha fresca. Não é exagero dizer que, para o meu olhar de criança de 10 anos, o dojo parecia tão espaçoso quanto o mar aberto.

Nesse grande dia, quando foi inaugurado o dojo, o espaço não conseguia comportar todas as pessoas que vieram. Generais de alta patente do

Exército e da Marinha brilhavam como estrelas entre os convidados reunidos. Mesmo cercado por essa distinta multidão, O Sensei se destacava. Nessa época, eu me sentia muitas vezes infeliz porque meu pai nunca me fazia companhia em casa; um dia tinha de estar na Academia Naval, no dia seguinte precisava ir ao dojo filial de Osaka; sempre indo de um lugar para outro. Mas, nesse dia, eu estava muito feliz e orgulhoso, como nunca estivera antes, por ter um pai tão importante.

O nome do dojo era "Kobukan", mas, com o passar do tempo, as pessoas passaram a se referir a ele como o "Dojo do Inferno, de Ushigome". Como seu nome não oficial sugere, o dojo transbordava de determinação, entusiasmo e energia. Embora as regras exigissem uma referência apropriada para a pessoa ser aceita como membro do dojo, só de *uchideshi*, havia de doze a vinte, ou mais. Além disso, a maioria deles era formada por rapazes fortes, com experiência em judô e *kendo*, que pesavam 85 quilos ou mais. Desnecessário dizer que a prática era bastante feroz.

Dentre aqueles primeiros *uchideshi* do dojo Kobukan havia pessoas já mencionadas aqui, como Yoichiro Inoue, Hisao Kamata, Hajime Iwata e Minoru Mochizuki, mas também outros, como Kaoru Funahashi, Tsutomu Yukawa, Aritoshi Murashige e Shigemi Yonekawa. Todos eram jovens entusiastas e promissores, com personalidade forte.

Kaoru Funahashi era uma pessoa sincera e de boa índole, com um grande coração. Ele podia fazer um *ukemi* impressionante, com uma lança de verdade nas mãos, e sua movimentação cativava os olhos. Tsutomu Yukawa, de Kishu, era mais calmo e inescrutável; sua força era enganadora, muito maior do que se esperava: ele conseguia dobrar e endireitar pregos de 13 centímetros, e levantar dois baldes de arroz, um em cada mão, e batê-los como címbalos.

Ambos estavam sempre perto de O Sensei, assumindo o papel de assistentes pessoais. Tsutomu Yukawa acompanhava frequentemente O Sensei em suas viagens para outros dojos filiais. Impaciente como era, O Sensei muitas vezes deixava Yukawa para trás e então o repreendia severamente: "O que aconteceu com você, Yukawa? Você andava logo atrás de mim, então como acabou tomando outro trem?" Embora O Sensei repreendesse as pessoas que lhe eram próximas, como Yukawa, a repreensão era na verdade uma maneira de demonstrar sua afeição.

Aritoshi Murashige tinha um temperamento sanguíneo e, às vezes, desembainhava sua espada impetuosamente e a brandia em torno de si, assustando quem estivesse por perto. Tinha a reputação de ter mutilado mais de 600 pessoas, enquanto estava no continente. Apesar de possuir um caráter rude, até o dia em que faleceu — num acidente de carro na Bélgica, em 1964 —, fez tudo o que pôde para apoiar O Sensei. O artigo que escreveu para o *Aikido Shinbun* descreve como eram as coisas naquela época, e eu gostaria de transcrevê-lo em parte:

> O Sensei ainda estava com 50 e poucos anos, e muito ativo. Quando gritava, sua voz era como o rugido de um leão, que reverberava dentro de nossas cabeças, de modo penetrante, severo e intimidador. Quando ele gritava algo como "Ei! O que vocês pensam que estão fazendo?!", nós, os *uchideshi*, pensávamos "Ah, não!" e, em pânico, tentávamos nos esconder nos cantos do dojo.
>
> Eu pensava "Lá vamos nós de novo!". Talvez os alunos de fora ficassem assustados. Mas, na verdade, o temperamento dele era tão rápido para esfriar como para esquentar. Num momento, estava gritando; no seguinte, estava chamando com voz gentil: "Ohatsu, Ohatsu!" [o nome da esposa de O Sensei], na sala dos fundos. E ria de um modo prazeroso. Depois que O Sensei explodia, sua risada de sempre mostrava uma felicidade toda especial.[4]

Shigemi Yonekawa costumava sentar-se quietamente perto de alguns dos *senpai* (discípulos seniores), como Mochizuki, Iwata e Kamata, que adoravam conversar animadamente, e mantinha os ouvidos atentos. Ele relembrava seus dias de *uchideshi* com estas palavras:

---

4 *Aikido Shinbun*, nº 36 (1962).

Quando entrei em contato com a vida do dojo, ela parecia muito diferente do resto da vida da sociedade e me senti bastante perdido. Naqueles tempos, eu estava dividindo o alojamento com um grupo de excelentes *senpais* — Funahashi-san, Yukawa-san, Ywata-san, Kamata-san. Fiquei impressionado com o fato de que a vida ali era vivida segundo os princípios de *Seikatsu-soku Keiko* (Vida é Treinamento) e *Seikatsu-soku Budo* (Vida é *Budo*). Acredito que minha experiência como *uchideshi* me foi bastante útil no mundo real. Havia uma clara demarcação de precedência entre os *senpai* e os *kohai* (discípulos seniores e juniores), independentemente da idade. Embora eu fosse muito mais velho que os outros quando entrei para o dojo, isso não importava porque a senioridade era definida rigorosamente pelo tempo de prática, e não pela idade cronológica.

Na vida dos *uchideshi* havia vários níveis de tarefas. Você começava espargindo água na entrada e limpando os toaletes; depois passava a tomar conta da vida diária de O Sensei; mais tarde, a fazer massagem nele; e, finalmente, começava a acompanhar O Sensei em suas viagens. Assim, éramos completamente treinados em cada detalhe das atividades no dojo. No meu caso, tenho uma lembrança inesquecível relacionada ao telefone.

O número do telefone do dojo, naquela época, era 4993; o que era bastante estranho, ele rimava com *yokukuzo*, que significa "nós comemos muito". A brincadeira combinava com o grande apetite dos *uchideshi*! Então certo dia, quando atendi um telefonema de fora, O Sensei veio por trás de mim e me bateu levemente no ombro. Ele disse: "Quando está falando ao telefone, você fica completamente fora de guarda. Isso é um grande descuido. Tenha em mente que, mesmo sabendo que é um simples telefonema, você deve demonstrar claramente e o tempo todo uma postura de prontidão para o ataque". Ele me repreendia desse modo.

Algum tempo depois, alguém me disse: "Sempre que atravessa uma porta, você parece estar completamente alerta para todas as direções". Talvez eu tenha aprendido esse *Seikatsu-soku Keiko*, *Seikatsu-soku Budo* naturalmente, como parte do meu treinamento como *uchideshi*. Foi uma experiência verdadeiramente inestimável.

Além das pessoas que já mencionei, houve outras que ingressaram e se tornaram *uchideshi* no período de 1933 a 1935. Entre elas havia figuras inesquecíveis, como Rinjiro Shirata, Zenzaburo Akazawa, Tetsuomi Hoshi e também Gozo Shioda (atual dirigente da Yoshinkan), que era tratado como um *uchideshi* interno, apesar de não residir realmente no dojo. Mesmo agora, muitos desses antigos *uchideshi* estão ainda tão ativos, ou mais, que os mais jovens que estão entrando hoje. Ainda nos reunimos uma ou duas vezes por ano em memória de O Sensei.

Rinjiro Shirata é um dos membros mais antigos da Aikikai, sendo dirigente da filial Yamagata da Aikikai, e trabalha muito arduamente para pro-

No dojo Kobukan, em 1931. O Fundador está no centro, na fila da frente, e o Dr. Kenzo Futagi é o segundo, da direita para a esquerda, na mesma fila. A esposa do Fundador é a terceira, da esquerda para a direita, na fila da frente; eu estou sentado ao lado dela.

mover essa arte. Entrou em 1933 e, nos cinco anos no dojo — até entrar para o Exército e ir para a campanha, em 1937 — foi um discípulo excepcionalmente talentoso, conhecido como a "Flor do Kobukan" ou o "*Kirinji* [jovem talentoso, com grandes perspectivas para o futuro] do Kobukan". Menos de um ano depois de ingressar no dojo, ele estava visitando a filial de Okayama do Budo Senyo-kai (ao qual voltarei mais tarde), juntamente com Masahiro Hashimoto, que era um pouco mais antigo que ele. Em Okayama, dois camaradas o confrontaram e o desafiaram a mostrar sua habilidade. Ele recusou o desafio firmemente, dizendo: "O verdadeiro objetivo do aikido não é lutar, portanto não pode haver competição. *Shiai* [luta, competição] leva a *shiai* [matar um ao outro, escrito em ideogramas chineses diferentes]". Mas os desafiantes insistiram, e assim Rinjiro Shirata se levantou relutantemente. Ele torceu os braços do atacante e empurrou seu rosto no chão; então perguntou com suavidade: "Você consegue resistir a mim agora? *Isto* é não resistência".

Outra vez, um sujeito grande e rude não deixava Shirata em paz — o agressor tinha mais de 1,80 metro de altura e havia sido lutador profissional de sumô. Shirata aplicou *nikkyo* no pulso do lutador de sumô e rompeu seu tendão. Ouvi dizer que o valentão ficou muito dócil depois disso! Rinjiro Shirata era uma pessoa de talento excepcional, mas também muito puro, por natureza. Ele nunca esqueceu a amabilidade de minha mãe, que havia costurado para ele um paletó *haori* japonês; ele dizia: "Aonde vou, sempre carrego o paletó *haori* em minha mala". Ouvi histórias semelhantes de outros *uchideshi*, que contavam com a amabilidade dela para amenizar os rigores da vida diária no dojo, sob O Sensei.

Zenzaburo Akazawa ingressou com a idade de 14 anos e O Sensei o apelidou carinhosamente de "Sabu". Eis alguns fatos que ele relembra sobre seu período com O Sensei:

> No começo, O Sensei me orientou a "só ficar olhando", sem treinar. Isso é chamado *mitori keiko* e me permitiu aprender muito. Depois de algum tempo, comecei a ser convocado — "Sabu, venha cá" — e me pediam para fazer *ukemi* para O Sensei e os *senpai*. Minha primeira impressão foi "o aikido é realmente doloroso!". Todos os dias, eu era designado

> para massagear os ombros de O Sensei. Cada vez que eu fazia isso, O Sensei dizia "O segredo para ficar forte é massagear meus ombros". De qualquer modo, graças ao aikido, acho que aprendi a "fazer *aiki*" — em outras palavras, nas relações pessoais aprendi a sentir o *ki*, ou energia, da outra pessoa e me harmonizar com ele. Sou muito grato por isso.

Gozo Shioda chegou com uma recomendação de Munetaka Yasube, diretor do Sexto Colégio Furitsu (atualmente Colégio Shinjuku). Ele tinha baixa estatura, mas era extremamente enérgico.

Já contei algumas histórias sobre Gozo Shioda, mas permitam-me contar mais algumas:

> À noite, o *senpai* Shirata e eu fugíamos para nos divertir. Para que O Sensei não nos ouvisse, escondíamos nossas *geta* [sandálias de madeira] dentro do quimono e saíamos descalços pela porta dos fundos. Apesar dessas precauções, O Sensei, com seus poderes extraordinários, ainda sabia o que estava acontecendo. Cada vez que fugíamos para nos divertir, no dia seguinte O Sensei dizia: "Shirata e Shioda saíram de novo", e nos repreendia severamente.
>
> Penso que, em 1941, o almirante Takeshita nos informou que um membro da família imperial queria ver uma demonstração de *aiki* no dojo Saineikan. O Sensei respondeu: "Se vamos fazer uma demonstração, seria apropriado fazê-la com lâminas verdadeiras. Mas, nesse caso, a demonstração acabaria muito rapidamente. Contudo, não quero demonstrar algo que seja falso". Essa era sua maneira de declinar o convite. Mas esse membro da família imperial persistiu e assim, no final, O Sensei concordou em fazer a demonstração; o *senpai* Yukawa e eu o acompanhamos. Nesse dia em particular, O Sensei sofreu um sério ataque de icterícia. Desde a noite anterior, ele havia consumido somente água e estava bastante trêmulo. Não era uma situação muito favorável — na verdade, tivemos de carregá-lo nos ombros até o dojo Saineikan. Contudo, quando chegou a hora da demonstração, ele estava completamente bom.

> A demonstração estava planejada para durar 40 minutos, com o *senpai* Yukawa fazendo *ukemi* na primeira metade. Como sabíamos que O Sensei não estava em sua melhor forma, caíamos com um pouco mais de facilidade, mas, não obstante, ele estava nos derrubando de modo ainda mais forte que o usual. Fiz *ukemi* na segunda metade da demonstração e ele fez comigo o mesmo que fizera com o *senpai* Yukawa [...] Por estranho que pareça, comecei a sentir calafrios porque não conseguia ver o corpo de O Sensei, só seus olhos penetrantes. Era como se seus olhos estivessem irradiando uma luz violeta, e eu estava completamente dominado por sua energia — era como estar num sonho em que alguma força dominou você e você age sem saber como ou por quê.

No dojo Kobukan, por volta de 1935.

Tetsuomi Hoshi era instrutor de judô no Colégio Hidaka, em Kishu. Certo dia, seu antigo pupilo Tsutomo Yukawa o derrubou facilmente, usando o aikido. Como resultado, ele decidiu aprender aikido e reservou dois anos para se tornar *uchideshi*. Ele era excessivamente autoconfiante e dizia, lamentando-se: "Só O Sensei, eu não consigo derrotar".

Essas foram algumas das pessoas talentosas que o dojo Kobukan conseguiu recrutar. O Kobukan começou como um único dojo, mas o aikido experimentou uma verdadeira época dourada antes da guerra. Além do dojo Kobukan Hombu, a organização começou a ostentar dojos filiais e dojos satélite, em Tóquio e Osaka. Acompanhado por seus *uchideshi*, O Sensei visitava ativamente esses dojos para dar treinamento e palestras.

Dentre os dojos em Tóquio ligados ao Kobukan, recordo-me dos seguintes: um dojo que era a residência do falecido mestre de pintura Hirafuku Hyakusui (tio de Kenji Tomiki); o dojo Fujimicho, que foi adquirido e aberto com a ajuda de Kyugoro Azeyanagi, proprietário de um negócio de aluguel de barcos em Iidabashi; e o dojo Otsuka, em Koishikawa, Otsuka, que foi presente de Seiji Noma. Seu filho era Hisashi Noma, um famoso espadachim da época que participou da competição do imperador e sagrou-se campeão — seu destino foi encontrar O Sensei e começar a estudar aikido. O próprio Seiji Noma foi o fundador da Kodansha, uma companhia editora.

Em outras partes do Japão, o crescimento do aikido estava centrado no dojo Takeda de Budo Senyo-kai. Osaka era uma exceção, sendo controlada diretamente pelo Kobukan; e também havia expansão a partir dali. Diversos dojos foram abertos em Osaka nessa época, incluindo-se Sonezaki, Suita e Chausuyama, entre outros; e assim o aikido florescia na região. Além disso, graças à ajuda de homens como Kenji Tomita, comissário de polícia de Osaka, e Giichi Morita, chefe da delegacia de polícia de Sonezaki — ambos admiradores de O Sensei —, o aikido era ativamente promovido nos dojos da Polícia, ao lado do judô e do *kendo*. O aikido também era praticado diligentemente pelos empregados do jornal *Osaka Asahi Shinbun*, sob a liderança de Takuma Hisa.

Em Osaka, Tsutomu Yukawa era o principal encarregado de ensinar o aikido e dirigir sua expansão. Algumas das pessoas que praticavam nessa época e nos anos do pós-guerra, e que ainda estão ensinando agora, são Kiyoshi Sakuma e Isaburo Tanaka (que usa correntemente o nome de Mansen). Nos anos posteriores, quando O Sensei ia a Osaka, Isaburo Tanaka o atendia e, consequentemente, como muitos dos *uchideshi*, tem algumas histórias interessantes para contar.

Certo dia, quando O Sensei estava hospedado no dojo, lhe foi entregue um telegrama, dizendo que minha mãe estava doente. Isaburo Tanaka foi imediatamente comprar uma passagem de volta a Tóquio para o primeiro horário do dia seguinte. Nessa noite, O Sensei acordou de repente e disse: "Não vou voltar para Tóquio. Minha esposa já se recuperou". Isaburo

Tanaka ficou surpreso e sem saber o que fazer. Na manhã seguinte chegou outro telegrama com a notícia de que, de fato, ela havia se recuperado e não era necessário ele voltar. Pode-se dizer que eram, novamente, os poderes sobrenaturais de O Sensei se manifestando, mas Isaburo Tanaka não deixou de ficar maravilhado e estupefato.

Tentei descrever como as coisas se passavam na época do "Dojo do Inferno" através dos olhos dos *uchideshi*. Com relação aos discípulos que ingressaram como alunos externos durante esse período, falarei deles na seção a seguir.

O Budo Senyo-kai e o dojo Takeda

Quando o novo dojo foi aberto em Wakamatsu, Ushigome, com seu espaço para 80 tatames para treinamento, o aikido realmente passou a ter uma base em Tóquio. Inicialmente, a arte de O Sensei era conhecida como *Aiki Jujutsu* e, mais tarde, como *Aiki Bujutsu* — somente depois da época do

Depois de um treino de aikido nas instalações do jornal *Asahi*. O Fundador é o quarto, da direita para a esquerda, na primeira fila.

Kobukan, ela começou a ser chamada de *Aiki Budo*. Mas foi nesse período que o aikido começou a ganhar um amplo reconhecimento como uma forma importante de *budo*, no mesmo patamar do judô e do *kendo*; portanto era o momento certo para expandi-lo e começar a abrir dojos filiais em outras cidades importantes.

Foi por essa época que abriu um dojo muito bom em Takeda-cho, Asako-gun, na província de Hyogo, que era, de alguma maneira, diferente dos outros. O dojo Takeda foi originalmente estabelecido como parte da sede da Dai Nihon Budo Senyo-kai, uma organização que o mestre Onisaburo havia orientado O Sensei a criar e dirigir. Enfim, a filiação foi aberta ao público em geral e os instrutores foram escolhidos dentre os *uchi-deshi* que não tinham ligação com a Omoto. O dojo acabou ficando mais parecido com o dojo pessoal de O Sensei, ou com uma filial do Kobukan, por isso alguns membros da Omoto ficaram descontentes com o modo pelo qual as coisas se passaram. Mas o dojo foi originalmente estabelecido sob os auspícios da religião Omoto.

A relação direta de O Sensei com a Omoto se enfraquecera depois que ele se mudara para Tóquio com sua família, mas seu respeito e lealdade pessoais para com o mestre Onisaburo permaneceram iguais. Se o mestre Onisaburo lhe pedia algo, ele fazia tudo que podia para atendê-lo, independentemente de sua agenda lotada e de sua fama como artista marcial. Não se preocupava com possíveis consequências para ele, mas somente em realizar os desejos do mestre Onisaburo. Provavelmente, alguns de seus patrocinadores em Tóquio o alertaram sobre os perigos de reatar laços mais estreitos com a Omoto, mas O Sensei achava que seria mesquinho colocar essas preocupações acima da lealdade.

Assim, em 13 de agosto de 1932, foi inaugurada a Dai Nihon Budo Senyo-kai, com o mestre Onisaburo como presidente e O Sensei como diretor executivo. O perfil do objetivo da nova organização estava descrito como se segue:

> O verdadeiro *budo* se origina de Deus. *Bu* significa parar a lança. Técnicas voltadas para a destruição e para matar não são um verdadeiro

> *Bu*. O verdadeiro caminho do *budo* é acabar com as técnicas destrutivas e estabelecer o caminho de *Haja Kensho* [negar o mal e demonstrar integridade]. O *budo* do Japão Divino originou-se do grande caminho de Deus, incorporando a sinceridade do espírito de Yamato para disseminá-lo por todo o mundo. Durante os 300 anos do xogunato Tokugawa, quando o *bushido* [o caminho do samurai] era cercado de cerimônia, o verdadeiro *bushido* foi perdido. O verdadeiro *bushido* existiu desde o começo, antes que fosse capturado em palavras e coberto com ideias humanas.
>
> A grande tarefa da Restauração Showa não pode ser alcançada somente por meios políticos e econômicos, ou só pela ciência, ou somente pelos aspectos espirituais. Ao apresentar o verdadeiro legado divino do Dai Nihon Budo ao mundo, gostaríamos de contribuir, mesmo que modestamente, para esse grande objetivo. Tudo o que se origina da vontade divina, retorna a Deus. O verdadeiro *Bu* defenderá a Nação Divina; trará paz ao mundo e harmonia para a humanidade [...]

Não está claro por que o mestre Onisaburo decidiu fundar uma organização nessa época; não entendo sua real intenção. Contudo, um incidente histórico desse período talvez tenha tido algo a ver com a criação da Dai Nihon Budo Senyo-kai: o bombardeio de um trecho da ferrovia da Manchúria, em Ryujokyo, em 18 de setembro de 1931, conhecido como o "Incidente da Manchúria". Com alguma antecipação, o mestre Onisaburo viu esse incidente como um sinal do que estava por vir. Pode-se dizer que a Omoto, como organização, preparava-se para enfrentar sabiamente os novos desafios que ocorreriam nos próximos anos.

Como sugeri no Capítulo 3, o mestre Onisaburo via a Manchúria e a Mongólia como os locais para a criação de uma utopia mundial de Aizen (Amor e Fraternidade Universais). Mesmo logo depois do Primeiro Incidente da Omoto, em 1921, essa organização procurava ativamente colaborar com outras organizações inter-religiosas, como a seita religiosa taoista Sociedade da Suástica Vermelha. Dentro da Omoto, a ideia de criar uma nação manchuriana independente, com PuYi como o último imperador, parece ter se antecipado consideravelmente aos planos militares japoneses para o estabelecimento de um Manchukuo independente. Aconteceu então o Incidente da Manchúria. Provavelmente, o mestre Onisaburo estava preocupado com a direção que o incidente indicava — que alguns militares estavam tentando acelerar os acontecimentos: "Isso é ruim. Ao tentar forçar as coisas, eles podem envolver-se num grande problema". Há razões para pensar que ele viu nesse incidente a preparação para uma possível guerra com os Estados Unidos e a Grã-Bretanha.

Simultaneamente, na linha de frente doméstica, o Incidente de 15 de maio, que envolveu jovens oficiais navais e cadetes do Exército, exemplificou o sentimento emergente de Showa Ishin (Restauração Showa). [O primeiro-ministro foi assassinado por um grupo de jovens oficiais navais, sendo necessária a formação de um novo governo.] Provavelmente, a percepção do mestre Onisaburo foi a de que um novo eixo de consenso nacional poderia emergir em torno da ideia de uma Restauração Showa.

Fundamentado em sua previsão dessas tendências históricas, talvez o mestre Onisaburo tenha desejado criar algumas novas organizações nacionais — Showa Seinen-kai e Showa Konsei-kai seriam alguns exemplos —, sob as asas das organizações-mãe da Omoto, Zuisho-kai e Jinrui Aizen-kai. Ele se preparava para o que havia antevisto. Talvez a Dai Nihon Budo Senyo-kai tenha sido criada sob a mesma premissa, com um tipo de duplo propósito. Por um lado, a organização contribuiu obviamente para uma postura patriótica de defesa nacional; por outro, ela deixou a Omoto mais identificada com a Showa Ishin (e, portanto, pode ter ajudado a protegê-la de uma potencial nova perseguição pelo governo).

Se lermos nas entrelinhas, podemos entender que a criação da Dai Nihon Budo Senyo-kai serviu a propósitos com um alcance mais longo — como foi indicado desde o início por um plano que determinava que a sede em Kameoka e o escritório principal em Ayabe criassem 75 filiais em todo o Japão.

Ainda assim, apesar da grande estrutura organizacional que nominalmente o envolvia, o dojo Takeda era na realidade e predominantemente um local para o treino de aikido. A pretendida organização acabou ficando em segundo lugar e o dojo Takeda tornou-se a contrapartida do Wakamatsu-cho, Ushigome, um Dojo do Inferno no oeste, para corresponder ao Dojo do Inferno do leste. De fato, o dojo Takeda se tornou uma importante base para a expansão do aikido.

O local do dojo, em Takeda-cho, ficava muito ao norte de Himeji, bem para dentro das montanhas e ao longo da rota Tajima Kaido, num pequeno vale estreito. Não muito longe ficam as ruínas do castelo Torafusu, construído por Yamana Sozen durante a Era Sengoku [o período dos "Estados Rivais", época que vai da metade do século XV ao início do século XVII]. A vila Aizen, da Omoto, foi mais tarde fundada em Takeda-cho, sobre uma colina, a cerca de 300 metros acima do nível do mar.

O dojo Hombu da Budo Senyo-kai estava localizado nos arredores de Takeda-cho. Ele foi instalado na espaçosa propriedade de uma antiga fábrica de saquê, próxima a Wadayama. Quando eu ainda estava na escola elementar, participei de duas temporadas de verão com os discípulos e me lembro claramente de como eram grandes a casa e o dojo. O Sensei ficava normalmente num apartamento ligado à antiga residência principal. Os habitantes do local temiam esse edifício e as construções dos seus arredores, vendo-os como uma "casa assombrada". De acordo com as histórias locais, nos anos iniciais da Restauração Meiji, um famoso samurai pró-imperador, chamado Kuniomi Hirano, foi encurralado nessa casa com seus seguidores depois de liderar um fracassado levante contra o xogum. Ali, ele cometeu *seppuku* e morreu. Provavelmente, graças a essa história sombria e sangrenta, a casa custou uma pechincha.

Outras construções ao redor da residência principal abrigavam os instrutores enviados pelo Kobukan; praticantes de outras filiais da Budo Senyo-kai; praticantes em geral de todos os lugares, que vinham treinar por diferentes períodos de tempo; e também os militares em licença, vindos do continente. Havia um considerável movimento de pessoas chegando e partindo, mas sempre se contava com uma população fixa, de 50 a 60 pessoas, incluídas aquelas responsáveis pela administração.

A vida nesse dojo era basicamente a mesma que no dojo da antiga Ueshiba-juku, em Ayabe. O sistema era de autossuficiência comunitária, com as tarefas realizadas em regime de rodízio. Entre os treinos da manhã, tarde e noite, todos tinham de trabalhar pesado, seja no plantio, na cozinha, na lavagem de roupas, na limpeza, no preparo dos banhos ou nas compras. Para o plantio, havia sido arrendado um pedaço de terra cultivável no outro lado do rio Asako. Com base na crença de O Sensei no princípio de *Heino-ichinyo* (lutar e plantar formam uma unidade), todos usavam seus *keikogi* no cultivo da terra, espalhando dejetos humanos como fertilizante ou fazendo a colheita das safras. A pesca no rio Asako era outra parte da rotina. O arroz usado no dojo era o integral, não polido, como recomendado pelo Dr. Kenzo Futagi, mas, como o arroz integral requer cuidados especiais no seu preparo, muitas vezes quem estava trabalhando na cozinha não sabia como cozinhá-lo adequadamente e o arroz ficava meio cru. O Sensei aceitava muitas privações sem pestanejar, mas ouvi dizer que ele estava tão aborrecido com o arroz mal cozido que disse aos responsáveis que o cozinhassem mais tempo, pois isso estava dificultando sua digestão. Era basicamente um grupo de homens desajeitados fazendo todas as tarefas, e preparar boas refeições não era seu ponto forte. Alguns mastigavam alho cru para se manter fortes, e quem não gostava do cheiro tinha de sair de perto!

A maioria deles, contudo, era jovem e saudável e gostava da vida no dojo. Parece que Yukawa, Kamata, Murashige, Inoue, Shirata, Hoshi e alguns outros membros do Kobukan preferiam o dojo Takeda, em vez de permanecer em Tóquio. Há muitas histórias de seus feitos espantosos. Para acrescentar algumas às que já relatei, havia um praticante, chamado Fujisawa, que costumava rodopiar com uma barra de ferro que pesava cerca de 50 quilos, sem qualquer dificuldade. Um visitante do dojo, chamado Nentetsubo, mundialmente reconhecido como um dos "mais fortes do Japão", ficou deslumbrado quando viu Fujisawa em ação. Ryosuke Suzuki foi outro — ele se tornou uma lenda quando carregou facilmente uma pedra de 300 quilos nas costas desde o rio Asako.

Havia dois dojos; um grande e outro pequeno. O grande, medindo cerca de 100 *tsubo* (algo como 330 m^2), era uma área da fábrica de bebida, que se tornou um dojo com mais de 200 tatames. O menor, de cerca de 30 *tsubo* (100 m^2), tinha sido um depósito de arroz; cabiam nele cerca de 60 tatames. O dojo menor foi mais tarde usado para seminários e outros eventos especiais.

O dojo Takeda tornou-se conhecido não tanto pelo grande número de praticantes ou pelo tipo de novos alunos que atraiu, mas por ser um lugar como o monte Liang, dos *Tales of the Water Margin*, em que jovens samurais *aiki* podiam liberar toda sua paixão e energia. Em Takeda, isolados do mundo, eles eram treinados com grande rigor e numa espécie de regime espartano.

O modo pelo qual o dojo se desenvolveu levantou certa animosidade entre os membros da Omoto; de vez em quando havia uma escaramuça com os jovens da Showa Seinen-kai. Alguns deles se sentiam ultrajados com o que julgavam ser uma maneira arrogante de Murashige, Yukawa e outros se exibirem. Na verdade, fizeram planos para atacar o dojo; a situação estava bastante tensa.

Entendo que essa era uma experiência constrangedora para O Sensei e Fumiharu Katano, seu principal assistente para assuntos operacionais — Katano tinha sido homem de negócios, mas se juntou ao Kobukan porque foi profundamente influenciado por O Sensei. Isso também era uma dor de cabeça para os encarregados pertencentes à Omoto — Itsuo Okuni e Eizo Ito, que dirigiam a Showa Seinen-kai, e Takamine Tokushige e Bansho Ashida, que eram diretores da Budo Senyo-kai. Todos eles haviam convivido em termos amigáveis com O Sensei desde os tempos de Ayabe, portanto esses conflitos entre os jovens eram um verdadeiro aborrecimento.

Finalmente, as coisas pioraram tanto que Itsuo Okuni, representando os jovens da Showa Seinen-kai, decidiu encontrar-se com O Sensei para resolver a disputa. Ele foi sozinho ao dojo Takeda e entrou na sala dos fundos. O Sensei estava sentado no centro, cercado por Murashige e os outros, à esquerda e à direita. Como relembrou mais tarde, Itsuo Okuni pensou: "Dependendo de como andem as coisas, talvez todos eles pulem sobre mim!" Mas, quando ele se aproximou para falar, O Sensei estendeu a mão e segurou a sua, dizendo: "Está bem agora, tudo está bem agora. Okuni-san, eu sei, eu sei..." Depois disso, O Sensei olhou para os alunos à direita e à esquerda, e disse em voz alta: "Vocês, rapazes, precisam se comportar e se dar bem com eles, está claro?" E assim tudo ficou resolvido.

Até aquele momento, O Sensei não tinha interferido em nada. Esperara, com perfeito discernimento, pelo momento oportuno. Foi como uma peça de teatro *kabuki*, e a maneira como O Sensei reagiu talvez não tenha sido apenas a melhor, mas também a única de resolver as coisas. Itsuo Okuni lembrou mais tarde: "Ele não era somente um especialista em artes marciais... era o general dos generais, uma figura titânica e assustadora".

Eu poderia contar muitas histórias sobre a época do dojo Takeda, mas vou parar por aqui. Deixe-me apenas acrescentar parte de um ensaio de O Sensei e um trecho de uma entrevista conduzida por Ippei Okamoto — chamado de o "Pai dos Desenhos Animados Japoneses" — que apareceu na *Budo*, a revista interna da Dai Nihon Budo Senyo-kai. Bansho Ashida, o antigo editor da *Budo*, mandou-me recentemente alguns exemplares de edições antigas da revista; são documentos importantes, pois contêm artigos de O Sensei e relatos contemporâneos que destacam suas dinâmicas atividades.

O Sensei escreveu:

> Quando visito os muitos dojos através do Japão, vejo que somente poucos deles têm um santuário. Quase todas as escolas descuidam desse aspecto. As pessoas de hoje em dia parecem acreditar que alguém consegue aprender *budo* (artes marciais) ou tornar-se proficiente em *bujutsu* (técnicas marciais) apenas se movendo. Quando vejo pessoas assim, sinto uma tristeza indescritível e também sinto uma imensa responsabilidade pessoal. Juntos, os dois ideogramas chineses para "dojo" (os ideogramas para "caminho" e "lugar") significam "o lugar de treino para o caminho". Os dojos atuais poderiam ser chamados mais apropriadamente de "fábricas".[5]

O Sensei assinou esse artigo como "Moritaka Ueshiba", como chamava a si mesmo nessa época; ele usou o nome "Moritaka" até 1941, aproximadamente.

---

[5] *Budo*, outubro de 1932, número II, de um artigo intitulado "Nihon Budo".

Agora citarei o relato de Ippei Okamoto sobre uma visita de O Sensei.

O Sensei é muito modesto. Ele diz: "Cultivo a terra há vinte anos". Apesar de sua aparência externa calma e simples, posso sentir uma profunda força oculta sob ela.

"Não tenho algum nome em particular para o meu estilo. As técnicas japonesas de movimento do corpo são o caminho de Deus. Toda a natureza é nosso professor."

Ele começa seu treino suavemente, com dois discípulos. Mesmo como leigo, posso ver que ele os trata com cuidado. *Denko eiri shunpu o kiru* [É como tentar cortar o vento da primavera: você simplesmente não consegue fazer isso.] Os discípulos atacam com toda a força e são atingidos em seus pontos fracos e derrubados como sacos de batata.

Quando o judô está pronto para aplicar uma técnica, o aikido já fez seu trabalho [aplicando *atemi*]. Acho que posso explicá-lo desse modo. O Sensei explica: "Meu caminho é basicamente 70% *atemi* (golpe contundente) e 30% arremesso".

O mesmo se aplica quando alguém ataca com uma lança de verdade. "É assim que se faz, é assim que se faz — veja!" — com isso, o discípulo perde a lança e é atingido com o cabo de sua própria arma.

Um *hosho* [um aviso oficial que era colocado para convidar os samurais para uma competição] é uma isca para que a pessoa se mostre... Como ele diz: "É assim que se faz, é assim que se faz", e os discípulos são atraídos para serem arremessados.

Pode-se ver que O Sensei frequentemente enfatiza a arte da técnica mental. Ele explica, com bom humor: "Quando o oponente tenta derrubar, sua alma parece um copo para se beber saquê". Ele se assegura de que entendamos que o segredo do *budo* é estudar o *michi* [caminho], e que isso nada tem a ver com as dimensões de ganhar ou perder.[6]

---

[6] *Budo*, novembro de 1933, número VII.

Generosidade inesquecível

Tudo parecia um suave velejar para O Sensei. Esses tempos anteriores à guerra foram anos dourados para ele, quando sua reputação espalhou-se cada vez mais. Houve uma exceção, contudo, quando mesmo um pequeno passo em falso poderia fazer com que ele perdesse quase tudo. Foi o Segundo Incidente da Omoto, que aconteceu em 8 de dezembro de 1935.

Não há espaço aqui para relatar o incidente em detalhes, mas este breve relato extraído da *Seventy-year History of Omoto* fornece os contornos gerais:

> [O Segundo Incidente da Omoto] foi um caso de repressão completa e intransigente que fez o Primeiro Incidente da Omoto, quinze anos antes, parecer quase insignificante. Imediatamente depois do acontecimento, os jornais relataram que a intenção do Ministério do Interior de "suprimir a religião pagã da face da terra" tinha sido executada; de fato, tudo que podia ser destruído, foi destruído [...] A começar pelo mestre Onisaburo Deguchi, todos os quadros superiores da Omoto foram presos e cerca de mil fiéis foram interrogados. Não havia precedentes na história moderna de uma repressão em larga escala de uma organização religiosa.

Durante a primeira batida policial, em 8 de dezembro, cerca de 500 policiais foram mobilizados apenas para as localidades de Ayabe e Kameoka. A investigação atingiu até a periferia da organização e aqueles que foram presos sofreram tortura. Alguns se enforcaram na prisão, como Hakurei Kurihara; outros morreram na prisão, como Hisataro Iwata; e ainda outros enlouqueceram, como resultado dos interrogatórios. No mês seguinte, as autoridades usaram dinamite para destruir os jardins e edifícios em Ayabe e Kameoka. Realmente, a repressão à Omoto foi dura e extrema, de uma maneira que seria inconcebível nos dias de hoje.

Por que as autoridades tomaram medidas tão agressivas? Como há muitas teorias, é difícil dizer. Pelo menos é evidente que a Omoto foi alvejada não como uma religião recém-fundada, mas por razões políticas e ideológicas superiores.

Toshiki Karasawa, que era chefe do Departamento de Segurança do Ministério do Interior, escreveu posteriormente uma *shuki* (memória) e recorda a situação deste modo: "Isto aconteceu no período do Incidente de 26 de fevereiro. [Antes que fosse controlada, essa revolta dos jovens oficiais militares resultou na morte de diversos altos oficiais do governo nacional.] Não somente a sede da Omoto, mas o próprio Onisaburo Deguchi estava envolvido intimamente com a ala direitista [...] A facção militar que defendia um golpe de Estado — a tomada do poder usando o pretexto do Tosui-ken (Autoridade de Supremo Comando) do imperador, para circundar o poder do Congresso — estava em comunicação direta com Onisaburo Deguchi [...]". Se o relato de Toshiki Karasawa representa a visão e o julgamento das autoridades da época, pode-se dizer que a Omoto foi suprimida com base na interpretação de que era uma organização nacionalista radical e ativamente revolucionária. Várias das organizações subsidiárias da Omoto — Showa Seinen-kai, Showa Kosei-kai e uma unidade organizada um pouco mais tarde, Showa Shinsei-kai — foram especificamente alvejadas.

Acredito que é de conhecimento público que, nesses dias, a sociedade do período Showa — do gabinete de ministros e políticos até os intelectuais e militares — estava dividida em duas facções rivais: "Tosei-ha" e "Kodo-ha". Talvez possamos dizer que o Segundo Incidente da Omoto foi parte dessa luta mais ampla, que também se manifestou nos incidentes de 15 de maio e de 26 de fevereiro.

Quaisquer que sejam as razões por trás disso, o Segundo Incidente da Omoto significava que qualquer pessoa que tivesse algum tipo de relação com a Omoto precisava estar pronta para enfrentar as consequências dessa relação. Falando objetivamente, não seria de modo algum surpreendente que O Sensei fosse preso ou detido. Na verdade, sua prisão faria sentido. Como mencionei, o envolvimento de O Sensei com a Omoto diminuíra depois de sua mudança para Tóquio, mas, com a formação da Dai Nihon Budo Senyo-kai, também é verdade que sua relação com a Omoto fora renovada.

Mas, embora O Sensei tenha sido submetido a interrogatório, este não durou mais que um dia ou dois e no final ele não recebeu qualquer punição. Apesar de sua relativa importância dentro da Omoto, ele recebeu tratamento muito especial. Por que isso?

Há muitas conjecturas. De acordo com uma delas, havia uma preocupação relacionada ao impacto social de se prender um artista marcial que ensinava na residência de pessoas muito proeminentes e respeitadas. Outra teoria é a de que as autoridades queriam ser vistas como aquelas que erradicaram um culto, e não como as que se engajaram numa repressão com motivos ideológicos; nessas circunstâncias, prender um artista marcial não era o seu maior interesse. Essas são apenas algumas das muitas teorias, e houve obviamente especulações sobre o fato de que as excelentes ligações de O Sensei — com a nobreza, os militares, a burocracia e o meio financeiro — influíram na maneira pela qual ele foi tratado.

Embora eu não possa alegar qualquer conhecimento especial, no meu entendimento a situação poderia ser descrita como se segue. Primeiro, a personalidade de O Sensei era inocente e pura. Segundo, sua atividade diária não tinha relevância para as acusações que estavam sendo feitas. Finalmente, ele tinha uma relação de confiança com Kenji Tomita, comissário da polícia de Osaka, e com Giichi Morita, chefe de polícia de Sonezaki. Acredito que esses três fatores foram importantes para proteger O Sensei do tratamento mais duro recebido pelos outros. Essa explicação simples parece fazer sentido para mim, comparada a outras teorias mais complicadas.

Os dois primeiro fatores que mencionei não requerem maiores explicações, portanto vou focalizar um pouco o terceiro. O Sensei raramente falava do Segundo Incidente da Omoto, mas, nas raras ocasiões em que o fazia, dizia o seguinte:

> A sinceridade profunda e constante a mim demonstrada por Kenji Tomita, entre todos os meus discípulos, é algo que nunca esquecerei, enquanto viver. Nunca esquecerei o que Tomita-san fez por mim durante o Segundo Incidente da Omoto. Naqueles dias, eu estava num bom estado de espírito, mas tinha preocupações quanto à minha saúde

> física. Se eu tivesse ficado detido por um longo tempo, sem uma resolução, minha saúde certamente teria se deteriorado até o ponto em que seria impossível eu me recuperar. Se isso houvesse acontecido, o estado atual do aikido poderia nunca ter sido atingido.

Essa definição da sinceridade infalível e das inesquecíveis boas ações de Kenji Tomita ilustra sua humanidade e senso de justiça. Quando ele recebeu ordens dos mais altos escalões do Ministério do Interior para "interrogar Ueshiba seriamente", a forte crença de Tomita o levou a declarar com persistência, perante seus superiores, que uma injustiça estava sendo cometida.

Kenji Tomita foi apresentado a O Sensei por Giichi Morita e Takuma Hisa, que ingressaram no dojo filial de Osaka logo depois que o dojo Kobukan foi instalado. Já mencionei que, naquele tempo, o aikido de Osaka só ficava atrás do de Tóquio em popularidade. Nessa época, Giichi Morita, que era delegado da polícia de Sonezaki, e Takuma Hisa, chefe de redação do jornal *Asahi*, eram discípulos muito ativos. Giichi Morita dedicava um sentimento verdadeiro de afeição e uma admiração reverente por O Sensei, como a um pai benevolente. Sempre que podia, trazia seus subordinados ao dojo. Ele pedia a permissão de O Sensei para que eles o atacassem em conjunto e gostava de vê-los serem arremessados em todas as direções. Kanemoto Sunadomari conta esta história em *Aikido Kaiso Ueshiba Morihei*:

> Certa vez, Giichi Morita desafiou os discípulos de Osaka e os visitantes de Tóquio deste modo: "Tentem subjugar O Sensei por apenas um minuto quando a guarda dele estiver baixa e, se vocês conseguirem, eu lhes pago a refeição que escolherem".

Foi desse modo que ele desafiou os jovens. E assim, certa noite, eles tentaram esgueirar-se até O Sensei bem silenciosamente, espalhando almofadas ao longo do piso do corredor para evitar ruídos. Quando estavam a uns três metros de distância, pensaram ter ouvido uma voz, ou alguma coisa os fez sentir que O Sensei estava acordado, e simplesmente não conseguiram chegar mais perto. Tentaram muitas vezes, mas nunca conseguiram.

Na verdade, Giichi Morita estava preocupado porque O Sensei parecia não estar dormindo o suficiente e essa insônia talvez afetasse sua saúde, portanto chamou um médico para examiná-lo. O Sensei ficou curioso e perguntou a Giichi Morita por que ele chamara o médico; por fim, Morita confessou seus planos. O Sensei então riu e disse:

> Eu durmo muito profundamente toda noite [...] mas, mesmo quando estou dormindo, raios dourados se projetam do meu corpo e, assim, quando alguém se aproxima, eu fico sabendo.

De qualquer modo, Giichi Morita tinha por O Sensei um temor reverente. Certo dia, ele conversou com Kenji Tomita, que era seu chefe, sobre as técnicas sobrenaturais de O Sensei. Kenji Tomita era um renomado quinto *dan* de judô, que chegara ao dojo por intermédio do Clube de Judô da Universidade de Kyoto, e não se deixou convencer imediatamente — mas, como os comentários de Morita sobre O Sensei eram confirmados por Takuma Hisa, que também estava lá nessa época, Tomita decidiu ir visitar O Sensei no dia seguinte.

Nesse dia, logo que trocou de roupa, vestindo seu traje de treinamento, Kenji Tomita se apresentou e solicitou uma luta com O Sensei. Este respondeu: "Com prazer", e, no momento seguinte, já havia dominado Kenji Tomita. Numa segunda vez, Kenji Tomita aproximou-se com muito cuidado e com toda a força, mas O Sensei o derrubou novamente, de imediato. Como havia perdido duas vezes e era um homem de caráter muito franco, Kenji Tomita disse: "Eu desisto"; imediatamente, pediu para ser aceito como discípulo e foi admitido no dojo.

Como eram discípulos de O Sensei desde antes do Segundo Incidente da Omoto, esses dois homens tiveram muita dificuldade quando precisaram lidar com esses assuntos. Nenhum deles era do tipo que distribui favores ou que se deixa influenciar por considerações pessoais. Porém, dada sua longa associação com O Sensei, sabiam muito bem que não havia qualquer verdade objetiva nas acusações que o levaram à prisão. No final, decidiram que o melhor a fazer seria usar o interrogatório requerido como uma oportunidade para entrevistá-lo sobre seu modo de pensar e seu modo de vida, tomar notas cuidadosas e apresentar o documento resultante aos responsáveis na polícia política especial, nos serviços de segurança e no gabinete do procurador do distrito.

O chefe Morita não queria nem mesmo fazer com que O Sensei passasse uma noite na delegacia. Com essa preocupação em mente, pediu a um subordinado de confiança, chamado Yamaguchi, que o entrevistasse durante doze ou treze horas, desde a manhã até bem tarde da noite. Ele fez uma transcrição cuidadosa da entrevista — que foi quase uma palestra de O Sensei — e o mandou de volta para casa no mesmo dia. Usando esse documento, argumentou que era ridículo prender um indivíduo tão patriótico, sob a acusação de que estava tentando derrubar o governo ou de que era culpado de crime de lesa-majestade contra o imperador. Até o final, ele defendeu O Sensei como "absolutamente inocente".

Tentei dar um breve apanhado do que julgo ter acontecido. Mas qualquer que tenha sido o caso, quando isso ocorreu, Kenji Tomita e o chefe Morita estavam certamente colocando suas carreiras em risco. Tenho certeza de que eles tinham grande confiança na inocência de O Sensei, mas, mesmo assim, nem todo mundo seria capaz de lutar contra a correnteza, como eles fizeram.

Kenji Tomita estava em rápida ascensão dentro do Ministério do Interior, como parte da elite que se formava para ocupar postos importantes; posteriormente, tornou-se chefe do serviço de segurança, governador da província de Nagano e secretário-geral do gabinete ministerial. Depois da guerra, obteve grande sucesso como membro da Câmara de Deputados.

Apesar de sua agenda lotada, ele sempre arrumava uma maneira de praticar o aikido. Mesmo quando era governador da província de Nagano, vinha ocasionalmente visitar o dojo de Tóquio. Quando era secretário do gabinete Konoe, vinha praticar bem cedo no dojo Kobukan, em Ushigome. Graças ao trabalho árduo de Kenji Tomita e Kinya Fujita, o primeiro-ministro Fumimaro Konoe tornou-se diretor da Kobu-kai (a predecessora da Aikikai). Tenho gratas lembranças de Tomita praticando com Fumitaka Konoe, o filho mais velho do primeiro-ministro Konoe.

Depois da guerra pedimos a Tomita para ser o presidente da Aikikai, e ele ocupou esse posto por um longo tempo, até que, infelizmente, faleceu, em 23 de março de 1977.

Kenji Tomita fez este pronunciamento em 28 de setembro de 1955, no discurso de abertura de uma reunião de embaixadores de diversos países, convidados para assistir a uma demonstração de aikido: "Por mais de vinte anos, recebi ensinamentos de O Sensei. Cada vez que treinava com ele, eu sentia que ia aprender algo, ou talvez metade de algo, que penetraria fundo em meu coração. Esse 'algo' era mais um sentimento do que uma coisa física. Seu ensinamento era um ensinamento de amor, que conduzia naturalmente à iluminação". Que mente ele tinha, com uma pureza transparente e uma bela modéstia!

Juntamente com O Sensei, sempre me lembrarei de Kenji Tomita como o benfeitor inesquecível que habita profundamente em nossos corações. Talvez, enquanto dure o aikido, seus praticantes devam lhe oferecer sinceras orações de agradecimento.

Capítulo Seis

Determinação para seguir o caminho

O nascimento da Fundação Kobu-kai

Há poucos anos, quando visitei nosso dojo na filial de Nova York, havia lá um cavalheiro que estava estudando e praticando o aikido muito diligentemente. Informei-me sobre ele e descobri que era professor de uma universidade famosa. Perguntei-lhe por que se tornara tão dedicado ao aikido. Esta foi sua resposta:

"Pratiquei o zen por algum tempo, mas nunca achei que o entendesse verdadeiramente, por isso me sentia estacionado. Por acaso, comecei a praticar o aikido e, de repente, foi como se o que eu lutava para entender no zen tivesse se tornado muito mais claro e fácil de compreender, como se um 'sentimento' pelo zen surgisse através do meu corpo. Para mim, o aikido é 'zen em movimento' e estou tentando treinar as duas disciplinas".

Acredito que haja um número surpreendente de pessoas seguindo o caminho da iluminação por meio da associação de *aiki* e zen, ou movimento e quietude. Muitas pessoas acreditam que O Sensei efetivamente praticou o zen antes da guerra.

Na verdade, O Sensei nem sempre mostrou muito interesse pelo zen. Ele prezava muito os estudos verdadeiros e profundos do zen e do zen-do. Por outro lado, podemos dizer que ele desprezava os onipresentes *yako-zen*, as pessoas que falam levianamente sobre a "iluminação", sem conhecimento e apreço. Contudo, ele realmente se empenhou em conhecer alguns dos principais monges zen de sua época, os quais eram mestres altamente cultos.

Eis um exemplo dos contatos de O Sensei com o zen. Logo após a guerra, o mestre Daisetsu T. Suzuki, o grande filósofo dessa época, solicitou ao mestre Ryomin Akizuki, que já tinha certa ligação com o aikido (ele era professor da Escola de Medicina da Universidade Saitama e mestre da Shinjin-kai, um movimento reformista budista), uma apresentação a O Sensei. O mestre Suzuki veio ao dojo para se encontrar com O Sensei e registrou estes comentários:

> Acho que não poderia dizer que Ueshiba-san experimentou o zen, mas certamente acredito que ele experimentou algum tipo de iluminação. Anotem os discursos de Ueshiba-san de modo que, quando chegar a época certa, eles possam ser reinterpretados por pensadores modernos. O aikido promete tornar-se uma arte global. Quando isso acontecer, sua filosofia não poderá apoiar-se apenas na religião xintoísta, que é específica de uma nacionalidade. Não sei se Ueshiba-san apoiaria essa ideia, mas penso que seria benéfico tanto para o *aiki* quanto para o zen basear a filosofia do *aiki* nos ensinamentos do budismo Mahayana, em particular nos ensinamentos do zen. Digo isso porque, em termos filosóficos, o *aiki* e o zen estão naturalmente entrelaçados.

Outra figura proeminente do zen nessa época foi o mestre Sogen Omori, uma personalidade muito conhecida que escreveu o famoso livro *The Sword and Zen*: ele era instrutor da Tesshu-kai, especialista em espada do estilo Jiki Shinkage-ryu e especialista em *iai* do estilo Mugai-ryu. Eis o que o mestre Omori contou ao mestre Akizuki: "Numa reunião vi certa vez um pequeno homem idoso sentado muito corretamente. Ele estava relaxado, sem qualquer tensão em seu corpo. Embora estivesse calmo e em paz, como alguém no estado de *Muga Mushin* (elevar-se sobre o Eu, elevar-se sobre a Mente), sua guarda era perfeita. Intuitivamente, senti que ele devia ser o mestre Ueshiba porque há poucos atualmente que conseguem sentar-se dessa maneira. Como eu imaginava, era realmente ele, em pessoa".

Como mostram essas histórias, a personalidade de O Sensei o tornava capaz de estabelecer relações com outros que se destacavam em suas respectivas áreas e na sociedade em geral, mesmo fora do mundo das artes marciais, e de desenvolver amizades profundas com essas pessoas. Como expliquei, sua rede de relações abrangia várias áreas da sociedade: política, artes, negócios, medicina, matemática e forças armadas. Pessoalmente, não acho que O Sensei fosse um altruísta humilde que simplesmente gostava de todo mundo. Ele não possuía uma tolerância divina. Em vez disso, penso que ele tinha preferências e antipatias muito bem definidas com relação a outras pessoas. Como era capaz de ver imediatamente se havia sinceridade ou falsidade, conseguia perceber o verdadeiro potencial do indivíduo e muitas vezes dificultava que determinada pessoa se aproximasse dele.

Contudo, dito isso, ele já tinha passado por muitas dificuldades e, por ter alcançado o grau de iluminação que chamamos de *Banyu Aigo* (amar e proteger todas as coisas), começou a tentar ver e entender os outros antes de criticá-los. Como, por natureza, ele tinha uma mente pura e inocente, era-lhe fácil criar um sentimento harmonioso, com o qual ninguém que interagisse com ele deixava de se encantar. Podemos dizer que sua mente era como um espelho que refletia a personalidade e as qualidades dos indivíduos. As pessoas sentiam como se O Sensei falasse não para o "eu" exterior de um visitante, mas sim para aquele "eu" interior refletido em sua própria mente. Talvez por essa razão, as pessoas tentavam abrir seus corações para O Sensei e comunicar-se com mais sinceridade; dessa maneira passavam a ter um profundo respeito por ele.

Em sua relação com os outros, ele não usava cálculo algum. Mais que tudo, não gostava do tipo de pessoa que usava a relação com os outros em proveito próprio. Apesar disso, sua ampla e variada rede de conhecidos realmente o ajudou. A intervenção de Kenji Tomita durante o Segundo Incidente da Omoto foi obviamente um exemplo específico de tal ajuda, mas, acima de tudo, esses relacionamentos criaram as condições favoráveis que ajudaram o aikido a crescer. Acho que poucos artistas marciais tiveram tal sorte ou tantos patrocinadores prestativos.

Em 1939, Kinya Fujita, Kozaburo Okada e Kenji Tomita apresentaram uma moção que solicitava a formação da Fundação Kobu-kai, elevando o dojo Kobukan a uma organização oficialmente sancionada pelo governo. Essa fundação foi rapidamente aprovada na primavera de 1940 e a rapidez da aprovação foi muito comentada na época. Embora o apoio e o trabalho árduo das pessoas que mencionei tenham sido essenciais, não podemos esquecer que houve muitos outros que também deram seu amável apoio.

Por exemplo, uma maravilhosa senhora de Shimoya, chamada Hasuko Takayanagi — ela nasceu em Hakata e tornou-se famosa como gueixa *Kin-no* [leal ao imperador] —, trouxe um homem de negócios chamado Teruzo Miyasaka ao dojo para ver "o aikido pelo qual estou apaixonada". Depois de se encontrar com O Sensei pela primeira vez, Teruzo Miyasaka sentiu uma imediata ligação como ele e decidiu fazer uma doação incondicional de 20 mil ienes (cerca de 40 milhões de ienes, em valores atuais). O presente do Sr. Miyasaka contribuiu para o financiamento da fundação.

O Fundador, sua esposa e pupilos internos, por volta de 1940.

Também ouvi dizer que o apoio de Yoji Tomosue desempenhou um importante papel na aprovação da fundação. Ele era um antigo governador da província de Ibaraki, que na época estava como chefe da seção de esportes do Departamento de Saúde Física do Ministério da Saúde e Bem-Estar. Em 1934, quando era chefe da seção de detetives da província de Osaka, Yoji Tomosue conheceu O Sensei por meio de Kenji Tomita e também sentiu uma forte ligação com ele. Tornou-se tão influenciado por O Sensei, que pouco depois, como chefe de polícia da província de Mie, convidou-o a fazer palestras e demonstrações para seu pessoal (por exemplo, de como efetuar prisões). Um livro texto que ele compilou, baseado nessas palestras, foi distribuído para todos os policiais da província de Mie. Nessa época instituiu-se o Ministério da Saúde e Bem-Estar e Yoji Tomosue foi indicado como chefe da seção de esportes. Desse modo, a solicitação para a Fundação Kobu-kai foi parar em sua mesa. Como modestamente disse, ele "contribuiu um pouquinho" para a aprovação.

Subsequentemente, Yoji Tomosue envolveu-se na formação de um Conselho de *Budo* e também trabalhou para criar uma seção de *budo* no ministério. Yoji Tomosue costumava atribuir o resultado à "forte influência de O Sensei", mas este dizia agradecidamente que "a aprovação da solicitação para formar a Fundação Kobu-kai se deu graças a Tomosue-san".

Qualquer que seja o caso, com a formação oficial da Fundação Kobu-kai como entidade legal, as finanças e a administração do aikido melhoraram consideravelmente. Menos de um ano e meio depois, o Japão entrou na Guerra do Pacífico. A partir de então, a situação doméstica tornou-se mais difícil a cada dia; portanto, nesse sentido, não posso deixar de pensar como foi afortunada a rapidez da aprovação da fundação.

O almirante Takeshita foi o primeiro presidente da Fundação Kobu-kai; o vice-presidente era o tenente-general do Exército Katsura Hayashi; e a diretoria incluía um amigo próximo de O Sensei, o marquês Toshinari Maeda, que era chanceler da Academia do Exército. Muitas outras pessoas de posição e influência também se juntaram à diretoria da fundação.

Entre os que praticavam no dojo, dois dos mais excepcionais discípulos eram o Dr. Kenzo Futagi e o marquês Maeda, que mais tarde pereceu nas linhas de frente em Bornéu. O marquês Maeda era descendente dos governantes do domínio dos Kaga "Milhões de Koku" e tinha um assistente pessoal para ajudá-lo com seus *keikogi* e *hakama*, comportando-se como um verdadeiro lorde.[1] Quando ele se encontrava com o então primeiro-ministro, este se inclinava para ele. Mas O Sensei nunca lhe deu tratamento preferencial no dojo por causa apenas de sua posição.

Certo dia, um jovem *shihan* de *kendo* da polícia veio visitar O Sensei. Ele o recebeu na entrada do dojo e o convidou para a sala de estar. Logo depois, alguém veio dizer a O Sensei que o marquês Maeda tinha chegado para o treinamento, mas, sem se levantar, ele respondeu: "Ah, é?" Também não foi dizer adeus ao marquês depois que terminou o treino. Vendo isso, o *shihan* de *kendo* sentiu-se um pouco desconfortável e perguntou: "O senhor não precisa despedir-se dele?" O Sensei respondeu: "Ele é meu discípulo, mas você é meu convidado". O próprio *shihan* me contou essa história alguns anos depois e comentou: "Nunca me emocionei tanto como naquela visita".

Em total contraste com o marquês Maeda estava o Dr. Kenzo Futagi, que entrava e saía do dojo como o vento. O Dr. Futagi aparecia no dojo às cinco da manhã, fazendo barulho com suas *geta* de madeira. Acordava todos os *uchideshi* e os desafiava a fazer exercícios com ele. A cada movimento, dizia: "Veja! O vento ataca o salgueiro curvado!" ou "Vamos ver, tente pegar o *tofu*"; ele passava o tempo praticando, cheio de alegria. Quando os *uchideshi* começavam a acordar de fato e se sentir prontos para o treino de verdade, ele dizia: "Chega de treino por hoje", e saía. Eu me lembro afetuosamente das expressões dos *uchideshi* — eles costumavam dizer que o doutor parecia um "estripador fantasma".

O Dr. Futagi é ainda considerado o "pai das refeições *genmai*" [refeições que incluem o arroz integral não polido]; suas contribuições ainda são reverenciadas e muitos dos seus sucessores levaram seus ensinamentos adiante. Sua teoria sobre os benefícios das refeições *genmai* foi de fato valiosa.

---

[1] A expressão "Milhões de Koku" (*koku* é uma medida de arroz) indica o tamanho do domínio, um dos maiores do período do xogunato Tokugawa.

Aprofundamento da guerra

Na época em que a Fundação Kobu-kai foi formada, O Sensei estava fazendo muitas viagens e raramente permanecia em casa com sua família. Apesar da dissolução da Budo Senyo-kai e do dojo Takeda, as sementes do aikido que ele espalhara por todo o Japão estavam começando a dar frutos. Mesmo com as hostilidades com a China crescendo e os jovens sendo mandados para a linha de frente, ondas de novos e ávidos alunos continuavam a chegar ao dojo em número crescente.

A guerra afastou alguns dos lendários estudantes dos dias do "Dojo do Inferno"; pessoas como Rinjiro Shirata, Zenzaburo Akazawa e Gozo Shioda. Seus lugares foram preenchidos por novos discípulos, como Makoto Tamaki, Toshinobu Matsumoto e (em 1941) Koichi Tohei, que ainda está ativo como dirigente do Shinshin Toitsu Aikido, uma organização privada que estuda os elementos do *ki*. Dois outros indivíduos notáveis que se tornaram discípulos nessa época foram Kisaburo Osawa, atual instrutor chefe do dojo Aikikai Hombu e muito respeitado por sua postura madura e majestosa, e Shigenobu Okumura, um *shihan* do Hombu, conhecido por seu profundo conhecimento não só do aikido, mas, mais amplamente, do *budo* japonês.

Naqueles anos, O Sensei cruzou o país com novos e antigos discípulos, tentando difundir o aikido tão vastamente quanto possível. Ele deve ter sido movido pelo conhecimento de que, à medida que a guerra se intensificava, muitos jovens encontrariam a morte. Nessa época perigosa, ele estava determinado a oferecer tudo que podia ao seu país e, especialmente, à juventude de seu país.

Ryosuke Suzuki, um dos *uchideshi* dessa época, recorda o seguinte — e acredito que esse é um caso em que a profunda preocupação de O Sensei atingiu um de seus *uchideshi*:

> Fui chamado para o serviço ativo em agosto de 1940 e servi diversas vezes nas linhas de frente do norte da China. Acredito que devo minha vida aos movimentos de *irimi* e *tenkan* que aprendi no aikido. Quando recebi a Medalha de Honra Kinshi Kunsho, meu choro veio do fundo do

> coração. Tantos de meus camaradas se sacrificaram na batalha em meu favor! Graças a O Sensei e aos movimentos que ele me ensinara, meu corpo movia-se sem qualquer decisão consciente e, de algum modo, as balas do inimigo nunca me atingiam. Voltei para casa a salvo e entendi realmente os rigorosos ensinamentos que O Sensei havia transmitido.

Eu ainda estava no colégio e acabara de decidir seguir os passos de meu pai, praticando e treinando ativamente o aikido. Penso que, de fato, a profunda urgência de seu compromisso naqueles anos me convenceu. Francamente, até o meu segundo ou terceiro ano do colegial — talvez por algum típico sentimento de rebeldia adolescente —, eu nunca havia considerado continuar a tradição da família, nem mesmo tentar praticar.

É óbvio que, dado o ambiente em que estava imerso, eu havia aprendido alguns tipos de movimentos do aikido desde a época da escola primária, mas O Sensei nunca me dera instrução de fato. O que eu sabia era apenas por brincadeira. Mais tarde, ele me confessou: "Como você é estudioso e inteligente, nunca pensei que fosse seguir os meus passos". Eu não era do tipo marcial — com a única exceção de que começara a estudar *kendo* e também Kashima Shinto-ryu [um estilo tradicional de armas] nos últimos anos da escola elementar.

Então chegou um dia — lembro que eu estava no quarto ano do colegial — em que algo ficou claro para mim: "Talvez o aikido seja o destino que o céu me deu, por meio de meu pai. Se é meu destino, eu não devo evitá-lo; em vez disso, vou enfrentar esse desafio". Encarei com seriedade esse caminho, mas eu tinha algumas reservas quanto a revelar essa determinação ao meu pai. Sem dizer nada, comecei a frequentar o dojo à noite e me exercitar durante algumas horas, com alguns dos *uchideshi* que eram particularmente generosos, como Akazawa, Shioda e Yonekawa. Depois da guerra, quando o aikido pareceu assumir um novo significado, essa intenção anterior daria frutos e produziria uma determinação ainda mais forte.

Fiz uma pequena digressão ao falar de minha própria vida, mas agora vou preencher algumas lacunas nesse relato sobre as atividades, as viagens e as pessoas conhecidas de O Sensei durante os anos de 1937 a 1941.

Algo que merece ser mencionado é que, por um curto período durante esses anos, a prática do *kendo* foi permitida no dojo. Como mencionei antes, O Sensei praticara diversos estilos de *jujutsu*, assim como um pouco de *sojutsu* Hozoin-ryu (lança), mas ele não havia treinado oficialmente *kenjutsu* (espada). Quando ele chegou à meia-idade, seu interesse pela espada aumentou, pois, como o aikido havia passado a incorporar técnicas de mãos vazias contra armas, ele começou a praticar a espada para entender essas técnicas mais profundamente.

Ao mesmo tempo, ele acreditava firmemente que duelar com espadas não representava a verdadeira essência do *budo*; para ele, a espada era apenas uma extensão do corpo. Ainda considerava que o *Gokui* (o segredo mais profundo) do *budo* era *kentai icchi* (a espada tornando-se uma extensão do corpo) ou, em outras palavras, mover-se da posição *shizentai* (postura natural em pé), com ou sem uma arma nas mãos — o aikido era a expressão suprema dessa compreensão. Mesmo assim, como ele percebeu que uma pessoa não podia afirmar que treinara o *budo* sem conhecer o uso adequado da espada, permitiu que seus discípulos o praticassem.

Outro incidente dessa época fortaleceu a ligação do dojo Kobukan com o *kendo*. Em 1932, a família Ueshiba adotou por um curto período de tempo um proeminente jovem espadachim do dojo Yoshinkan, chamado Kiyoshi Nakamura. Como resultado, o Kobukan começou a oferecer aulas de *kendo* além das de aikido, o que, por sua vez, trouxe para o dojo algumas pessoas famosas, como Jun-ichi Haga e Gorozo Nakajima, ambos próximos a Kiyoshi Nakamura. Logo, o grupo de *kendo* do Kobukan começou a participar de competições em locais próximos e distantes, conseguindo bons resultados. De fato, o campeonato do Kodo Gikai Kendo foi vencido pela equipe do dojo Kobukan. Essa vitória aumentou meu interesse pelo estudo da espada.

Tais acontecimentos indicam que O Sensei teve uma grande interação com os espadachins mais importantes da época. Já mencionei Hisashi Noma, um gênio com a espada. O Sensei também se tornou amigo de Sasaburo Takano, pois ambos eram membros do Budo Shinko Iinkai (o Comitê para a Promoção do *Budo*, criado em 1939, durante o Gabinete

Konoe). Entre os que estudaram a espada, O Sensei era talvez o mais próximo a Hakudo Nakayama, o mestre Yoshinkan do xintoísmo Munen-ryu. Acredito que se conheceram por volta de 1930 ou 1931, possivelmente por meio da Kobudo Shinko-kai (Sociedade Promocional Kobudo), de Jigoro Kano; mais tarde, Hakudo Nakayama tornou-se membro da diretoria da Budo Senyo-kai.

Desviando-nos por um momento do *kendo*, em direção à arte das outras armas, a mestra de *naginata* Hideo Sonobe, do Jiki Shinkage-ryu, era outra pessoa que respeitava profundamente O Sensei; ela foi considerada a maior especialista em *naginata* desde a Restauração Meiji. Enquanto assistia a uma demonstração de O Sensei no décimo aniversário de Manchukuo, em 1942, dizem que ela exclamou: "Oh! Isto é *shinbu*" [uma arte marcial divina]. Hideo Sonobe tinha um dojo e uma escola particular em Setagaya, Tóquio. Embora seu alojamento possuísse regras muito rigorosas, ela deu uma permissão especial às suas alunas que quisessem participar dos treinos de aikido. Eu soube disso por meio de Mitsue Sunadomari, que era aluna da mestra Sonobe naquela época.

O Sensei continuava a ter fortes ligações com os militares, mas o equilíbrio entre o Exército e a Marinha começou a mudar. Originalmente, dos estudantes com ligações militares, quase 90% eram oficiais navais e almirantes, mas cada vez mais oficiais do Exército começaram a aderir. Como mencionei, o marquês Toshinari Maeda era um discípulo muito ativo e sei que o general Sadao Araki, ministro do Exército, assim como o general Takashi Hishikari e o tenente-general Shinji Hata, também praticaram aikido e tinham relações estreitas com O Sensei. Depois de 1935, a proporção entre os oficiais do Exército e da Marinha no dojo estava equilibrada, e no final de 1941, com o início da Guerra do Pacífico, a porcentagem de oficiais navais caiu ainda mais dramaticamente quando muitos deles foram chamados para o serviço ativo.

O Sensei havia sido o instrutor visitante oficial de *budo* na Academia Naval, de 1927 até por volta de 1937. Acredito que ele também era instrutor visitante da Escola de Engenharia Naval, da Escola de Finanças Navais e da Escola Militar Naval de Etajima. Os registros indicam que ele também fez visitas frequentes, como instrutor, às bases navais de Maizuru, Sasebo e Yokosuka, além de outras *chinjufu* (bases de defesa). Parece que O Sensei sentia uma afinidade especial pela Marinha; lembro-me de ter tido a impressão de que ele ficou triste quando a presença de oficiais navais no dojo diminuiu durante a guerra.

Como mencionei num capítulo anterior, O Sensei também ensinou na Escola do Exército de Toyama, assim como na Academia do Exército, da qual o marquês Maeda era chanceler. Ele também foi chamado a dar instrução na Kenpei Gakko (Academia da Polícia Militar) e na Escola Nakano (Escola de Inteligência da Elite do Exército). Essas duas escolas viam o aikido como uma arte com aplicações práticas, e a Kenpei Gakko, em particular, incluiu o aikido em seu currículo oficial, ao mesmo tempo que excluía o judô e o *kendo*. O convite a O Sensei para ensinar nas academias militares constituiu um acontecimento histórico no desenvolvimento do aikido. Ele se tornou instrutor-chefe do currículo oficial de aikido, com Kisaburo Osawa como seu instrutor e treinador assistente. Os alunos policiais militares da Kenpei Gakko tinham a reputação de ser duros e fisicamente autoconfiantes, e sei que O Sensei e Kisaburo Osawa foram desafiados e até mesmo emboscados por eles, como forma de testar sua força. Cada vez que isso acontecia, os alunos eram derrotados e acabavam por ficar verdadeiramente impressionados com o poder de O Sensei.

Durante uma entrevista a um jornal, O Sensei contou esta história, demonstrando certo carinho por seus antigos alunos:

> Comecei a ensinar aikido para a Polícia Militar por volta de 1941 ou 1942. Certo dia, fui emboscado por meus alunos. Acho que esse tipo de coisa era típica de jovens que queriam testar se o instrutor era realmente forte. Certa noite, eu estava caminhando na área de treinamento quando senti que algo não estava certo; logo fiquei em guarda. Vejam só, cerca de trinta pessoas, que estavam escondidas nos arbustos, de repente pularam e me atacaram, com *bokuto* e *bokuju* [espadas de madeira e fuzis de madeira usados nos treinamentos]. As emboscadas não são uma novidade para mim, portanto não fiquei muito perturbado.

O Fundador, acompanhado por membros da Marinha Imperial, depois de visitar, a convite, o navio de guerra japonês Mikasa.

Eles atacavam de todas as direções, mas tudo o que eu tinha a fazer era ficar fora da linha de ataque e empurrá-los gentilmente para longe. Eles voavam por todos os lados! Quando uma pessoa tenta girar um *bokuto* ou um *bokuju* sem bater em nada, só o peso da arma já consome muito de sua energia, e se há muitos atacantes, as coisas se tornam bastante caóticas para eles. Depois de cinco ou seis minutos, eles estavam sem fôlego e perderam a vontade de lutar. Não é que eu seja tão forte — é que eles estavam lutando consigo mesmos e gastando sua energia no ar.

A vida é cheia de surpresas. Poucos dias atrás, eu visitei Wakayama e encontrei um dos alunos. Ele se aproximou com um ar embaraçado, sorrindo e coçando a cabeça, e me disse: "Sinto muito pelo incidente!" Era um dos estudantes que haviam me emboscado. Ele me contou como as coisas aconteceram. Eles tinham conversado entre si e imaginado: "Será que esse velho homem do aikido é realmente forte? Por que não o testamos?" Então ele concluiu: "Decidimos que os mais fortes dentre nós tentariam atacá-lo de surpresa. Nunca esperávamos ser derrotados tão facilmente; depois disso nos sentimos bastante deprimidos por um bom tempo". Isso foi o que ele me confessou.

Ao mesmo tempo, a intensificação da guerra levou a uma mudança nas condições do dojo Hombu. Como mencionei, a maioria dos *uchideshi* dos anos do Dojo do Inferno tinha sido convocada e mesmo os novos *uchideshi* foram sendo rapidamente mandados para as linhas de frente. Quase todo dia, sem exagero, havia uma vibrante despedida para alguém do aikido que estava sendo mandado para a guerra.

Apesar de essa ter sido uma época estressante no dojo, um acontecimento radiante foi a visita, para um treinamento de três meses, dos policiais das províncias de Nagano, Mie e Ehime. Por exemplo, Kenji Tomita (mais tarde governador de Nagano) mandou o Sr. Minemura e o Sr. Kurahashi. Yoji Tomosue, diretor da polícia da província de Mie, mandou o Sr. Kinoshita e o Sr. Hayashi. O Sr. Akizuki e o Sr. Minamoto foram mandados por Shotaro Toyoshima, diretor da polícia da província de Ehime. Devo dizer que a atitude sincera, digna e nobre que todos esses cavalheiros demonstraram em seu treino no dojo foi muito animadora. Ainda me lembro do apreço que senti, e estou certo de que O Sensei também o sentiu; ele deve ter tido sua dose de prática árdua com os policiais militares, mas encontrou um sentimento real de prazer e alívio na abordagem autêntica e disciplinada que eles demonstraram no treinamento.

O Sensei também estava servindo como instrutor visitante no Toa Keizai Chosakyoku (Departamento de Pesquisas da Economia do Leste Asiático da Ferrovia da Manchúria), onde havia muitos jovens. Nobumoto Tanahashi, que estava então no quartel-general do Exército — ele foi o organizador da Heiwa Kyokai (Associação da Paz) —, apresentou O Sensei a Shumei Okawa, que se tornaram amigos. Ele estava muito interessado em trabalhar com esses jovens, um grupo talentoso e de elite que seria alocado por todo o Leste Asiático.

Nessa época, a energética presença de Shunnosuke Enomoto no dojo é inesquecível — ele era conhecido como o "Sensei Bigode". Seu pai era Takeaki Enomoto, que se distinguira na batalha de Goryokaku, no final do

Ensinando artes marciais básicas para a trupe de dança japonesa de Sumi Hanayagi, no dojo Kobukan.

xogunato; depois de exercer muitas outras atividades, tornara-se dirigente da Marinha no novo governo Meiji. Shunnosuke Enomoto tornou-se discípulo de O Sensei por volta de 1929 ou 1930. Ele era uma pessoa de caráter firme, um verdadeiro homem da Era Meiji, com forte senso de justiça. Era muito engraçado vê-lo enfrentar os *uchideshi* da época, bem mais jovens do que ele. Seu imponente bigode, ao estilo *kaiser*, rivalizava até com o belo bigode que O Sensei usava nesse tempo.

Outras pessoas que estavam em torno de O Sensei nessa época foram Sumi Hanayagi, apelidada de *Meiji Ichidai Onna* (dama da Era Meiji) e mestra em dança japonesa, e Goro Ichige, diretor da Associação Japonesa de Sumô e irmão mais novo do *yokozuna* (campeão) de sumô Hitachiyama. Guardo gratas lembranças de muitas pessoas — mesmo durante o período extraordinário da guerra, onde quer que O Sensei estivesse, o ambiente era sempre alegre e animado.

Manchúria e Tenryu, o mestre lutador de sumô

As opiniões sobre o Estado da Manchúria, fundado pelo Japão em 1932, sob o imperador PuYi, variavam bastante, dependendo da posição e do modo de pensar das pessoas. Não é um assunto sobre o qual eu deva me manifestar. Mas, deixando de lado a questão de se esse empreendimento foi certo ou errado, é fato histórico que sua escala foi imensa. Fico honestamente abismado pelo fato de o Japão ter conseguido realizar seu projeto de construir uma nação naquela parte do continente.

O Sensei tinha ligações tanto diretas como indiretas com a Manchúria japonesa. Diretamente, ele era conselheiro da Manchuria Budo-kai, conselheiro no dojo Shinbu-den e conselheiro de *budo* na Universidade Kenkoku, fundada em 1937. Indiretamente, ele mantinha muitas relações com pessoas que estavam envolvidas na Manchúria, por meio dos militares, do serviço público e do setor privado. Somados o número de discípulos do aikido na Manchúria com o número de instrutores enviados para ensiná-los, tem-se uma quantidade bastante grande de pessoas.

A Manchúria e a Mongólia traziam lembranças apaixonadas para O Sensei. Anteriormente, ele seguira o mestre Onisaburo Deguchi em seu sonho selvagem de uma jornada até a Mongólia. Pode-se dizer que ele nutria um sentimento mais profundo pela região do que aqueles que lá tentavam a sorte porque era essa a moda. Quando foi convidado a participar de uma demonstração de *budo*, que constituiu a peça central da Celebração do Décimo Aniversário da Construção da Nação da Manchúria, em abril de 1942, ele deve ter sentido o júbilo de alguém que antevê um encontro feliz com um velho amigo.

Esse evento espetacular ocorreu na capital, Shinkyo, no dojo Shinbuden, naquela época o maior da Ásia. Na primeira fila da assistência estavam o imperador PuYi, o primeiro-ministro Zhang Jinghui, o ministro de Assuntos Gerais Naoki Hoshino e outros líderes da Manchúria e do Japão, dos militares, do governo e do setor privado. Naturalmente, somente mestres em suas respectivas artes foram convidados a fazer demonstrações e, naturalmente, O Sensei estava entre eles.

A audiência no Shinbu-den era arrebatada por uma demonstração depois da outra. Talvez porque havia mais pessoas que ouviram falar do aikido de O Sensei do que pessoas que o tinham visto, sua demonstração atraiu um interesse imenso. Sei que, quando a demonstração terminou, o imperador PuYi foi o primeiro a se levantar, liderando a multidão num caloroso aplauso.

Essa demonstração foi na realidade o terceiro convite feito a O Sensei para visitar Shinkyo. O primeiro aconteceu em 1939, quando alguns dos principais mestres de artes marciais japonesas foram convidados para uma demonstração pública. O segundo foi em 1940, para a celebração do aniversário de 2.600 anos (no antigo sistema de contagem) de história do Japão, que incluiu uma demonstração de *budo*. A Demonstração Pública de *Budo* de 1939 havia anunciado uma lista estelar, que incluía Sasaburo Takano, Hakudo Nakayama e Goro Saimura, do *kendo;* e Shuichi Nagaoka e Hajime Isogai, do judô. Foi depois desse evento que O Sensei teve um interessante encontro com o antigo campeão de sumô Tenryu, que vivia na Manchúria nessa época.

Depois de terminar a demonstração pública, O Sensei recebeu a solicitação de alguns artistas marciais que viviam na Manchúria para fazer outra demonstração, que ele realizou no dojo do Banco Central. (Seu *uke* foi um antigo *uchideshi*, chamado Yoichiro Inoue.) Durante essa demonstração, seus movimentos eram tão fluidos que o público presente ficou meio cético e começou a questionar se o que via era real. Ainda que os murmúrios da audiência fossem bastante baixos, O Sensei percebeu-os imediatamente. Ele parou e fez um convite: "Parece que alguns de vocês estão se perguntando se esta demonstração foi ensaiada. Há alguém — não importa quem — que queira se apresentar como voluntário para atacar com toda força este velho senhor? O aikido é bastante perigoso se praticado com todo o poder, portanto eu estava mostrando a vocês apenas *kata*. Mas como todo mundo aqui é artista marcial de renome, podemos contornar as regras e tentar uma prática mais séria".

Depois que O Sensei fez esse desafio, as pessoas da audiência olharam umas para as outras e finalmente concluíram que quem devia aceitá-lo "tinha de ser Tenryu-san". Tenryu, um antigo competidor de sumô cujo nome era Saburo Wakuda, levantou-se e foi para a frente. Quem tem mais de 50 anos e era seguidor do sumô certamente conhece o nome de Tenryu. Em 1932, ele foi o principal promotor de um movimento de reforma no sumô, conhecido como Shinko Rikishi Kaikaku Undo (Movimento de Reforma pelos Novos Lutadores de Sumô em Ascensão), que chocou o mundo desse esporte. Suas dez reivindicações para a Sociedade de Sumô — conhecidas como a "Declaração Bomba" — e a subsequente fundação da Kansai Kakuriki Kyokai (Sociedade de Sumô Kansai), como uma organização de ruptura, representavam a visão dos jovens lutadores de sumô modernos e filosoficamente sofisticados que queriam as reformas dos antigos regimes do mundo do sumô. Essas reformas incluíam transparência financeira no sumô, com reestrutura da *chaya* (a entidade encarregada dos bilhetes de entrada e das barracas de comida e suvenires) e do *toshiyori seido* (sistema de licenças para operar os estabelecimentos de sumô), melhorias relacionadas com o sistema de ataques e lutas, e a introdução de uma associação de benefício mútuo e de um sistema de pensão para os lutadores. São todas ideias que estão implantadas hoje, mas foi Tenryu quem primeiro as propôs em 1932. Ele era realmente uma pessoa de visão, um pensador progressista e brilhante em sua época.

Depois que suas propostas foram rejeitadas pelas instituições de sumô, ele reuniu cerca de 30 outros lutadores para formar uma nova organização independente, que durou menos de cinco anos. A Sociedade de Sumô fez tudo que pôde para reconquistar os rebeldes — usando tanto obstáculos quanto incentivos — e finalmente mais da metade dos que saíram com Tenryu voltaram. Essas reformas estavam muito à frente de seu tempo; eram muito radicais para serem implantadas naquela época. Outro golpe no movimento foi a doença do discípulo e irmão de Tenryu, Ohnosato, que era não só um campeão como um homem de grande integridade.

Em 1938, Tenryu aceitou a derrota e dissolveu o grupo. Ele mudou-se sozinho para a Manchúria. Lá, por acaso, encontrou-se com Naoki Hoshino, então ministro de Assuntos Gerais, e acabou iniciando uma nova carreira sob seu nome real, Saburo Wakuda, como funcionário do governo da Manchúria. Com sua genuína inteligência e talento como realizador, ele foi rapidamente promovido e, afinal, indicado para uma posição-chave, como diretor-gerente da Manchuria Budo-kai. Não está claro se O Sensei conhecia a história pessoal de Tenryu. Mas, de acordo com o próprio Tenryu, quando eles se encontraram pela primeira vez, O Sensei disse: "Ah, então você é Tenryu-san" — o que pode indicar que O Sensei tinha grande interesse em Tenryu.

Há poucos anos entrevistei Saburo Wakuda para saber dos detalhes desse encontro — ele atualmente possui um restaurante chinês, de comida típica de Pequim, chamado "Tenryu", em Ginza. Incluí o que ele me contou num artigo para o *Aikido Shinbun* e, como é interessante conhecer sua visão sobre O Sensei, cito um trecho desse artigo:

> Olhei O Sensei e ele disse: "Vou deixar que você pegue meu pulso esquerdo; agarre-o o mais forte que puder e faça o que quiser". Eu pensei: "Esse senhor idoso não parece ser muito formidável, portanto não vejo nada que possa me impedir". Ele era muito pequeno. Assim, agarrei seu pulso e imediatamente pensei: "Opa! Foi um erro". Já fiz todo tipo de coisas e meus instintos funcionam normalmente muito bem, por isso pude sentir que algo importante estava acontecendo. Agarrar seu pulso foi como agarrar uma barra de aço. Eu queria desistir de imediato, mas como era eu o desafiante e todo mundo estava olhando, achei que não devia. O Sensei disse então: "Faça o que quiser com meu pulso. Torça, bata, gire — vá em frente! Estou relaxado e não vou resistir". Então tentei controlá-lo, tão fortemente quanto podia, mas, mesmo usando todo o meu poder, foi ele quem me controlou e sem qualquer esforço aparente. Bem, eu estava totalmente tomado de surpresa. Soltei um grito! Não havia razão para continuar mais, então ajoelhei e inclinei-me para ele, dizendo: "Desisto. Eu estava tão desconfiado quanto os outros, mas agora o senhor me fez perceber todo o seu poder. Por favor, permita que eu me torne seu discípulo". O Sensei pareceu satisfeito. Ele

disse: "Estou feliz que uma pessoa tão amável diga tais coisas. Vamos combinar que você será meu *deshi*". E foi assim que aconteceu.[2]

Em seu livro *Sumo Fu-un Roku* (*Tales of Sumo Adventures*), o próprio Tenryu escreve sobre esse encontro:

> Quando as pessoas conquistam um *status* mais alto na sociedade, muitas vezes começam a se considerar superiores e, finalmente, tornam-se arrogantes. Eu não fui uma exceção. Meu ego inflou-se e eu falava de coisas que estavam além do meu conhecimento. Certo dia aconteceu algo que destroçaria meu ego limitado [...] Tive a sorte de encontrar um *budo* com uma incrível profundidade, que me deixou paralisado de medo. Isso aconteceu quando encontrei o Sensei Moritaka Ueshiba. O Sensei já tinha mais de 60 anos de idade. Ele era um velho pequeno, de aparência comum e amigável. Quando me desafiou a enfrentá-lo, eu sentia uma grande confiança em minha própria habilidade marcial e força, portanto fui contra ele. Mas no momento em que sua mão tocou meu braço, meu corpo inteiro ficou entorpecido, minha mente tornou-se confusa e eu quase caí ali mesmo. Certamente, fiquei impressionado. Decidi que tudo o que eu queria era treinar com ele e, ao ter essa ideia, percebi que minha natureza tinha de fazer algo quanto a isso. Com permissão de meu empregador, segui O Sensei de volta a Tóquio e juntei-me ao dojo Kobukan, em Wakamatsu-cho, Ushigome.[3]

Tenryu juntou-se à turma dos *uchideshi* e praticou de modo bastante diligente pelos 70 dias seguintes. Ele também escreveu sobre suas experiências durante esse período no dojo:

> Desde o momento em que cheguei, em dezembro de 1939, mergulhei nos treinos da manhã e da tarde. Como solicitei que um programa de seis

---

[2] De *Aikido Shinbun*, n°s 166-167 (novembro-dezembro de 1974).

[3] *Sumo Fu-un Roku* (Ikeda Publishing, 1960).

> meses de duração me fosse passado em pouco mais de dois meses, o treinamento era incrivelmente intenso e exigente. Não havia comparação, mesmo com o treinamento de sumô. No meu sexto dia no dojo, fiquei tão atordoado que caí! Mas depois de três semanas, comecei a encontrar meu equilíbrio. O Sensei disse-me que eu havia feito um imenso progresso.

O Sensei dizia que Tenryu "era verdadeiramente um bom homem" e lembrou-se dele com carinho até sua velhice. Depois de lhe ensinar os fundamentos, ele fez com que Tenryu o acompanhasse em visitas de instrução fora de Tóquio. Isso era bastante excepcional, pois O Sensei raramente deixava que mesmo antigos discípulos viajassem com ele, a menos que tivesse uma forte relação de confiança com eles. O tratamento dispensado a Tenryu indica quanto O Sensei gostava de tê-lo no dojo.

Numa dessas viagens, O Sensei decidiu levar Tenryu com ele ao monte Kurama, em Kyoto, onde se dizia que Yoshitsune Minamoto havia treinado muito tempo antes. O Sensei, na realidade, possuíra uma propriedade histórica no sopé do monte, que havia pertencido ao filósofo Razan Hayashi. Ele vendera a propriedade pouco antes dessa época, mas a região sempre foi especial para ele. Mas voltando à história, parece que O Sensei usou um método profundo para transmitir os segredos ocultos do aikido a Tenryu, iluminando-o por meio da experiência direta em vez das palavras. Eis outra citação das memórias de Tenryu:

> Certa noite, O Sensei disse: "Vamos nos levantar às três da manhã e subir o Kurumayama". Hoje percebo que ele deve ter levado em conta o ciclo lunar — não havia lua, portanto às três da manhã estava escuro como breu. O Sensei colocou sandálias de palha, mas como elas não serviam em mim, fui descalço. Começamos então a subir a montanha.
>
> Logo que chegamos aos degraus, O Sensei me disse: "Tenryu-san, se você quiser ser gentil com os mais velhos, agora é a sua chance. Como sou idoso, você deve me empurrar, enquanto subimos as escadas". Estendi as mãos e ele apoiou suas costas contra elas. E foi assim que tive de subir a montanha.

Quando chegamos ao templo do meio do caminho, eu estava sem fôlego e molhado de suor. O Sensei disse: "Ainda não terminou. As escadas para o templo superior são mais íngremes. Pense um pouco mais sobre sua respiração desta vez". Quando ele disse isso, senti uma espécie de choque. Percebi que talvez eu estivesse cansado porque tinha em mente que empurrava O Sensei escadas acima. "Talvez eu deva pensar que não há nada na minha frente. Ah! Isso deve ser a 'não existência'. Pense que não há nada diante de você e tente subir." Seguindo essa nova resolução, fui capaz de continuar por todo o caminho até o templo superior; embora as escadas fossem provavelmente mais íngremes, eu não fiquei suado nem sem fôlego.

Se a gente escutasse cuidadosamente, veria que tudo que O Sensei dizia era verdadeiro. Cada afirmação era um ensinamento sobre o caminho. Primeiro, ele me fazia suar e então dizia: "Isso não é bom", depois deixava escapar uma pequena sugestão e, finalmente, dizia: "Muito bem!", inculcando aos poucos esses novos ensinamentos, um após o outro, em meu corpo.

Na manhã seguinte, levantamos de novo às três da manhã e subimos a montanha com dois *bokuto* [espadas de madeira]. Perto do templo superior havia um espaço aberto com pouco mais de 30 metros quadrados, coberto de folhas caídas. O Sensei me disse: "Yoshitsune treinou aqui", e então pediu que o atacasse com o *bokuto*.[4] Estava tão escuro que não se conseguia ver absolutamente nada, mas eu avançava e atacava com toda força. Toda vez eu acabava no chão, rolando sobre as folhas. Eu não conseguia ver O Sensei, mas aparentemente ele podia me ver! Na manhã seguinte tentamos de novo, e mais uma vez na outra manhã. Talvez pareça estranho, mas no terceiro dia comecei a ser capaz de vê-lo no escuro. Como conseguia ver o alvo, eu podia atacar mais suavemente — eu estava muito feliz! Quando se aproximou o alvorecer, o ataque tornou-se mais leve e O Sensei me disse: "Acabamos — você não precisa mais fazer isso". Senti que ele me dera sua aprovação; que eu, de algum

---

4 "Yoshitsune" é o guerreiro Minamoto no Yoshitsune (源義経) (1159-1189), da Era Heian.

> modo, havia sido contemplado com uma nova vida. Então retornei à Manchúria, revitalizado.

Como mencionei antes, O Sensei concordara em tornar-se conselheiro de *budo* para a Manchúria e talvez uma das razões para isso tenha sido a presença lá de um de seus discípulos favoritos.

Depois da guerra, o escritor Ashihei Hino escreveu um romance intitulado *Oja no Za* (*The Seat of the Champion*), que era uma adaptação livre da amizade entre O Sensei e Tenryu. O Sensei aparece no romance como Ryohei Suganuma. Como é um romance, nada é historicamente acurado, mas o encontro entre O Sensei e Tenryu e algumas outras descrições têm um leve toque de veracidade. É um bom livro e, se você tiver oportunidade, recomendo sua leitura.

Ao falar das ligações de O Sensei na Manchúria, não devemos esquecer a Universidade Kenkoku. Como mencionei no capítulo anterior, Kenji Tomiki — um dos primeiros *uchideshi* — fora designado como professor da Universidade Kenkoku. Até o final da guerra, ele ensinou aikido aos alunos, com grande paixão. Entre esses alunos da Kenkoku havia grandes talentos, como Shigenobu Okumura, que é agora *shihan* no dojo Hombu, e o Dr. Nobutaro Hayashi, que anteriormente foi chefe de gabinete do Ministério do Comércio Internacional e das Indústrias e é agora vice-presidente da Jusco.

Quando visitou a Manchúria, O Sensei passou o máximo de tempo possível ensinando na Universidade Kenkoku. Nobutaro Hayashi compartilha estas lembranças de suas visitas:

> O Sensei nos obrigou a fazer *kangeiko* (treinamento no inverno) em temperaturas de até seis ou sete graus centígrados negativos; era tão árduo que tínhamos vontade de chorar — mas, depois disso, o treinamento militar ficou fácil. Ele nos ensinou: "Sempre se coloquem em *shizentai* (postura natural), com flexibilidade completa". Esse continua sendo um princípio fundamental em minha vida.

Cultivando a terra e prosseguindo no caminho, em Iwama

Em 8 de dezembro de 1941, o Japão entrou na Guerra do Pacífico, contra os Estados Unidos e o Reino Unido. Como as linhas de combate no continente estavam se expandindo, logo tornou-se óbvio que o Japão estava em crise, lutando uma guerra em duas frentes; e essa eventualidade não era imprevista.

Foi nessa época que O Sensei fez uma visita secreta ao continente, na companhia de seu discípulo Tsutomu Yukawa, para ajudar a lançar as bases de uma negociação de paz com a China. Ele assumiu a tarefa a pedido do príncipe Fumimaro Konoe, com quem tinha uma relação de amizade. Os militares japoneses precisavam concentrar suas forças e, quando entraram na Guerra do Pacífico, esperavam chegar a um acordo de paz com Chiang Kai-shek e retirar-se da China. Todos os meios para alcançar esse objetivo foram considerados e a visita de O Sensei foi parte de um esforço mais amplo.

Como vimos, O Sensei tinha muitos laços de amizade com os altos escalões militares, governamentais e do setor privado. O mesmo era verdade em relação à sua contraparte na Manchúria e Mongólia, incluindo (por exemplo) alguns dos principais conselheiros do imperador PuYi, que haviam se tornado admiradores de O Sensei. Quando Tokuo, o rei da Mongólia, veio ao Japão, ele foi visitar O Sensei no dojo de Ushigome, em Wakamatsu-cho. Em vista de sua extensa rede de relacionamentos e sua influência, esperava-se que O Sensei pudesse contribuir para abrir canais de negociação.

Nas linhas de frente do Leste Asiático, muitos dos antigos discípulos de O Sensei ocupavam posições-chave, tanto oficialmente quanto em caráter privado. Em particular, ele tinha vários associados no serviço secreto e em unidades de inteligência privada que trabalhavam na propaganda política em prol da ocupação e em outros projetos por trás dos bastidores. Pensava-se que, se O Sensei emprestasse sua influência pessoal ao movimento por uma paz negociada, essas pessoas trabalhariam com uma sinceridade e eficiência ainda maiores. Talvez haja um bom número de razões para o príncipe Konoe ter pedido a O Sensei que se encarregasse dessa missão.

Sei que O Sensei deixou o Japão secretamente e fez contato com o general Shu-roku Hata, comandante-chefe do Exército em Nanshi (sul da China). Segundo um relato, já estava acertado que O Sensei se encontraria diretamente com Chiang Kai-shek, na qualidade de enviado secreto. Mas resultou que o andamento das negociações foi inadequado e ele chegou tarde demais para poder afetar os acontecimentos.

Com Tokuo, rei da Mongólia, no dojo Ushigome, em Wakamatsu-cho. O Fundador está à direita, ao lado de Tokuo.

Mesmo quando envolvido em assuntos de importância nacional, como essa missão na China, O Sensei continuava profundamente preocupado em encontrar o melhor meio de preservar o aikido no futuro. Ele queria garantir a continuidade do aikido, proteger o dojo e preservar a luz e esperança que essa arte oferecia. Foi com essas preocupações em mente que O Sensei adquiriu uma propriedade em Iwama, no município de Nishi Ibaraki, província de Ibaraki, e começou a planejar o cultivo da terra e a construção de um dojo.

Sua relação com essa região se estabelecera cerca de dez anos antes, em 1935. Um dos importantes proprietários de terra em Iwama entrara em contato com O Sensei, por intermédio da religião Omoto, e se tornara um grande patrocinador. Ele insistiu muito com O Sensei para que comprasse um pedaço de terra; por intermédio de sua esposa, Hatsu, O Sensei realmente adquiriu um *chobu* (cerca de dois acres e meio) nessa época. Mas como ele estava constantemente viajando para promover o *budo*, a terra permaneceu intocada. Mais tarde, talvez por volta de 1939 ou 1940, O Sensei começou a pensar que, quando atingisse certa idade, seria bom retirar-se e passar o resto da vida de um modo mais tranquilo. Então começou a acrescentar pedaços de terra aqui e ali, ao redor do *chobu* que já possuía. Ele costumava dizer: "Sou um agricultor", e viver como vivia em Tóquio, sem qualquer contato com a terra, não combinava realmente com ele. Como vimos, ele sempre acreditou firmemente na autossuficiência e no princípio de *Heino-ichinyo* (lutar e cultivar a terra formam uma unidade). Consciente ou inconscientemente, ele já devia ter decidido por Iwama como o lugar para sua aposentadoria. Em retrospecto, essa escolha salvou O Sensei e salvou o aikido. Mas a inspiração foi inteiramente sua.

Iwama está próxima à linha férrea Joban, entre as cidades de Ishioka e Mito. É uma terra altamente cultivável, localizada na extremidade sudeste da planície de Kanto, nos arredores do lago Kasumigaura e do monte Tsukuba. Atualmente, tem a aparência de uma pequena cidade regional, com boas estradas, centros de compras e populosos conjuntos habitacionais ao redor da estação. Em 1939 ou 1940, contudo, não se encontrava campos desmatados nem mesmo onde o atual dojo está localizado. A terra ainda era coberta por florestas de castanheiras silvestres, *paulownias* e pinheiros.

Quando a guerra piorou, em 1941, O Sensei decidiu tornar esse lugar o "novo lar do aikido". Bombardeiros B29 norte-americanos estavam alvejando o Japão; O Sensei disse: "Podemos perder o dojo a qualquer momento em um bombardeio, e começar de novo seria muito difícil. Vamos construir um dojo em Iwama logo que for possível". Ele passou a falar desses planos com as pessoas que lhe eram próximas, e sempre que podia ia a Iwama.

Novos alunos continuavam comparecendo ao dojo de Wakamatsu-cho, Ushigome, mas, com cada vez mais reservistas sendo convocados para o serviço ativo, os dias de gloriosa expansão estavam certamente encerrados. Não era apenas o efeito da guerra — a regulamentação e o controle do governo estenderam seu alcance, incluindo as artes marciais. O aikido, nessa época conhecido por vários nomes, como Aiki Budo, Ueshiba-ryu Aiki Budo ou Kobu-Aiki, estava prestes a ser incorporado a uma organização maior, a Butoku-kai, como Aiki-bu, a seção de aikido. (Foi nessa época que O Sensei decidiu que ia integrar o nome como "aikido"). Por essa razão, até o final da guerra, o aikido ainda usou a classificação de níveis de Hanshi, Kyoshi e Renshi. Falando francamente, foi nesse ponto que O Sensei determinou a mudança para Iwama. Ele não se opôs abertamente às ações do governo, mas sua integridade não permitia que a arte que ele havia construído durante toda sua vida, com sangue, suor e lágrimas, ficasse subordinada, por conveniência, a uma mera seção de uma organização burocrática maior.

"Não sou bom em embaralhar papéis", ele disse. "Preciso continuar treinando." Com essas palavras, O Sensei partiu para Iwama, deixando Minoru Hirai, um *uchideshi*, como o encarregado dos assuntos gerais do dojo. Minoru Hirai, que já havia iniciado um grupo chamado "Dai Nihon Korindo Aikido", era favorável a administrar a relação com a Butoku-kai. O Sensei também deu a mim, então ainda um aluno da escola preparatória da Universidade de Waseda, a responsabilidade de diretor do dojo Wakamatsu-cho Ushigome. Com a ajuda de Kisaburo Osawa, defendemos o dojo Hombu mesmo quando as sirenes de alerta de ataque aéreo uivavam nos ares de Tóquio, noite após noite.

Em Iwama, O Sensei conseguiu um velho celeiro, que havia sido reformado, para servir como uma pequena e humilde residência, e passou a viver lá com sua esposa, Hatsu. A casa mais parecia uma cabana, compreendendo um cômodo de oito tatames, outro de seis tatames e um *doma* (cômodo com piso de terra). No cômodo maior, O Sensei colocou um altar xintoísta bastante grande; desse modo, o estreito espaço restante mal dava para eles dormirem e comerem. Apesar do inconveniente, O Sensei orgulhosamente dizia aos visitantes que esse era nada menos que o "local de nascimento do aikido" e estava feliz ali. Essa casa situava-se num terreno baixo, com *paulownias*, cerca de 200 metros na direção do monte Atago, a partir do local do atual santuário Aiki.

Quando reconstruiu o celeiro, transformando-o em algo mais conveniente, O Sensei tinha três principais objetivos em mente. O primeiro era construir o santuário Aiki; o segundo, construir um dojo externo; e o terceiro, pôr em prática sua teoria de *Heino-ichinyo* (*Buno-ichinyo*).[5]

---

[5] O primeiro desses termos indica a integração da agricultura e do aspecto militar, e originalmente era aplicado ao programa de realocação das famílias de samurais para a fronteira de Hokkaido, na Era Meiji, para fins de agricultura e defesa nacional; o segundo termo indica mais particularmente o conceito próprio de O Sensei da relação próxima e necessária entre a agricultura (ou plantio) e as artes marciais (o *budo*).

Completando esses três projetos — referidos conjuntamente como Aiki-en —, estava o último desejo de O Sensei para o seu período em Iwama, que ele via como a culminação do trabalho de toda a sua vida. Ele sentia uma paixão por sobrepujar quaisquer obstáculos que encontrasse no caminho da realização desses objetivos. A construção do santuário Aiki refletiu seu desejo de mostrar uma profunda gratidão para com as "43 divindades do Takemusu que deram origem ao aikido e que continuam a protegê-lo".

Foi por volta dessa época que O Sensei fez amizade com Koun Nakanishi, um estudioso independente do *Kotodama* e um importante especialista no *Kojiki*. O Sensei adorava conversar com ele e eu pessoalmente acredito que o conceito de Takemusu de meu pai inspirou-se em seu contato com o *Kojiki*. Outro exemplo dessa influência foi a adoção de uma nova assinatura, "Tsunemori" Ueshiba, em lugar de "Moritaka" Ueshiba, como assinava anteriormente.

Há um manuscrito, que aprecio muito, que registra um *shufutsu* realizado por O Sensei, com Koun Nakanishi conduzindo a cerimônia e Yuiun Akiyama ajudando, em 14 de dezembro de 1940. *Shufutsu* é uma das cerimônias mais importantes do xintoísmo, na qual os participantes realizam *misogi* (purificação) a fim de entrar em comunicação com as divindades guardiãs.

Esse *shufutsu* lista as 43 divindades guardiãs do aikido: Sarutahiko Omikami; Kunitsu Ryuo; Kuzuryu Daigongen; Tachikara no Mikoto; Ameno-murakumo-kuki-samuhara-ryuo-no-omikami e outras; vários nomes de Ryuo; Daigongen; Daitengu; e Daibosatsu. De início, os nomes parecem escolhidos ao acaso, mas, quando analisamos mais de perto, torna-se evidente que estão ligados com a cronologia do treinamento e do desenvolvimento de O Sensei, e que realmente não são aleatórios. Essas divindades guardiãs desempenharam um papel fundamental na formação de seu caráter e de sua visão do *budo*. A cerimônia comemorou aqueles momentos em que sua mente humana ascendeu acima de seus limites, para tocar algo maior e mais iluminado.

O Sensei se determinara a construir um santuário do aikido em Iwama. Por acaso havia um carpinteiro, chamado Matsumoto, vivendo ali perto, que era especializado na construção de santuários. Ele possuía um temperamento agradável e habilidades notáveis, além do conhecimento de como construir um autêntico santuário tradicional. O Sensei procurou esse carpinteiro imediatamente e convidou-o a ir até sua casa para discutirem os planos. Acredito que a construção foi concluída no final do outono de 1944. Era uma época sombria, para dizer o mínimo — alguns indivíduos estavam exortando toda a população, cerca de cem milhões de pessoas, a se preparar para a morte, em vez da desonra. Mesmo assim, quando o carpinteiro acabou seu trabalho no santuário do aikido, O Sensei pareceu experimentar um grande ressurgimento de energia, limpando-se e alegremente cantando as orações do Tenshin Norito para celebrar o final da construção do santuário.

O santuário Aiki, em Iwama, que se tornou o centro espiritual daqueles que praticam essa arte, foi consagrado nessa época. Ao mesmo tempo, apesar de as condições terem se deteriorado com o desenrolar da guerra, muitas pessoas deram seu apoio para a construção de um dojo de *aiki*, que era a segunda prioridade de O Sensei. Em particular, gostaria de lembrar a generosidade de sua Majestade Li-o [o último príncipe da dinastia Li, da Coreia), que doou uma centena de ienes para a construção do dojo.

Sua Alteza Real Li-o estava profundamente interessada no aikido, que havia conhecido por intermédio de associados, tais como Kinya Fujita, do tenente-general do Exército Katsura Hayashi e de Katsuzo Nishi, todos conhecidos próximos de O Sensei. Katsuzo Nishi era famoso por seu Método Nishi de Abordagem da Saúde, e sei que ele ajudou especialmente a promover o aikido junto à Sua Alteza Real Li-o.

Parece que Katsuzo Nishi teve contatos bem anteriores com O Sensei, por meio de um conhecido comum, Hakurei Kurihara, outro seguidor da religião Omoto. (Executivo da Jitsugyou no Nihonsha, Kurihara foi preso durante o Segundo Incidente da Omoto e cometeu suicídio na prisão.) Katsuzo Nishi defendia uma teoria que ele chamava de *Seisankaku Shimentai* (filosofia tetraédrica triangular equilateral), ou "tetrapatia"; ele achava que, em essência, essa teoria era idêntica ao aikido, o que o levou a O Sensei. O Sensei, por sua vez, estava intrigado com as práticas nutricionais — tais como o vegetarianismo e o jejum — promovidas por Katsuzo Nishi, e acabou procurando sua ajuda para tentar uma solução para seus problemas gastrointestinais crônicos.

Como resultado dessas ligações, Sua Alteza Real Li-o, o príncipe e a rainha visitaram o dojo Wakamatsu Ushigome, de aikido. Nessa visita, assistiram a uma magnífica demonstração de aikido, realizada por O Sensei, com comentários de Katsuzo Nishi, e ficaram profundamente impressionados. Logo que retornou ao seu país, Sua Alteza Real Li-o providenciou um convite para que O Sensei fosse à Coreia ensinar o aikido. Acredito que Kisaburo Osawa também foi enviado, como instrutor alternativo. Sua Alteza Real tornou-se um patrocinador entusiasmado de O Sensei e sua doação para o novo dojo foi resultado dessa relação.

O Sensei estava desenvolvendo, em essência, um "dojo externo" para pôr em prática seu conhecimento do *Heino-ichinyo*. Seus planos para Iwama consistiam numa expansão das atividades assumidas anteriormente no dojo Ueshiba-juku, em Ayabe, e no dojo Budo Senyo-kai, em Takeda. O *chobu* inicial de terra, adquirido em 1935, aumentou gradualmente para sete *chobu* (cerca de 17 acres), por meio de aquisições posteriores. A maior parte da terra era selvagem e ainda não desbravada, assim O Sensei trabalhou duramente com o arado para converter parte dela num campo fértil de batatas e vegetais. Suas experiências na vila de Shirataki tornaram-no um especialista na melhoria de terras. Aqueles de nós que estávamos tomando conta do dojo em Tóquio vivíamos sempre com fome e as colheitas dos campos de O Sensei nos alimentaram muitas vezes. O Sensei deu o nome de Aiki-en a esse dojo externo, organizado segundo o princípio do *Buno-ichinyo* (as artes marciais e a agricultura formam uma unidade). Para os *uchideshi* que iam visitá-lo em turnos em Iwama, ele falava alegremente dos seus ideais e dos seus planos para o Aiki-en.

A aproximação do final da guerra trouxe imensas perdas, e aqueles que estavam em torno de O Sensei sentiram que haviam perdido toda a espe-

rança. Nessas circunstâncias, o modo pelo qual ele falava de suas esperanças e sonhos — com grande otimismo e completa confiança — era quase chocante. Dava a impressão de que ele pouco se importava se a guerra seria ganha ou perdida. Mas, de fato, era uma preocupação incessante de O Sensei se seu país poderia ser resgatado dos perigos que enfrentava. Seu envolvimento com a missão de paz secreta na China, que mencionei antes, indica quão profundo era seu amor por seu país. Apesar disso, seu patriotismo não impediu que ele falasse do futuro predestinado do aikido ou que devotasse seu tempo e paixão preparando esse futuro. Sua paixão era inesgotável, por isso ele foi capaz de manter a tocha do aikido acesa durante os anos seguintes à guerra.

Diante do santuário Aiki, em Iwama.

Eu gostaria de fazer uma breve pausa para falar das realidades econômicas desse período. O Sensei nunca prestou muita atenção aos assuntos financeiros nem fazia planos; como resultado, o sustento de nossa família flutuava consideravelmente. Como já mencionei, ele contou com o apoio financeiro de seu pai durante o empreendimento de colonização de Hokkaido e parece que continuou a contar com esse patrimônio até o início da Era Showa. Os dois períodos de maior necessidade foram depois da mudança para Ayabe, em 1920, e o período imediatamente posterior à guerra. Embora ainda possuísse bens em Ayabe, ele não era o tipo de pessoa que soubesse fazer o melhor uso deles. Muitos anos mais tarde, sua esposa,

O Fundador agia segundo o princípio do *Buno-ichinyo*. Iwama, por volta de 1965.

Hatsu, disse que houve épocas em que ela não sabia de onde sairia a próxima refeição. Apesar dos períodos de pobreza da família, minha mãe manteve suas expectativas num alto nível e planejou com seu marido os meios para assegurar uma educação universitária para Hatsuko, minha irmã mais velha.

O período posterior à mudança de O Sensei para Tóquio, quando ele teve alguns anos para se estabelecer, foi sua época de maior abundância. O valor pago pelas aulas montava a cerca de 1.600 ienes por mês (cerca de dois milhões de ienes atuais). A mensalidade individual mais alta para alunos externos chegava a 190 ienes e o pagamento normal variava de 100 ienes até um mínimo de dois ienes por mês. Em contraste, os dojos de judô cobravam de seus alunos de um a dois ienes por mês. Isso me faz pensar naqueles dias do passado!

Diante do santuário Aiki, em Iwama.

O dojo Kobukan foi construído parcialmente com os rendimentos da propriedade de Yoroku, pai de O Sensei; a outra metade do custo proveio das doações de discípulos. O terreno foi inicialmente alugado da família Ogasawara, mas depois foi adquirido em sua totalidade, usando-se para isso o dinheiro da venda de outra propriedade em Tanabe. Quando a Fundação Kobu-kai foi inicialmente criada (por volta de 1938 ou 1939), as coisas pareciam cor-de-rosa na superfície — mas, de fato, a situação financeira do dojo era precária e O Sensei passou por muitas dificuldades durante e depois da guerra.

A pessoa que trabalhou mais arduamente, tanto para colocar a Fundação Kobu-kai em boa situação financeira como para tornar a vida de O Sensei mais fácil, foi Kinya Fujita. Por intermédio de seus esforços e dos esforços do Sr. Okada, o Kobukan recebia doações anuais de cem ienes das

Diante do santuário Aiki, em Iwama, 1961.

empresas Mitsubishi, Mitsui e Sumitomo, e da família Maeda e da Fundação Harada. Essas doações fizeram parte do orçamento da Kobu-kai até 1943. Quando a situação militar do Japão piorou em 1943 e 1944, o dojo quase não tinha rendimentos. Mas todo mês, eu ia à casa de Kinya Fujita e ele me entregava 300 ienes para O Sensei e 150 ienes para as despesas do dojo de Tóquio; ele continuou com essas doações até por volta de 1948.

As perdas e as mudanças resultantes da guerra trouxeram dificuldades também para Kinya Fujita, mas mesmo assim ele se esforçou para ajudar O Sensei. Mais tarde, O Sensei me disse que, nas épocas de maior dificuldade, "Kinya-san estava presente para ajudar". Pelo que fizeram, ele e o Sr. Okada jamais serão esquecidos.

Esse período em Iwama, depois da guerra, foi o mais difícil. Até mais ou menos 1955, O Sensei dedicou-se apenas à agricultura, e praticamente não tinha qualquer rendimento em dinheiro. Nós chamamos esse tipo de época de "vida de broto de bambu" — você remove camada após camada. Apesar disso, O Sensei estava sempre tranquilo e nunca demonstrou ansiedade, mesmo quando as coisas estavam economicamente em seu pior estado.

Capítulo Sete

Harmonia entre o céu, a terra e os seres humanos

A origem da Fundação Aikikai

No dia em que a guerra terminou — 15 de agosto de 1945 — nós sentimos como se tudo que o Japão representava, sua tradição, sua história e sua cultura, tivesse de repente chegado ao fim. Hoje essa ideia parece ridícula, mas naquela época esses eram medos e ansiedades reais. Naturalmente, sentimos que a existência do aikido estava chegando ao fim, juntamente com tudo o que conhecíamos.

Contudo, toda vez que visitávamos Iwama, encontrávamos O Sensei arando calmamente os campos do Aiki-en. Quando tentávamos lhe falar dos nossos medos, ele ficava bravo e nos dizia bruscamente: "Não está morrendo, está apenas começando" — e continuava a arar a terra. Como já mencionei, O Sensei tinha passado recentemente por uma enfermidade muito séria e perdera boa parte de seu tônus muscular. Mesmo assim, arava como um homem forte, não como um inválido, e sua calma parecia zombar de nossos sentimentos de devastação.

O desejo de O Sensei de criar um santuário *aiki* em Iwama havia se concretizado, com relação à construção do edifício, quando o carpinteiro Matsumoto completara seu trabalho no outono de 1944. A cerimônia de purificação e instalação das 43 divindades guardiãs fora feita no começo de dezembro de 1940.

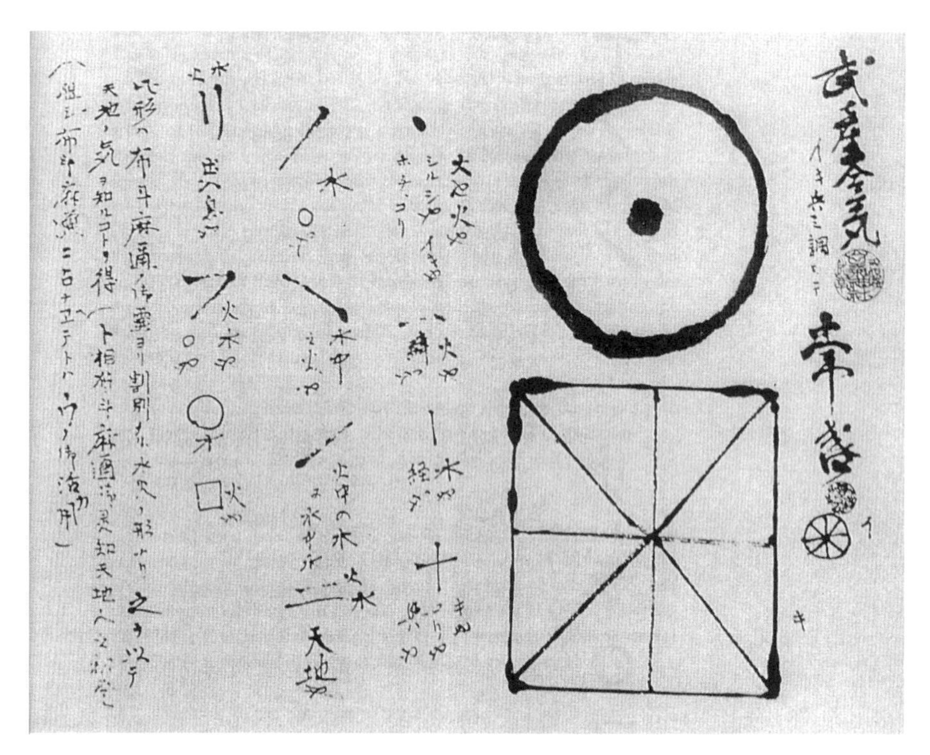

Desenho da cosmologia do aikido, feito pelo Fundador.

O complexo do santuário foi construído com base em princípios derivados do estudo feito por O Sensei do *Kotodama*, que representa os três blocos constitutivos do universo por meio dos símbolos do *ikumusubi* (triângulo), do *tarumusubi* (círculo) e do *tamatsumemusubi* (quadrado). Os elementos mais importantes do complexo — o santuário principal, o vestíbulo de adoração e os portões *torii* — situavam-se de acordo com esses princípios. Provavelmente, estes três símbolos — triângulo, círculo e quadrado — estão relacionados com o sistema de respiração do *Kotodama*. O Sensei costumava explicar que: "Quando são unificados, os três elementos do triângulo, círculo e quadrado se tornam uma forma integrada. Quando começa a girar com o fluxo do *ki*, essa forma adquire quietude dentro do movimento".

Retornando à minha narrativa, O Sensei ficou satisfeito com o fato de o trabalho no santuário Aiki ter sido efetivamente completado antes do final

Na *jichinsai* [cerimônia xintoísta para purificar o local de uma construção] do santuário Aiki.

da guerra. "Agora completamos o *Aiki Oku no In* (Santuário Interior Aiki)." Ele parecia aliviado, como se uma carga que estivesse carregando por um longo tempo fosse agora retirada. Ele dizia, como para si mesmo: "A primeira coisa é criar uma base firme para o aikido nas interações entre os seres humanos e o divino. A fonte do aikido está assentada aqui. Agora, resta desfrutar a interação com as coisas criadas, até onde nosso coração nos conduza".

No início, o dojo era externo, o que criou um modo novo e surpreendente de treinamento. Ficava num canto dos campos desmatados. Quando os discípulos começaram a vir de Tóquio para Iwama e os moradores locais foram atraídos para o treino por ter ouvido falar do aikido, nós construímos um dojo de treinamento com cerca de 30 *tsubo*. Esse foi o precursor do dojo de Ibaraki e acredito que foi finalizado durante o verão do ano em que a guerra terminou.

Essa coincidência no tempo foi propícia porque o dojo de Iwama desempenhou um papel crucial durante o caótico período que se seguiu ao final da guerra. Apesar de o dojo de Tóquio ter escapado de danos mais sérios, acabou sendo convertido em alojamento para cerca de 30 famílias desalojadas pelos ataques aéreos. Como resultado, tanto a administração formal do aikido como eu mesmo, na qualidade de Dojo-cho, fomos transferidos para o dojo de Iwama e lá ficamos por cerca de três anos.

Embora tenha sido forçada pelas circunstâncias, essa realocação não deixou de resultar em vários benefícios. Além de meus sentimentos pessoais em relação a experimentar mais uma vez a vida cotidiana perto de O Sensei, a mudança para Iwama nos permitiu praticar de uma maneira livre e aberta. Em Tóquio teríamos de ser muito discretos a fim de evitar problemas com as forças de ocupação norte-americanas, que suspeitavam de tudo o que estivesse ligado ao *budo*. A mudança para Iwama também atraiu jovens da região, que desempenhariam um papel-chave na proteção e expansão do desenvolvimento do aikido. Finalmente, o dojo de Iwama proporcionou um espaço onde os antigos discípulos, que estavam retornando do serviço militar ativo, podiam recuperar-se e reconstituir suas forças antes de se juntar novamente à sociedade.

Sempre que uma dessas pessoas chegava a Iwama, O Sensei a recepcionava, sorrindo como se quisesse envolvê-la com pura alegria, e dizia: "Estou feliz que você tenha retornado vivo". Muitas vezes dizia: "Aqueles que praticam o aikido são meus verdadeiros filhos". Portanto, ele deve ter ficado realmente feliz ao ver esses antigos alunos e, quando penso sobre aqueles dias, ainda vejo de modo nítido a cena em que professor e alunos conversavam alegremente durante uma refeição composta por sopa de batata.

Foi assim que as coisas transcorreram nos dois primeiros anos após o final da guerra. Aos poucos, O Sensei e eu começamos a perceber o desejo daqueles próximos a nós de retomar à prática regular, mesmo em pequena escala, e de relançar o aikido formalmente. Para ser franco, eu senti que o momento ainda não era adequado. Apesar disso, vendo que esse interesse provinha não só dos antigos discípulos e associados, mas também dos novos alunos que haviam acabado de chegar, acabei sendo estimulado pelo entusiasmo deles a assumir a liderança no mundo do *budo*, revivendo o aikido.

Eu viajava frequentemente de Iwama para Tóquio e, numa sala com doze tatames, que eu havia reservado como escritório no dojo de Tóquio, comecei a fazer planos para reconstruir a organização do aikido. Kinya Fujita e Katsuzo Nishi, assim como alguns jovens discípulos ativos, tomaram parte em muitas sessões de planejamento comigo. Sempre que sentíamos que algum progresso fora feito, eu ia a Iwama para relatá-lo a O Sensei. Toda vez ele me dizia para confiar em meu próprio discernimento; por meio desse processo, ele determinou que cabia a mim conduzir o espetáculo e ele ia simplesmente observar o que acontecia. Minha mãe me contou que ele lhe disse naquela época: "Ele se tornou realmente sério", e demonstrou grande satisfação. Obviamente, para mim meu pai nunca sorriu nem disse palavras elogiosas; manteve uma postura severa até o final.

Depois de muitas deliberações, nós, que estávamos em Tóquio, concluímos que deveríamos solicitar ao governo para ser novamente reconhecidos oficialmente como uma fundação autorizada. A solicitação ao Ministério da Educação foi feita com o novo nome, "Fundação Aikikai". Nunca vou esquecer os esforços extraordinários de Kinya Fujita e Katsuzo Nishi, que contribuíram durante esse processo; eu mesmo fiquei muitas e muitas vezes ao telefone, falando com o ministério. Também inesquecíveis foram o trabalho árduo de Seiichi Seko e a gentil colaboração de Koshi Nakayama, que era o oficial administrativo com quem lidamos no Ministério da Educação.

Em 9 de fevereiro de 1948, a tão esperada autorização para a Fundação Aikikai foi emitida. Foi um momento de emoção profunda e incomparável. Essa permissão para trazer o aikido de volta à esfera pública veio muito mais cedo do que esperávamos. Grandemente encorajado, comecei a negociar com as famílias que haviam se refugiado no dojo de Tóquio, com a ideia de retomar o restante do edifício; senti que a reabertura do dojo de Tóquio seria um passo importante na reconstrução do aikido. Minha visão era de que esse dojo seria o *Honden* (santuário principal) do aikido, sua face voltada para o mundo, enquanto Iwama seria o santuário mais interior, o *Oku-no-in*.

A carta de intenções, contida em nossa solicitação de autorização para a Aikikai, reflete as ideias de O Sensei, tais como foram detalhadas por meus colaboradores e postas em sua forma final por Kinya Fujita. Embora esse documento reflita de algum modo as circunstâncias da época, acredito que ele também oferece uma descrição direta dos princípios que compõem o aikido, expressos com sinceridade e, como tal, merece ser lembrado. Por essa razão, vou citá-lo na íntegra:

1. Aikido

Nada no mundo é mais precioso que a saúde. Uma mente forte e uma vitalidade poderosa somente podem emergir de um corpo saudável. Nós acreditamos firmemente que tais corpos e mentes fortes vão desempenhar um papel vital na reconstrução do Japão.

O aikido reflete nosso destino de coexistir como seres naturais. A *hanmi* (postura) distinta e triangular do aikido corresponde ao conceito de "caminho do meio", que "Se tornado conhecido, irá espalhar-se pelo mundo todo, enquanto, se mantido secreto, sua existência desaparecerá de vista". [A fonte da citação é Ninomiya Sontoku.] Como arte de cultivo da saúde, o aikido une o corpo e a mente com a terra e o céu. Também desenvolve a capacidade de o praticante proteger-se do perigo. Os movimentos do aikido são circulares ao nos defendermos e como um quadrado quando nos movemos para fora; são como um cone ao ficarmos de pé em guarda, como uma espiral ao nos movimentarmos e como uma joia quando o trazemos para dentro. O caráter fluido e em constante mudança do aikido desafia qualquer descrição. Talvez os lendários tratamentos do doutor Kada fossem de natureza similar. [Diz-se que o doutor Kada desenvolveu a disciplina do Sokushindo — massagem dos pés e reflexologia.]

As muitas facetas do aikido nos levam a entendê-lo como uma atividade que combina o estudo da saúde com as artes de *kagura-mai* [dança ritual oferecida como prece]. Também é uma arte de educação física, uma

O Fundador e eu no portão do dojo Hombu, em Tóquio, por volta de 1958.

財団法人
合氣会

ferramenta poderosa para a formação do caráter e um meio de cultivar a vitalidade a fim de construir o palácio dourado da vida. Tanto os homens como as mulheres podem praticá-lo. À medida que suas técnicas são aperfeiçoadas, a mente e também o corpo experimentam a purificação. Essa experiência revigora tanto o praticante que ele alcança um estado elevado: "O estado de não existência, uma perfeição natural a partir da qual, sem intenção, a pessoa responde livre e espontaneamente ao fluxo mutável dos acontecimentos". [A passagem cita um pergaminho escrito por Kaishu Katsu para Jigoro Kano, o fundador do judô Kodokan.]

O aikido oferece a flexibilidade de infinitos movimentos possíveis, em qualquer direção, que se adaptam a situações mutáveis à medida que elas aparecem. Muito naturalmente uma energia poderosa se acumula, de tal modo que se torna fácil o *Hasshin Ichinyo* [transformar oito ou muitos corpos em efetivamente um], e tanto a mente como o corpo entram naturalmente em equilíbrio. O aikido também guia o praticante que procura obter as quatro virtudes: *Jujun* [flexibilidade], *Kyogo* [força indomável], *Eichi* [sabedoria] e *Shisei* [sinceridade].

Somente por intermédio da prática é que essas ideias podem ser dominadas e entendidas; como nos diz o provérbio, elas são "mais fáceis de dizer do que de fazer". O segredo da maestria é simplesmente este: a pessoa domina o *michi* (caminho) do aikido por meio do treinamento ativo.

2. A história do desenvolvimento do aikido

Em 21 de outubro de 1939, um grupo liderado pelos Srs. Kinya Fujita e Kozaburo Okada reuniu um amplo espectro de patrocinadores de todo o Japão num encontro inaugural destinado a estabelecer uma fundação para promover e disseminar os ensinamentos do aikido. O aikido foi criado pelo Sr. Morihei Ueshiba, que manteve um estabelecimento privado em 102 Wakamatsu-cho, Ushigome-ku, Tóquio. Em 14 de novembro de 1939, a fundação obteve autorização oficial e durante os sete anos seguintes esteve engajada no estímulo e na educação de discípulos.

Durante o último meio século, a nação foi conduzida por um caminho incorreto, desviando-se do verdadeiro Caminho. Como resultado da derrota do Japão na guerra, um retorno ao caminho da sinceridade e da virtude tornou-se possível. Até agora, para evitar sua cooptação para fins errados, o aikido tem mantido uma postura discreta e operado em pequena escala, abstendo-se de uma promoção ativa da arte e treinando apenas as pessoas conhecidas por seu caráter benevolente. Ensinamos essa arte somente para aqueles que tencionam usá-la de modo positivo e altruísta. Devido às novas circunstâncias do presente momento, podemos agora começar a expressar mais abertamente o espírito original e verdadeiro do aikido.

3. Planos futuros

O aikido é uma arte com profundo significado. Quando se tornar disponível para todos, irá espalhar-se amplamente, relacionando-se com todos os níveis da sociedade, em vez de somente com as elites. Seu potencial para a expansão é ilimitado. Contudo, para entender isso, a pessoa deve envolver-se e praticar realmente.

O fundador do aikido, Morihei Ueshiba, é um gênio raro e não uma pessoa de interesses profissionais estreitos. Seu *taijutsu* [técnicas corporais] é baseado num treinamento que confere a mais alta prioridade ao amor mútuo entre os seres humanos. Embora as técnicas do aikido possam ser aplicadas em situações de vida ou morte, ele, em si, está relacionado ao amor que provém do coração. As técnicas do aikido demonstram a execução da justiça pelo amor. Deveria ficar evidente que as técnicas do aikido existem com a finalidade de proteger o amor humano. Que tipo de técnica seria essa, sem amor? *Aiki* soa exatamente como *ai ki* (energia do amor) e os significados também estão ligados.

Tomando essas crenças como guia, Morihei Ueshiba vem treinando diligentemente há várias décadas. Durante a Guerra do Pacífico, ele

> fechou temporariamente o dojo Hombu, localizado em 102 Wakamatsu-cho, Ushigome-ku, Tóquio. Ao mesmo tempo, formou um sítio e construiu um dojo em Shimogo Iwama-cho, província de Ibaraki, onde havia comprado anteriormente um pedaço de terra de sete hectares. Também transferiu sua residência para Iwama e, dedicando-se à agricultura, recebeu os que vinham de perto ou de longe. Ele continuou a ensinar o aikido, segundo o princípio de que os *taisabaki* [movimentos corporais] dessa arte devem ser os mesmos movimentos de arar a terra.
>
> Esta solicitação para renovação inclui algumas mudanças das regras da Fundação Aikikai. Apesar de o espírito e o objetivo da fundação permanecerem os mesmos, algumas reformulações foram necessárias para que seus princípios não sejam mal entendidos no contexto das atuais circunstâncias nacionais e internacionais. Também consideramos apropriado mudar o endereço oficial do dojo Hombu do aikido para Iwama, onde Morihei Ueshiba, agora presidente da nova fundação, estabeleceu residência permanente.
>
> Assim que esta solicitação receber aprovação oficial, o antigo dojo Hombu de Wakamatsu-cho, Ushigome, será designado como filial, associada ao dojo Hombu, de Iwama. Pretende-se que o dojo de Wakamatsu ofereça treinamento que atenda às necessidades da nossa época e, desse modo, possa fazer uma contribuição modesta para a reconstrução de um novo Japão.

Talvez o comentário mais notável desse texto tenha sido a nova ideia de que *aiki* [合気] soa justamente como *ai ki* [愛 気] (energia do amor), e de que os significados támbémw estão relacionados. "*Aiki* é *ai* [amor] *ki*." Essa expressão tornou-se a favorita de O Sensei depois que ele se tornou iluminado até o nível de *Banyu Aigo* (dar proteção a tudo). Depois da guerra, ele usou muitas vezes essa expressão nas palestras. Assim como ensinar que "os *taisabaki* [movimentos corporais] do aikido deviam ser os mesmos movimentos de arar a terra", essa outra ideia também foi somente dele.

Como expliquei, desde 1948, quando a Fundação Aikikai foi reorganizada, até 1953, o dojo Hombu do aikido esteve localizado em Iwama. As autoridades recomendaram essa mudança como medida temporária, para evitar atrito com as forças de ocupação.

Para este velho homem, o treinamento continua para sempre...

Embora a Fundação Aikikai tenha recebido a Garantia Revisada de Autorização — e novamente possuísse a estrutura necessária para a prática e instrução em Tóquio —, a situação permaneceu extremamente difícil nos anos seguintes, até mais ou menos 1951.

No Japão, muitas pessoas desaprovavam as artes marciais em geral, vendo-as como antagônicas ao novo espírito democrático dos anos do pós-guerra. A alimentação era tão escassa que o povo geralmente carecia de força física para se engajar num treinamento árduo. O transporte público também era escasso e poucos tinham meios de chegar ao dojo para o treino da manhã — talvez não mais que dez, no máximo. Normalmente, apenas duas ou três pessoas estavam presentes para a aula matinal — um grande contraste em relação ao tempo em que mais de cem praticantes compareciam! Quando o clima estava ruim, algumas vezes ninguém vinha e só me restava permanecer no meu *futon* e dormir até tarde. Certa vez, com o tempo muito ruim, somente Shigenobu Okumura veio praticar — ele me encontrou em meu *futon*, acordou-me e apenas nós dois praticamos.

Naquela época, eu trabalhava num escritório durante o horário comercial, mas nunca perdia os treinos da manhã e da noite. Também fiz o melhor que pude para administrar o dojo, cuidar do prédio e fazer todo o necessário para manter as coisas funcionando. Em 1955, o dojo finalmente "saiu do vermelho"; senti que podia ver uma luz no final do túnel e pensei em desistir do meu emprego fixo. Mas, as dificuldades daqueles primeiros anos do pós-guerra não eram brincadeira.

Algumas outras pessoas, que entraram depois da guerra e ofereceram um constante apoio para o crescimento do aikido, devem ser mencionadas. Foram elas: Morihiro Saito, Hiroshi Tada, Sadateru Arikawa, Seigo Yamaguchi, Nobuyoshi Tamura e Shoji Nishio, além de Shigeho Tanaka, atualmente instrutor-chefe do dojo Shiseikan, no santuário Meiji. De perto e de longe, muitos outros vieram para a Aikikai e sua assistência, tanto pública como privada, aliviou muitas das cargas que pesavam sobre meus ombros.

Além de Tóquio, em Osaka, Wakayama, Kumamoto e também em outros lugares, antigos discípulos, saídos da guerra, abriram filiais do dojo e começaram a convidar O Sensei e a mim para visitá-los e dar ensinamentos. Um desses foi Michio Hikitsuchi, que abriu o dojo Kumanojuku, em Shingu. Shingu se tornaria um dos dois centros do aikido na região de Nanki, tão importante quanto Tanabe, a cidade natal de O Sensei. O Sensei tinha visitado o santuário em Kumano Sanzan, em janeiro de 1949, e encorajado enfaticamente Michio Hikitsuchi a abrir um dojo. Ele lhe disse: "É durante os tempos de paz que o verdadeiro *budo* é necessário. A filosofia do *aiki* é uma verdade válida universalmente. Até o general MacArthur está dizendo: 'Pratique-o'. Michio-san, Kumano é o meu lar espiritual. Eu ficaria muito feliz se você construísse um grande dojo em Shingu. O espírito do amor japonês, enraizado no Takemusu Aiki, certamente proverá a fundação, tendo em vista a reconstrução de um novo Japão. Farei tudo o que puder; então, por favor, faça também a sua parte". Michio Hikitsuchi foi motivado por esse estímulo a abrir a Kumanojuku em 1952 e comprometeu-se com a expansão do aikido. Como ele, muitos outros entraram em contato com a presença vigorosa e curativa de O Sensei e, posteriormente, dedicaram suas vidas ao aikido.

Em abril de 1950, com a colaboração de diversos colegas e patrocinadores, decidimos criar uma publicação interna, intitulada *Aikikai-ho*. Eu a chamo de publicação, mas na verdade era nada mais que cinco ou seis páginas mimeografadas em papel de má qualidade. Mesmo assim, senti que a *Aikikai-ho* anunciou o renascimento do aikido para o público em geral.

Em seu primeiro número, incluímos três *doka* (poemas) de O Sensei:

> O oponente, ao me ver em sua frente, corta com a espada — mas eu já estou atrás dele.
>
> Mesmo quando você está cercado e é atacado por muitos, encare todos eles como um único e mesmo oponente.

> Quando entrar numa floresta de lanças inimigas, esteja consciente de que sua própria mente é seu escudo.

Os únicos outros artigos eram o resumo de uma palestra dada por Katsuzo Nishi, intitulada "O aikido e o método Nishi de tratamento médico" (nós tínhamos uma série de palestras mensais no dojo, para as quais convidávamos oradores famosos); e "Aikido Banashi" (contos do aikido), por O Sensei. A publicação concluía com "Aikikai Kinkyo" (acontecimentos recentes no Aikikai), escrito por mim mesmo. Nesse número, escrevi:

> Foram necessários cerca de cinco anos para sermos capazes de produzir uma publicação interna do aikido. Nosso progresso tem sido lento, mas agora estamos andando firmemente para a frente. Em 9 de fevereiro de 1948, o Ministério da Educação autorizou oficialmente o funcionamento da Fundação Aikikai. Para aqueles de nós que seguimos o caminho do Aikido, esse foi um acontecimento aguardado com entusiasmo. Essa notícia nos deu um impulso e uma energia imensos, que nos ajudaram a seguir adiante de modo ainda mais ativo. Atualmente, nosso dojo Hombu está em Iwama-cho, na província de Ibaraki, com filiais em Tóquio (no mesmo local do antigo dojo) e em alguns outros lugares. Está em nossos planos criar filiais em todo o Japão.
>
> No dojo Hombu, O Sensei e os discípulos dedicam seu tempo ao plantio e aos treinos. Mesmo no dia a dia, estão sempre trabalhando juntos. Os jovens dessa região agrícola demonstram uma dedicação surpreendente. No Hombu, eles estão realmente apreciando sua busca através desse caminho.

Como indica o texto, O Sensei estava bem estabelecido no Aiki-en de Iwama, com o dia inteiro livre para praticar o *Bu-no-ichinyo*, a união entre as artes marciais e a agricultura. Contudo, quando aumentou a quantidade de pessoas que ficou sabendo de seu paradeiro e de suas atividades, grupos de todo o Japão começaram a convidá-lo para dar seminários. O Sensei declinou tais convites, dizendo que era "apenas um velho camponês", mas como os convites continuaram a chegar, ficou cada vez mais difícil recusá-los; finalmente, ele começou a visitar alguns locais.

Se lermos a terceira edição do *Aikikai-ho*, na seção intitulada "Relatório sobre o Ano Fiscal de 1949: viagens do presidente Morihei Ueshiba", veremos que ele visitou quatro locais:

a. Primeiro de agosto de 1949: Palestra e demonstração no Templo Yonekura, Ninomiya Kanagawa, por solicitação do Grupo de Bolsas de Estudo da Fundação Médica Nishi. 2 de outubro de 1949: Palestra e demonstração no Salão Educacional da Cidade de Yokohama, divisão Nishi, cidade de Yokohama, por solicitação da Sociedade Nishi de Yokohama.
b. 15 de novembro de 1949: Palestras abertas e demonstrações pelo presidente Morihei Ueshiba na região de Osaka e Kyoto, durante um período de duas semanas.
c. 23 de janeiro a 19 de marco de 1950: Seminários na região de Kansai; em Kyoto, para o quadro de funcionários da Academia de Polícia e para os membros da Fundação Médica Nishi; em Osaka, para a Polícia Nacional e para policiais da cidade de Osaka.

No nº 13 da *Aikikai-ho*, sob o título "Relatório de Atividades do Ano Fiscal de 1950", estão listadas as seguintes visitas:

a. Viagens para treinamento na região de Kansai:
   1. 21 de abril a 15 de maio de 1950. Palestras e demonstrações na Sociedade Nishi de Kyoto, na Sociedade Nishi de Osaka e na Federação de Judô Kinki.
   2. Segunda viagem. Treinamento de aikido para o grupo de judô da Polícia de Kyoto e em outros dojos filiais da Aikikai.
   3. Terceira viagem. Palestras e demonstração na sede e em delegacias locais da Polícia de Kyoto. Continuação do treinamento na Federação de Judô Kinki.

b. 10 de dezembro de 1950. Palestra e demonstração em Arakawa, província de Ibaraki, por solicitação de partes interessadas.
c. 15 de março de 1951. Palestra e demonstração no dojo Kyodo da Ferrovia Odakyu, por solicitação da Companhia Ferroviária Odakyu.

O nº 23 da *Aikikai-ho*, que relata o ano fiscal de 1951, registra um aumento dramático no número de viagens e na quantidade de localizações:

a. 22 de setembro a 27 de outubro de 1951.
   1. Seminário em Tanabe, por solicitação do prefeito da cidade de Tanabe e da Comissão de Educação da província de Wakayama. Um longo seminário, com duração de uma semana, no dojo da Polícia Nacional de Tanabe.
   2. Seminário em Nishinomiya. Outro seminário com duração de uma semana, realizado por solicitação da Federação de Judô Kinki e de outras partes interessadas.
   3. Seminário em Suita, Osaka. Um seminário intensivo de quatro dias, realizado por solicitação de partes interessadas, residentes na região de Suita.

b. 11 de janeiro a 29 de março de 1952.
   1. Seminários na área de Tanabe, no Salão dos Cidadãos de Tanabe, no Salão Público de Akitsu e no Salão Público de Hoyo, por solicitação de partes interessadas.
   2. Outras áreas em Kansai. Seminários por solicitação de várias outras partes interessadas.

c. Palestras e demonstrações na cidade de Shizuoka:
   1. 13 a 15 de julho de 1951. Seminários no Daikumachi 5, Shizuoka, e no dojo filial da Aikikai.
   2. 11 a 14 de setembro de 1951. Palestras e seminários organizados pelo governo da província de Shizuoka, pelo santuário

Asama e pela Companhia de Eletricidade Chubu (com centenas de participantes).

d. 15 de setembro de 1951. Demonstrações na prefeitura de Hamamatsu e no santuário Fuji (com centenas de participantes).

e. Demonstrações na Escola Secundária Kusaka, na província de Yamanashi. (Esta demonstração causou um grande impacto na escola.) 3 de setembro de 1951. Seminário de uma semana na Sociedade Nishi de Takasaki, em seguida a uma série de palestras.

f. Demonstrações na cidade de Ome, incluindo uma demonstração no dojo da Polícia Nacional de Ome, por solicitação de partes interessadas.

g. 17 de setembro de 1951. Demonstração para o quadro administrativo da Companhia Siderúrgica NKK (atual Companhia Siderúrgica JFE).

Essas foram todas as visitas de instrução feitas por O Sensei fora de Tóquio, mas além delas, durante a época dos nossos seminários de primavera e outono, ele vinha a Tóquio e em cada vez permanecia por cerca de uma semana no dojo de Wakamatsu-cho. Ele também fez visitas frequentes à residência de Yoshizo Abe, para ensinar. Quando se leva em conta o crescimento dos dojos filiais do aikido, fica claro que houve um aumento de atividades com o passar dos anos. No fundo, porém, quando a guerra terminou, O Sensei parecia estar mais interessado em viver de acordo com os princípios do *Bu-no-ichinyo* nas terras do Aiki-en, em Iwama. Ele queria tempo livre para seguir seus treinos no Caminho e para cultivar a terra. Quando encontrava as pessoas, ele costumava dizer: "Para este velho homem, o treinamento continua para sempre!" Ele nunca perdia as sessões de duas horas de treinamento, realizadas de manhã cedo, à tarde e à noite em Iwama.

Em 1953, O Sensei já estava com 70 anos, mas sua prática era tão vigorosa que deixava envergonhados os homens mais jovens. Os que o acompanharam durante aqueles anos relatam que, mesmo quando não estava treinando, ele não gostava de desperdiçar tempo e lia constantemente. Acredito que a maior parte de suas leituras consistia no *Kojiki* (os registros dos assuntos antigos) ou nos estudos do xintoísmo, dos espíritos divinos e do *Kotodama-gaku*.

Nesse contexto, farei apenas referência à relação de O Sensei com as pessoas que, além de Onisaburo Deguchi, estavam envolvidas com a religião e a espiritualidade. Antes da guerra, ele tinha certo grau de relacionamento com Jikan Ueda, Reikan Senga e outro senhor, chamado Inoue. Durante o pós-guerra, ele manteve outras relações parecidas, mas a mais importante — certamente, durante a última década de sua vida — foi com Masahisa Goi, que (como mencionei no primeiro capítulo) acredito ter usufruído de sua confiança. Com relação ao *misogi* (purificação), mencionei que O Sensei o havia praticado desde a juventude, mas ele estava particularmente interessado no *misogi* de Bonji Kawatsura.

O Sensei costumava dizer: "Eu podia ter tomado o caminho da filosofia ou da religião e alcançado um nível respeitável de proficiência se houvesse pesquisado seus mistérios. Mas senti que minha vocação na vida era seguir o caminho das artes marciais. Não sou um homem da religião — sou um artista marcial". Embora fizesse uma exceção para seus conhecidos mais próximos e discípulos diretos, acredito que O Sensei não gostava de ser visto pelo público em geral como uma figura religiosa ou um especialista sobre o mundo espiritual. Acho que ele se reprovava até certo ponto pelo fato de procurar compreender os assuntos espirituais essencialmente como um ponto de referência para o *budo*.

A verdade sobre *Yamato Dai-ai*[1]

O primeiro número da publicação *Aikikai-ho* dizia: "Nosso progresso tem sido lento, mas agora estamos caminhando firmemente para a frente". Nos

[1] *Yamato* refere-se ao povo japonês; assim, uma das leituras desse termo seria "grande amor japonês". A palavra *Yamato* é escrita usando-se os caracteres kanji para "grande" e "harmonia"; portanto outra leitura desse termo seria "grande harmonia, grande amor".

primeiros anos depois da guerra, algumas pessoas criticaram a estratégia da Aikikai, dizendo que era frustrante por causa de sua cautela; de fato, o que alcançamos foi bem modesto. Nós — ou seja, eu e o restante da liderança da Aikikai — compartilhávamos o sentimento de que uma abordagem lenta, mas constante, seria a melhor estratégia para consolidar e proteger os princípios do aikido.

Entre todas as artes marciais, o aikido é talvez uma das mais rígidas, pois se focaliza na procura da "verdade"; o que distingue completamente sua prática das do esporte e da competição. Em essência, o aikido consiste de treinamento no dojo, mas também inclui o cultivo da inteireza do ser na vida diária; seu objetivo é manifestar em todos os aspectos da vida o que a pessoa aprendeu por meio do treinamento. Dizendo de modo sucinto, ao seguir o caminho do *aiki*, o praticante treina o corpo, a mente e o *ki*; alinha seu *ki* com as energias do universo para explorar os limites do controle sem esforço; e procura harmonia com todas as criaturas vivas, dando-lhes proteção. Todos nós prometemos manter e defender as ideias centrais de O Sensei. Estávamos convencidos de que, quando a agitação desse período começasse a diminuir, tanto as ideias de O Sensei como o próprio aikido iam naturalmente encontrar patrocinadores e atrair pessoas de bom senso.

Como havíamos previsto, o período caótico que se seguiu à guerra finalmente passou e a reação adversa às coisas tradicionais — incluídas as artes marciais — começou a diminuir. Apesar da natureza modesta das atividades da fundação, cada vez mais pessoas eram capazes de reconhecer a sinceridade do aikido em sua busca no caminho verdadeiro e o valor de suas técnicas corporais. Os que vinham ao dojo não pertenciam a segmentos particulares da sociedade — eram profissionais, estudantes e pessoas com família; jovens e velhos; homens e mulheres. Assim que se filiavam, e se apaixonavam por O Sensei — que estava sempre pregando a doutrina do *Yamato Dai-ai* —, começavam a encorajar sua família, amigos e conhecidos para também aderir. Esse tipo de "rede" tornou-se uma característica distintiva do aikido.

O Fundador concentrado no estudo, em 1960.

O astronauta norte-americano John H. Glenn em visita ao dojo Hombu, em Tóquio, em 1963.

Ao mesmo tempo, o interesse pelo aikido começou a crescer fora das fronteiras do Japão, em outros países e entre outras nacionalidades. No começo, talvez as pessoas tenham sido atraídas para ele por ser uma arte marcial nova ou um tipo de "zen em movimento". Gradualmente, contudo, começaram a entender sua filosofia invulgar, a lógica de seus movimentos circulares e seu uso do *kokyu* (poder da respiração). Primeiro a Europa, depois os Estados Unidos e finalmente o Sudeste da Ásia atraíram um número crescente de praticantes entusiasmados e dedicados a essa arte. Talvez esses estudantes internacionais tenham captado a natureza real do aikido mais rapidamente que os próprios japoneses. O Japão vivia o caos do pós-guerra e talvez os povos dos outros países estivessem mais bem posicionados para apreciar os ensinamentos focados na paz e na espiritualidade, em vez de voltados para o esforço e a sobrevivência material. Por essa razão, os povos do exterior eram atraídos pela filosofia do *Yamato Dai-ai* de O Sensei e a louvavam como o "caminho para a salvação humana".

Já que estamos tratando desse assunto, não posso esquecer as contribuições dadas por aqueles que, apesar das restrições às viagens ao exterior naquela época, ofereceram seus melhores esforços para a divulgação do aikido no estrangeiro. Essas pessoas formaram efetivamente dois grupos, um no começo e outro mais tarde. O primeiro grupo deixou o Japão antes que o aikido se tornasse bem conhecido além de suas fronteiras; alguns desses indivíduos já deixaram a Aikikai ou faleceram. Entre esses intrépidos pioneiros estavam Minoru Mochizuki, Tadashi Abe, Koichi Tohei, Aritoshi Murashige e Mutsuharu Nakazono. O segundo grupo saiu depois de 1955 e seus membros mantiveram sua associação com a Fundação Aikikai. Alguns indivíduos desse grupo são Hiroshi Tada, Nobuyoshi Tamura e Yoshimitsu Yamada; todos são *shihan* que estão ativamente promovendo o aikido no exterior. Não seria exagero dizer que a formação da Federação Internacional de Aikido, em 1976, não teria acontecido sem o trabalho desses "evangelizadores", que divulgaram o espírito do aikido de O Sensei.

Naqueles primeiros tempos da expansão do aikido no exterior, O Sensei dizia que essa arte era "a ponte que conecta o mundo humano com a paz. Eu gostaria que as pessoas entendessem que o primeiro caractere da palavra *budo* deriva de caracteres cujo significado é 'o escudo bloqueia a lança'. Quero que elas se deem conta de que o núcleo filosófico do *budo* japonês é tanto *aiki* (unificar as energias do *ki*) quanto *ai ki* (a energia *ki* do amor e da compaixão)". Antes da guerra, o aikido teve muitos seguidores dedicados entre os povos do Leste Asiático. Shigenobu Okumura, que estudou na Universidade Kenkoku, na Manchúria, escreveu que a universidade "tinha muitos estudantes da Manchúria, China, Mongólia, Coreia, Rússia e Taiwan, e que o aikido era muito popular entre eles". Desse modo, não foi algo sem precedentes o fato de o aikido ter tido uma aceitação tão rápida no Ocidente e noutros lugares após o final da guerra.

Em todo caso, depois de 1953, o número de pessoas envolvidas com o aikido começou a crescer exponencialmente, muito além de nossas expectativas. Pode-se dizer que os anos do pós-guerra, até por volta de 1952, foram um período de busca e experimentação. A fase seguinte, aproximadamente de 1953 a 1955, foi de reaparecimento e disseminação. Dado o aumento da quantidade de pessoas, o trabalho no escritório da fundação também se expandiu, a ponto de requerer minha completa atenção; nessa época, eu

finalmente abandonei meu emprego fixo e dediquei-me em tempo integral ao aikido. Em 1953, também decidimos transferir de volta para Tóquio a localização oficial do Hombu do aikido, sua sede. O Sensei nos disse: "Penso que o melhor para mim é treinar em Iwama. Vocês devem trabalhar em Tóquio, do modo que acharem melhor, para promover o crescimento do aikido lá". Começamos então a trabalhar para melhorar o aspecto administrativo da fundação a fim de responder às necessidades dos novos tempos.

Em meu trabalho fora do aikido vim a conhecer Shigeo Tokunaga. Ele teve a grande amabilidade de me dar ótimos conselhos, pois entendia muito bem tanto a minha paixão pelo aikido como as dificuldades que enfrentamos na luta por seu crescimento no pós-guerra. Ele me ajudou a desenvolver um novo formato para as demonstrações e, por algum tempo, assumiu o papel de diretor-gerente da Aikikai, o que foi de grande ajuda para mim.

Em setembro de 1956, a Fundação Aikikai fez sua primeira demonstração pública na cobertura da loja de departamentos Takashimaya, em Nihonbashi, Tóquio. Foram enviados convites a embaixadores e ministros de várias embaixadas estrangeiras, assim como a patrocinadores e entusiastas de todos os setores da sociedade; também foi permitida a presença do público em geral nas demonstrações, que foram realizadas durante cinco dias. Esse evento marcou o começo de outra fase na história do aikido no pós-guerra, um período de plena expansão.

A primeira demonstração pública de aikido na cobertura da loja de departamentos Takashimaya, em Nihonbashi, Tóquio, em 1956.

Até esse momento, as demonstrações e palestras sobre o aikido eram feitas somente por O Sensei e exclusivamente nas instalações dos dojos existentes. As únicas exceções haviam sido as *budo enbu* oficiais (demonstrações

O Fundador me instruiu diligentemente sobre os movimentos do *bokken* (espada de madeira). Essa fotografia foi tirada por volta de 1955.

O Fundador praticando caligrafia em 1968.

públicas de várias artes), das quais O Sensei participava como convidado. Ele detestava a ideia de fazer demonstrações para o público em geral. Como o *budo* envolve luta e riscos de vida e morte, ele sentia que seus segredos deviam ser transmitidos somente àqueles que buscavam o caminho. Ele acreditava que mostrar os segredos livremente a estranhos era imoral, uma espécie de desvalorização e de desrespeito pela arte.

Esses sentimentos eram perfeitamente compreensíveis para nós. Ainda assim, também sabíamos que, sem uma abertura maior, seria difícil propagar a arte do aikido à medida que avançávamos. Shigeo Tokunaga e eu trabalhamos arduamente na elaboração de uma proposta para O Sensei de uma demonstração para o público em geral — e para piorar as coisas tivemos de propor que a demonstração fosse feita na cobertura de uma loja de departamentos, por falta de estádios apropriados. Esperávamos ser recebidos aos gritos, mas havíamos chegado à conclusão de que só uma demonstração desse tipo nos permitiria dar um salto adiante e expandir o conhecimento e a prática do aikido de um modo adequado para a época. Eu me decidi e fui propor a ideia a O Sensei.

À medida que escutava, seu rosto foi gradualmente tornando-se vermelho e as veias começaram a saltar por causa da raiva que havíamos previsto; ele franzia os lábios, com um olhar severo. Quando terminou de ouvir o que eu tinha a dizer, ele fechou os olhos e meditou por algum tempo. Então, lentamente deu sua resposta: "Muito bem. Talvez seja necessário atingir todos os níveis da sociedade. Se isso ajuda a limpar o riacho barrento, este velho homem dará o melhor de si para demonstrar a essência do aikido. Já encarreguei você disso. Enquanto você estiver ajudando a sociedade e a humanidade, não tenho objeções ao que propõe. Faça uso deste velho homem para que você atinja seus objetivos".

Às vezes relembro esse momento e percebo como deve ter sido difícil essa decisão para O Sensei. Dá-me uma grande felicidade que ele tenha feito essa escolha e expressado sua decisão desse modo. Uma pessoa que ouviu essa história comentou: "Talvez O Sensei tenha aceitado essa ideia porque você era seu filho. Afinal de contas, O Sensei é pai e o amor de pai é muito grande".

Essa demonstração de cinco dias na cobertura do Takashimaya foi realmente espetacular. A *shinzui enbu* (demonstração da quintessência) de O Sensei causou um impacto especial sobre as pessoas que a assistiram. Depois disso, membros do governo (inclusive muitos diplomatas), a mídia e esportistas profissionais começaram a mostrar interesse pelo aikido. Um dos que aderiram foi Hiroshi Arakawa, antigo treinador de rebate dos Yomiuri Giants e mais tarde comentarista de beisebol. Ele é citado no *Aikido Shinbun*, pois disse que "a postura de rebatimento de Sadaharu Oh, sobre uma perna só, originou-se dos movimentos do aikido; assim, tanto o mundo do beisebol profissional do Japão como eu mesmo devemos manifestar nossa gratidão ao aikido".[2] [Sadaharu Oh foi um legendário batedor dos Yomiuri Giants, com um recorde de 868 *home runs* em sua carreira.] Hiroshi Arakawa ainda respeita muito O Sensei. Esses foram dias gloriosos, quando o verdadeiro valor do aikido começou a ser conhecido no mundo.

---

2 *Aikido Shinbun*, nº 196, maio de 1977.

Nyushin — a Translação do Espírito

O crescimento e o progresso espetaculares do aikido depois de 1956 são evidentes. Em abril de 1959, o lançamento do *Aikido Shinbun* (jornal do aikido) visou construir uma comunidade entre os praticantes do aikido e divulgar seu conhecimento e ensinamentos para além do mundo dessa arte. Essa publicação — que já lançou mais de duas mil edições — deve muito a Hitoshi Maeda, o administrador geral da Fundação Aikikai, e ao *shihan* Sadateru Arikawa, que colocaram muita energia para dar ao jornal um sólido começo. Quando o *Aikido Shinbun* apareceu pela primeira vez, O Sensei em um momento jovial provocou Hitoshi Maeda, dizendo que ele devia "tornar sua circulação tão grande quanto a das edições nacionais dos jornais *Asahi* e *Yomiuri*". Ele contribuiu com este comentário para o primeiro número: "Na próxima vez escreverei sobre um tópico de grande importância para o *aiki*. Darei uma explicação sobre o *Kotodama*, como ele é realizado e como ajuda a entender a humanidade. Também gostaria de dizer algo sobre o Takemusu Aiki. Desejo fazer tudo que puder para apoiar o lançamento do *Aikido Shinbun*". Tal como prometido, todos os meses, até pouco antes de falecer, O Sensei ditou artigos e histórias sobre o aikido para o jornal. Por meio de seus escritos, ele realmente impressionou muitos leitores.

O Fundador usando um leque para controlar seu oponente.

O Sensei também assumiu um papel importante no treinamento dos discípulos, o que nos surpreendeu a todos. Ao treinar jovens com idade para serem seus netos, ele se mostrou muito diferente do homem rígido e intimi-

合氣道

No dojo.

dador de quem tínhamos medo de nos aproximar. Ele falava de si mesmo como "este velho homem" e se, por acidente, alguém tocava sua barba branca, ele ria alto e avisava: "É minha barba preciosa, trate-a com cuidado". Contudo, no momento em que era chamado a fazer uma *shinzui enbu*, a mesma presença austera estava lá, nada diminuída, e podíamos testemunhar sua *kami-waza*, uma habilidade que parecia quase sobre-humana.

Havia dois dojos que O Sensei visitava regularmente durante essa época: o Ama-no-Takemusu Aiki-juku, de Seiseki Abe, na cidade de Suita, Osaka; e o Aikido Kumano-juku, de Michio Hikitsuchi, na cidade de Shingu, província de Wakayama. Seiseki Abe era um famoso professor de caligrafia do Colégio Kitano e juiz da Exposição de Belas Artes do Japão (Nitten). Ele também era um devotado discípulo, que convidava frequentemente O Sensei. Este combinava as visitas ao dojo de Seiseki Abe com o treinamento de caligrafia; mais para o final da vida, sua caligrafia melhorou muito e talvez tenha sido porque estava praticando sob a orientação de Seiseki Abe. Acredito que Seiseki Abe ainda tenha muitos exemplares da escrita de O Sensei.

O Sensei costumava referir-se ao dojo Kumano-juku, em Shingu, como "meu dojo" e lhe fez visitas frequentes a partir de 1955. Ele tinha sua própria plaqueta, com seu nome, exposta na entrada do dojo e até hoje Michio Hikitsuchi a mantém lá, como se esse fosse, de fato, o dojo de O Sensei.

Em 3 de novembro de 1960, Dia Nacional da Cultura do Japão, O Sensei foi agraciado com a *Shiju-hosho* (Medalha com Faixa Púrpura). Apenas três artistas marciais antes dele haviam recebido essa honra: Kyuzo Mifune (décimo *dan*), pelo judô, em 1956; Kinnosuke Ogawa Hanshi, pelo *kendo*, em 1959; e Moriji Mochida Hanshi, pelo *kendo*, em 1959. Yozaburo Uno (décimo *dan*) recebeu a medalha, pelo *kyudo*, no mesmo ano que O Sensei. Aqueles que sabiam das muitas condecorações que O Sensei recebera antes da guerra acharam que essa foi tardia, mas o próprio O Sensei aceitou a medalha com completa serenidade. Seus sentimentos estão expressos neste comentário: "Sou verdadeiramente grato por, neste período após a guerra, o aikido ter alcançado tal reconhecimento". Essa apreciação era sincera e, na verdade, podemos dizer que tal homenagem marcou a

O Fundador (segundo a partir da direita) visitando o Havaí em 1961. Estou no canto esquerdo e meus filhos, em pé na frente. Moriteru está de jaqueta clara.

transição do aikido para um novo estágio, caracterizado pela consolidação e fortalecimento da arte.

Quando o aikido começou a crescer ainda mais rapidamente, de 1962 em diante, Masato Shigehiro assumiu as tarefas administrativas cada vez mais pesadas da Aikikai. Sua experiência e maturidade fizeram com que o escritório que ele supervisionava funcionasse muito facilmente, o que agradava bastante a O Sensei; durante a vida de O Sensei, eles mantiveram um bom relacionamento. O Sensei costumava passar pela fundação de tempos em tempos e dizer ao pessoal como era importante o trabalho deles; desse modo, ele lhes levantava o moral.

Em fevereiro de 1961, O Sensei foi convidado para a cerimônia de abertura do Salão de Aikido do Havaí. Numa reunião de despedida dessa visita, ele fez um discurso com a seguinte mensagem:

No topo da ilha de Maui, no Havaí, em 1961.

> A razão da minha visita ao Havaí é construir uma "ponte de prata" entre o Havaí e o Japão. No Japão, já construímos algumas "pontes douradas" — agora é o momento de construir pontes sobre o oceano; assim, com minha visita, quero ligar o Leste e o Oeste por meio do aikido. O papel do aikido é conectar o mundo através da harmonia e do amor. Ainda estou no meio de meu próprio treinamento, portanto sinto não somente a necessidade de construir tais pontes como também de continuar polindo o verdadeiro caminho do *budo*. Por intermédio de um verdadeiro *budo*, tal como o Takemusu Aiki, devemos criar harmonia para toda a humanidade e envolver toda a criação em amor universal.

Em 11 de abril, O Sensei retornou dessa viagem, que deixou uma profunda impressão nos havaianos. Sempre que eu encontrava pessoas que a testemu-

No aeroporto de Honolulu.

nharam, elas me contavam que "desde então, os alunos do Havaí adquiriram boas maneiras". A presença de O Sensei, mesmo nesse breve contato, talvez tenha levado a uma percepção intuitiva da real natureza do aikido como um caminho de busca da verdade.

Em 3 de novembro de 1964, O Sensei foi homenageado com a Ordem do Sol Nascente, Raios Dourados com Rosácea, por sua contribuição para a criação do aikido. Numa celebração na Aikikai para comemorar esse evento, O Sensei fez este discurso:

> Graças à ajuda e apoio de vocês, fui contemplado com uma medalha de honra pelo imperador. Recebo essa honra da nação como um representante de todos os praticantes de aikido. Gostaria de sugerir que todos nos unamos, focalizando o aikido, para contribuir para a solução dos

> problemas do mundo por meio da construção de um caminho verdadeiro e harmonioso que o mundo todo possa seguir.

A partir desse período, O Sensei começou a passar mais tempo em Tóquio. Não acho que ele tenha perdido o interesse pelo plantio e pelos treinos em Iwama, mas, à medida que o aikido crescia, ele passou a aceitar a direção que as coisas estavam tomando: "Se todos querem que este velho homem faça desse modo...", então ele iria para Tóquio.

Nessa época, eu já estava planejando reconstruir o velho dojo em Ushigome Wakamatsu-cho (o endereço havia agora mudado para Shinjuku Wakamatsu-cho) e construir uma nova sede para o aikido. Compartilhei com os outros o desejo de receber O Sensei no novo edifício.

Em 14 de março de 1967, um grande número de pessoas testemunhou a cerimônia xintoísta da Fundação Aikikai para a purificação do local do novo edifício. O Sensei leu a bênção e cavou o solo. Em 15 de dezembro do mesmo ano, um moderno edifício de três andares estava pronto para abrigar o novo dojo. Trinta e sete anos haviam se passado desde que O Sensei abrira o dojo Kobukan, no mesmo local; agora, um novo dojo Hombu nascia nesse lugar. "Você fez um bom trabalho", disse-me O Sensei — como contei no primeiro capítulo, essas foram as únicas palavras de elogio que meu pai me disse e eu só podia agradecer a Deus por permitir que ele tivesse permanecido vivo e bem de saúde até então.

Em 12 de janeiro de 1968 realizamos uma cerimônia para marcar o final da construção e a abertura do novo dojo. Mais de 800 pessoas compareceram. Essa grande presença indicava o contínuo crescimento do aikido.

O Sensei saudou os convidados com estas palavras:

> A finalização deste novo dojo representa a sinceridade com que procuramos alcançar a verdade do mundo e do universo. Este dojo serve como uma base para a missão do aikido de melhorar a nação e o mundo.

Depois de uma demonstração feita pelo *shihan* do Hombu, O Sensei conduziu uma hipnotizante demonstração final. Na fala que a acompanhou, ele encerrou dizendo algo muito profundo, que ainda não esqueci: "Eu me esforço para tornar meu aikido altruísta e para não esperar nada em troca. Rezo pela imortalidade do aikido. Estou trabalhando tão arduamente como se fosse uma divindade viva!"

Quando começaram as aulas regulares no novo dojo, sempre que possível O Sensei tentava comparecer às aulas matinais e gostava desse vigoroso treinamento. Havia uma atmosfera cordial entre as pessoas que costumavam comparecer a essas aulas — Sunao Sonoda, Yoshimasa Miyazaki e outros. Se algum de nós eventualmente mostrava preocupação com sua idade (ele já estava com quase 90 anos) e tentava moderar sua prática, ele ficava bastante chateado. "Vou viver até os 120 anos e ainda estou no meio do treinamento." Éramos repreendidos se disséssemos algo em contrário.

Em 5 de outubro de 1968 fizemos outra cerimônia para marcar a finalização do edifício, juntamente com uma Demonstração do Aikido de Todo o Japão, no Salão Hibiya. O Sensei vestia um *hakama* muito branco e,

O Fundador no dojo Hombu, em idade avançada.

enquanto ele demonstrava suas *kami-waza* de tirar o fôlego, o salão inteiro ficou em completo silêncio, como se as pessoas estivessem sonhando. Então de repente, e por alguma estranha razão, o *hakama* de O Sensei rasgou-se audivelmente nas costuras. Ele sorriu de modo irônico e exclamou: "Ah, vou levar uma bronca de Baba!" (isto é, de sua esposa, Hatsu). Houve um momento de silêncio mortal, seguido de uma explosão de risadas. Esse evento marcou a última aparição pública de O Sensei numa demonstração.

Em 15 de janeiro de 1969, o dojo Hombu celebrou sua *Kagami Biraki* anual (cerimônia que marca a primeira prática do ano), com a presença de cerca de 500 pessoas. O Sensei participou energeticamente e nos disse estas palavras, com grande sentimento:

> O aikido é uma ação do *ki*. É um uso celestial do poder do *Kotodama*, um eco da alma cósmica, o criador de todas as coisas do universo, o caminho de *Musubi* [fusão e harmonia]. Permaneço na *Ame no Ukihashi* [no xintoísmo, a ponte flutuante entre o céu e a Terra], desejando *Yamato (Daiwa) Dai-ai* [grande harmonia e grande amor] para toda a humanidade e realizando a *Kagura-mai* [dança sagrada], como continuarei a realizá-la lá em cima.

Ele prosseguiu com a demonstração, que não era nem inteiramente aikido nem inteiramente *Kagura-mai*; eclética, sutil e profunda. Ela deixou uma marca duradoura em minha memória, como uma fusão do humano e do divino.

Em 8 de março, O Sensei — que chegara há pouco de uma visita a Iwama — disse: "Os deuses estão me chamando". Ele não fez qualquer tentativa de se levantar da cama. Embora mostrasse alguns sinais de icterícia, sintoma de seus antigos problemas de fígado, parecia que algo diferente estava ocorrendo dessa vez. Fizemos com que ele fosse examinado por seu médico pessoal, Dr. Tadokoro, e também por um médico nosso amigo, Dr. Yoiichi Tsuda. Eles nos disseram que seu estado requeria cuidados e ele deveria ser examinado por um especialista. No dia seguinte, contudo, O

Sensei acordou e declarou: "Vou treinar". Ele realmente foi ao dojo e treinou por alguns minutos e essa foi sua última prática.

Depois disso, seu estado piorou rapidamente. Um antigo aluno, chamado Sunao Sonoda — ele era secretário-chefe do Ministério e também diretor da Fundação Aikikai — encaminhou-nos a um grande especialista em hepatologia do Hospital Kokuritsu Dai-ichi, Dr. Sano, que examinou O Sensei. Ele recomendou internação imediata e, por intermédio da amável assistência de Yoshinobu Tomita, O Sensei foi admitido no Hospital Keio, onde passou a ser tratado pessoalmente pelo Dr. Miyoshi, o vice-diretor do hospital nessa época.

Com sua esposa, Hatsu, no dojo de Tóquio, por volta de 1963.

Por fim descobrimos que O Sensei tinha um caso terminal de câncer de fígado. Os médicos sugeriram que pensássemos numa cirurgia, uma vez que sua condição mental e física era tão forte. Mas O Sensei pedia insistentemente para ser levado para casa. "Levem-me de volta ao dojo. Vou morrer no dojo. Não consigo ficar em paz se não estiver no dojo..." Achamos que seria errado contrariar seu desejo. Em 26 de março, ele saiu do hospital e o levamos para casa.

Sinto seguramente que essa foi a decisão certa — enquanto permanecesse consciente, ele estaria perto do dojo onde podia escutar as pessoas treinando e talvez mesmo sentir a inconfundível fragrância de suor do treino pesado. Onde mais ele poderia passar seus últimos dias? Mesmo em seu leito de enfermo, O Sensei ainda realizava os movimentos do *aiki*.

Depois de 15 de abril, seu estado deteriorou-se ainda mais e sentimos que ele não se recuperaria. Providenciamos para que aqueles que foram seus amigos ou discípulos viessem visitá-lo e ficassem alguns minutos ao seu lado. O Sensei olhava firmemente cada um deles e dizia com grande sinceridade: "O aikido beneficia nossa sociedade e nossa nação. Ele não é apenas de vocês. Pensem que vocês estão praticando pelo bem da nação e do mundo".

Poucos dias antes de seu falecimento, O Sensei chamou Kisaburo Osawa e outros até sua cabeceira e lhes disse: "Mantenham-se todos juntos e apoiem Kisshomaru". Essas palavras causaram uma impressão duradoura naqueles que as ouviram. Na noite de 25 de abril, ele começou a ter febre alta de repente. Enquanto eu segurava sua mão, ele me disse com um sorriso: "Continue, sim". Quando eu respondi "Sim", ele concordou claramente com a cabeça. Então entrou em coma. Na manhã seguinte — 26 de abril, às cinco da manhã — ele faleceu, tão em paz como se estivesse adormecido. Tinha 86 anos. No mesmo dia, o governo japonês outorgou-lhe o *Zuiho-sho* [uma distinção concedida a indivíduos em reconhecimento a uma notável contribuição à sociedade] e a graduação de *Sei-goi-kun-santo* por "Mérito na criação e disseminação do aikido" [essa é a terceira mais alta graduação

Com sua esposa em Iwama, por volta de 1960.

outorgada postumamente pelo governo japonês]. Ele também foi declarado cidadão honorário da cidade de Tanabe, província de Wakayama, e de Iwama-cho, província de Ibaraki.

Os restos mortais de O Sensei foram sepultados no túmulo da família Ueshiba, no templo Kozanji. Seu cabelo foi divido em três partes, que foram colocadas no dojo de Ibaraki, Iwama-cho; no túmulo da família Ueshiba, em Omoto Tennodaira, em Ayabe; e no dojo Kumano-juku, em Shingu. No túmulo de Kozanji foi-lhe dado postumamente o nome budista de "Aiki-in Moritake Enyu Daidoshi". O Sensei não era budista, mas o sacerdote de Kozanji concedeu-lhe o título de Daidoshi ("sacerdote chefe"), que só havia sido atribuído a uma ou duas pessoas desde que o templo fora aberto.

Como conclusão, deixe-me listar os "Cinco Pontos sobre o Aikido", como foi composto por O Sensei no último ano de sua vida:

1. O aikido é um Grande Caminho que dura para sempre. É uma filosofia que absorve e integra todas as coisas.
2. O aikido é uma verdade concedida pelo Céu e pela Terra. Também é importante fazer uso do Neno-Kuni [Mundo Inferior].
3. O caminho e a filosofia do aikido procuram criar harmonia entre o céu, a Terra e os seres humanos.
4. O aikido se torna completo quando cada pessoa segue o caminho de acordo com sua

O monumento de pedra no santuário Aiki.

própria natureza, pratica treinamento ascético e procura tornar-se una com o grande universo.

5. O aikido é um caminho de grande compaixão, resultando na glória e na prosperidade do universo.

Dois meses depois do falecimento de O Sensei — estranhamente também no vigésimo sexto dia do mês —, sua esposa faleceu. Foi como se ela o seguisse. Descansou aos 87 anos de idade. Foi como se, do começo ao fim, houvesse zelado pela vida agitada de O Sensei e, vendo sua tarefa cumprida, era tempo de ir-se. O fim da vida de Hatsu foi verdadeiramente condizente com seu caráter.

A casa em que o Fundador viveu em Iwama.

Santuário Aiki.